经济管理虚拟仿真实验系

U0497749

物料管理及 ERP应用实训教程

（第二版）

Wuliao Guanli Ji ERP Yingyong Shixun Jiaocheng

王江涛　编著

西南财经大学出版社
Southwestern University of Finance & Economics Press

总　序

　　高等教育的任务是培养具有实践能力和创新创业精神的高素质人才。实践出真知。实践是检验真理的唯一标准。大学生的知识、能力、素养不仅来源于书本理论与老师的言传身教，更来源于实践感悟与经历体验。

　　我国高等教育从精英教育向大众化教育转变，客观上要求高校更加重视培育学生的实践能力和创新创业精神。以往，各高校主要通过让学生到企事业单位和政府机关实习的方式来训练学生的实践能力。但随着高校不断扩招，传统的实践教学模式受到学生人数多、岗位少、成本高等多重因素的影响，越来越无法满足实践教学的需要，学生的实践能力的培育越来越得不到保障。鉴于此，各高校开始探索通过实验教学和校内实训的方式来缓解上述矛盾，而实验教学也逐步成为人才培养中不可替代的途径和手段。目前，大多数高校已经认识到实验教学的重要性，认为理论教学和实验教学是培养学生能力和素质的两种同等重要的手段，二者相辅相成、相得益彰。

　　相对于理工类实验教学而言，经济管理类实验教学起步较晚，发展相对滞后。在实验课程体系、教学内容（实验项目）、教学方法、教学手段、实验教材等诸多方面，经济管理实验教学都尚在探索之中。要充分发挥实验教学在经济管理类专业人才培养中的作用，需要进一步深化实验教学的改革、创新、研究与实践。

　　重庆工商大学作为具有鲜明财经特色的高水平多科性大学，高度重视并积极探索经济管理实验教学建设与改革的路径。学校经济管理实验教学中心于 2006 年被评为"重庆市市级实验教学示范中心"，2007 年被确定为"国家级实验教学示范中心建设单位"，2012 年 11 月顺利通过验收成为"国家级实验教学示范中心"。经过多年的努力，我校经济管理实验教学改革取得了一系列成果，按照能力导向构建了包括学科基础实验课程、专业基础实验课程、专业综合实验课程、学科综合实验（实训）课程和创新创业类课程五大层次的实验课程体系，真正体现了"实验教学与理论教学并重、实验教学相对独立"的实验教学理念，并且建立了形式多样，以过程为重心、以学生为中心、以能力为本位的实验教学方法体系和考核评价体系。

　　2013 年以来，学校积极落实教育部及重庆市教委建设国家级虚拟仿真实验教学中心的相关文件精神，按照"虚实结合、相互补充、能实不虚"的原则，坚持以能力为导向的人才培养方案制定思路，以"培养学生分析力、创造力和领导力等创新创业能力"为目标，以"推动信息化条件下自主学习、探究学习、协作学习、创新学习、创业学习等实验教学方法改革"为方向，创造性地构建了"'123456'经济管理虚拟仿真实验教学资源体系"，即："一个目标"（培养具有分析力、创造力和领导力，适应经济社会发展需要的经济管理实践与创新创业人才）、"两个课堂"（实体实验课堂和虚拟仿真实验课堂）、"三种类型"（基础型、综合型、创新创业型实验项目）、"四大载体"（学科专业开放实验平台、跨学科综合实训及竞赛平台、创业实战综合经营平台和实验教学研发平台）、"五类资源"（课程、项目、软件、案例、数据）、"六个结合"（虚拟资源与实体资源结合、资源与平台结合、专业资源与创业资源结合、实验教学与科学研究结合、模拟与实战结合、自主研发与合作共建结合）。

为进一步加强实验教学建设，在原有基础上继续展示我校实验教学改革成果，由学校经济管理虚拟仿真实验教学指导委员会统筹部署和安排，计划推进"经济管理虚拟仿真实验系列教材"的撰写和出版工作。本系列教材将在继续体现系统性、综合性、实用性等特点的基础上，积极展示虚拟仿真实验教学的新探索，其所包含的实验项目设计将综合采用虚拟现实、软件模拟、流程仿真、角色扮演、O2O操练等多种手段，为培养具有分析力、创造力和领导力，适应经济社会发展需要的经济管理实践与创新创业人才提供更加"接地气"的丰富资源和"生于斯、长于斯"的充足养料。

本系列教材的编写团队具有丰富的实验教学经验和专业实践经历，一些作者还是来自相关行业和企业的实务专家。他们勤勉耕耘的治学精神和扎实深厚的执业功底必将为读者带来智慧的火花和思想的启迪。希望读者能够从中受益。在此对编者们付出的辛勤劳动表示衷心感谢。

毋庸讳言，编写经济管理类虚拟仿真实验教材是一种具有挑战性的开拓与尝试，加之虚拟仿真实验教学和实践本身还在不断地丰富与发展，因此，本系列实验教材必然存在一些不足甚至错误，恳请同行和读者批评指正。我们希望本系列教材能够推动我国经济管理虚拟仿真实验教学的创新发展，能为培养具有实践能力和创新创业精神的高素质人才尽绵薄之力！

重庆工商大学校长、教授

2017年12月25日

前　言

　　实训，即实习（实践）、加培训，源自于 IT 业的管理实践和技术实践。实训的最终目的是全面提高学生的职业素质，最终达到学生满意就业、企业满意用人的目的。实训是将企业等用人单位的内训模式转化为教育的模式，面向企业真实需求，自主研发课程，引入有企业从业背景和丰富实践经验的实训教师，实施案例教学；按照企业实际用人需求，定向培养具有职业素质和行业领域知识的技能型人才。因此，实训将是素质、技能、经验的合成。

　　实验与实训教学是新时代高等教育改革发展方向，是提高学生的综合素质、培养学生的创新意识与实践能力的重要手段。遵循教育部关于高等学校教学改革的精神，在广泛调研及自身探索的基础上，我校已初步建立起系统的、科学的实训教学体系。

　　企业资源计划（ERP）作为一种先进的管理思想和信息化的重要工具，提供了企业信息化集成的最佳方案，它将企业的物流、资金流、信息流统一进行管理，对企业所拥有的人力、资金、物料、能力和时间进行充分的综合平衡和计划，以最大限度地挖掘企业现有资源，取得更大的经济效益。进入 21 世纪以来，随着电子商务与现代物流的兴起，企业资源计划进一步整合，形成了由简单网络贸易向企业内柔性制造、面向订单设计与制造相结合的局面，物料管理及 ERP 的应用效率进一步放大。

　　中国已成为世界第二大经济体，是一个制造业大国。然而，在创新方面、管理效率和管理质量方面，与世界先进国家企业相比仍有较大差距。在全球经济一体化的时代，唯有奋起直追，合理统筹资源，向管理要效益，方能使企业立于不败之地，使企业在国际化环境中增强竞争力。

　　随着电子商务的发展，供应链管理、企业生产管理能够在不增加销售额的前提下向内挖潜、提升企业竞争实力——这使得物料管理和 ERP 应用不但没有被弱化，反而得到进一步发展。本教程将针对目前越来越受企业重视的物料管理和 ERP 应用，从实训设计的角度，完成理论到实践的过渡，让莘莘学子通过实训来切实掌握以往理论课中不易理解的内容；同时，通过精心设计的参考案例与实训练习，使实训者从实际操作入手，逐渐深入领会理论思想，在每章思考题的帮助下形成全局观。

　　全书分为八章，从物料管理及 ERP 应用管理思想的概述开始，经过企业信息化规划、企业系统需求分析与业务流程再造、企业信息系统业务功能设计、生产排程计划编制、有效物料管理计划、ERP 成本计算、ERP 项目实施进程管理等方面的综合实训，使学生实际掌握有关操作方法。本书在体系结构上注重循序渐进，同步提高实训者的理论知识水平与实践操作技能。在实际课时安排时，可以根据教学需求对其中的内容进行适当裁剪，以满足教学要求。每个实训章节均有详细的参考案例和实训练习及实训思考题，方便学生掌握实用技能。

本书适合于经济管理专业本科学生毕业前校内综合实训；也适用于物流管理、电子商务、市场营销、工商管理、贸易经济等管理类、经济类专业本科学生；也可模块化组合，选择实验实训项目，供专科及高职学生作为掌握实践技能的培训教材；还可作为企业培训教程。另外，希望跨越企业管理、项目管理、信息管理、软件工程、物料管理等领域的学子，此教程也有极为实用的参考价值。

本书第二版在原版基础之上修订了原章节中错误内容，并增补了针对 Visio 操作的新版内容、XMind 思维导图对职能域分析部分的实训操作和项目实施部分的内容。

本实训教程，系重庆工商大学生教育教学改革研究项目"供给侧改革下电子商务人才实践创新能力培养模式研究与实践（2017210）"、重庆市研究生教育教学改革研究项目"技术经济及管理硕士研究生创新能力培养体系研究与实践（yjg153050，2015YJG0105）"成果；也是重庆市"三特行动计划"物流管理特色专业项目、重庆工商大学卓越物流管理人才教育培养计划改革试点项目共同资助教学改革成果；以及重庆工商大学电子商务及供应链系统重庆市重点实验室与重庆工商大学经济管理实验教学中心（国家级示范教学中心）的实验教学改革成果。

本教程中所列举的企业名及人名均为化名，如有同名，纯属巧合。

由于编著者水平有限，书中不妥之处，恳请读者批评指正。

王江涛

2018 年 3 月

目　录

1 物料管理及 ERP 应用管理思想概述

物料管理是生产管理中一个至关重要的环节，物料管理的好坏直接影响到一个企业的客户服务水平以及企业在市场上的竞争力。面对日趋白热化的全球性竞争，物料管理的地位和作用更是日益凸显。

随着世界经济的一体化，中国逐渐演变为亚太地区乃至全世界的制造中心，在这一过程中，优化管理、提高竞争力是站稳世界经济舞台的重要工作。企业只有不断降低成本，推出更具个性化的产品，更加敏捷地获取生产信息和市场信息，更快地适应市场需求的变更，才能参加到激烈的国际竞争中来。这一切，都需要现代化的信息化管理手段，因此更离不开先进的管理系统——ERP。

企业资源计划（Enterprise Resource Planning，ERP）体现了当今世界上最先进的企业管理理论，并提供了企业信息化集成的最佳方案。它将企业的物流、资金流和信息流统一起来进行管理，对企业所拥有的人力、资金、材料、设备、生产方法、信息和时间等多项资源进行综合平衡和充分考虑，最大限度地利用企业的现有资源取得更大的经济效益，科学高效地管理企业的人财物、产供销等各项具体工作。

近年来，ERP 在我国获得了迅速发展。众多企业通过实施 ERP 收到了良好的成效，提高了管理水平，改善了业务流程，增强了企业竞争力。在以机械工业、电子工业为代表的制造业中，ERP 开展得尤其好，特别是一些大型企业实施 ERP 很有成效，如联想、海尔等。但中国企业对 ERP 的认识和使用仍然有不足，迫切需要更多熟知 ERP 管理运作的人员参与其中。

ERP 以物流为主线，ERP 的应用则与物料管理息息相关。因此，通过实训和实验的方式，在理论学习的基础上，提高动手能力，将能更好地适应未来物料管理及 ERP 应用管理工作的需要。

1.1 供应链

物流有 3 个阶段：原材料从一个实体的系统流向制造型企业，然后通过制造部门的加工，最后成品通过实体的配送系统运送到终端客户。通常，供应链由供需关系连接起来的许多企业构成。例如，某供应商的客户购买产品，对其进行加工增加价值，然后再转卖给另一个客户。同样地，一个客户可能有好几个供应商，反过来又供应好几个客户。只要有供应商、客户关系链，他们就都属于同一个供应链的成员。

狭义的供应链是指将采购的原材料和收到的零部件，通过生产的转换和销售等环节传递到企业用户的过程。广义供应链是围绕核心企业，通过特定产业价值链系统中的不同企业的制造、组装、分销、零售等过程，将原材料转化成产品到最终用户的转换过程，始于原材料供应商，止于最终用户，是由原材料供应商、制造商、仓储设施、产品、与作业有关的物流信息，以及与订货、发货、货款支付相关的商流信息组成的有机系统。

供应链具备以下一些重要特征：

（1）供应链包括提供产品或服务给终端客户的所有活动和流程。

（2）供应链可以将任何数量的企业联系在一起。

（3）一个客户可能是另一个客户的供应商，因此在总供应链中可能有多种供应商、客户关系。

（4）根据产品和市场不同，从供应商到客户可能会有直接的配送系统，避开一些中间媒介，如批发商、仓库和零售商。

（5）产品或服务通常从供应商流向客户，设计和需求信息通常由客户流向供应商。

1.2　供应链管理

供应链管理（Supply Chain Management，SCM）是指在生产及流通过程中，为将货物或服务提供给最终消费者，连接上游与下游企业创造价值而形成的组织网络，是对商品、信息和资金在由供应商、制造商、分销商和顾客组成的网络中的流动的管理。供应链管理的应用是在 ERP 基础上发展起来的，与客户及供应商的互动系统，实现产品供应的合理、高效和高弹性。

在过去，企业管理者都将他们的主要注意力放在公司的内部事务上。供应商、客户以及配送商只被他们当成外部的商业实体而已。采购专家、销售专家、物流专家被安排来与这些外部实体打交道，并经常通过正式的、定期磋商的法律合约来进行，而这些合约代表的往往是短期的协议。甚至供应商被当作是企业的竞争对手，他们的工作就是如何使公司利益最大化。组织学家经常将与外部实体打交道的功能称为"边界扳手"。对组织中的大多数人来说，在他们的组织和其他的世界之间都有一个明确的、严格定义的边界。

对供应链观点的第一次重大变革可以追溯到及时生产（JIT）概念的发展阶段，此概念在 20 世纪 70 年代由丰田汽车公司和其他日本企业首次发明。供应商伙伴关系是成功的及时生产的主要特征。随着这一概念的发展，供应商被当作是合作伙伴，而不是竞争对手。在这个意义上来说，供应商和客户有着互相联系的命运，一方的成功紧连着另一方的成功。企业的重点放在伙伴之间的信任，很多正式的边界行为被改变或取消。随着伙伴关系概念的发展，在彼此的关系中发生了很多变化，包括：

（1）共同分析以降低成本。双方一起检查用于传递信息和配送零件的流程，其想法是双方都将可以从中分享降低的成本。

（2）共同产品设计。过去客户通常将完整的设计方案交给供应商，供应商必须按照设计来组织生产。由于成了伙伴关系，双方共同协作，通常供应商将更多地了解如何制造某一特定产品，而客户将更多地了解所从事设计的实际应用。

（3）信息流通的速度提升。准时生产的，要求大大地减少流程中的库存及根据实际需求快速配送，信息准确流通的速度变得非常重要。正式的、基于纸张的信息传送系统开始让位于电子数据交换和非正式的交流方式。

目前，接受供应链概念的企业将从原材料生产到最终客户购买的所有活动视为一个互相联系的活动链。为了取得客户服务和成本的最佳绩效，所有活动的供应链应该作为伙伴关系的延伸来管理。这包括许多问题，特别是物流、信息流和资金流，甚至回收物流。

供应链管理的主要方法属于概念性方法，从原材料到最终客户的所有生产活动都被认为是一个互相联系的链。最正确、最有效地管理链上所有活动的方法之一是将链中每个独立的组织视为自己组织的延伸。

要管理一个供应链，我们不仅必须了解供应商和客户在链上的网络，而且必须有效地计划物料和信息在每一节链上的流动，以最大限度地降低成本、提高效率、按时配送，以及提供灵活性。这不仅意味着在概念上对供应商和客户采取不同的方法，而且意味着建立一个高度集成的信息系统，以及一系列不同的绩效评估体系。总而言之，有效管理供应链的关键是快速、准确的信息流动和不断提升的组织灵活性。

1.3　物料管理

1.3.1　物料管理的概念

物料管理（Materials Management）是企业管理中不可或缺的环节，是企业产销配合的主要支柱。物料管理是将管理功能导入企业产销活动过程中，希望以经济有效的方法，及时取得供应组织内部所需的各种物料。

物料管理概念起源于第二次世界大战中航空工业出现的难题。生产飞机需要大量单个部件，很多部件都非常复杂，而且必须符合严格的质量标准，这些部件又从地域分布广泛的成千上万家供应商那里采购，很多部件对最终产品的整体功能至关重要。

物料管理就是从整个公司的角度来解决物料问题，包括协调不同供应商之间的协作，使不同物料之间的配合性和性能表现符合设计要求；提供不同供应商之间以及供应商与公司各部门之间交流的平台；控制物料流动率。计算机被引入企业后，更进一步为实行物料管理创造了有利条件，物料管理的作用被发挥到了极致。

以一个公司的发展为例：

一个小公司的发展可分为三个阶段：完全整合、职能独立、相关职能的再整合。一个公司初创时，几乎所有的工作都是由总经理（通常是公司的所有者）或是组织领导小组的公司主要成员来完成的。

　　随着公司的发展和壮大，公司业务量和工作人员逐渐增多，相应的职能逐步独立形成职能部门，例如，采购、仓储、运输、生产计划、库存控制和质量控制等职能都形成了独立的部门，并致力于专门的管理工作，公司业务上的分工也日益专业化。

　　各职能部门独立后，各部门之间的沟通机会越来越少，于是部门之间合作的问题经常出现，矛盾一点点加深。最终我们又可以清楚地看到，如果能减少由于沟通和合作而产生的问题，把相互之间有密切联系的职能部门重新加以整合，公司就可以极大地受益。于是，与物料管理有密切联系的各职能部门被重新整合到一起，这种整合就是物料管理理论的基础。

　　通常意义上，物料管理部门应保证物料供应适时、适质、适量、适价、适地，这就是物料管理的 5R 原则，是对任何公司均适用且实用的原则，也易于理解和接受，后文将分别进行阐述。

1.3.2　物料管理和 5R 原则

1.3.2.1　适时（Right Time）

　　适时即要求供应商在规定的时间准时交货，防止交货延迟和提前交货。

　　供应商交货延迟会增加成本，主要表现在：

　　（1）由于物料延迟，车间工序发生空等或耽搁，打击员工士气，导致效率降低、浪费生产时间。

　　（2）为恢复正常生产计划，车间需要加班或在法定假期出勤，导致工时费用增加。

　　因此应尽早发现有可能的交货延迟，从而防止其发生；同时也应该控制无理由的提前交货，提前交货同样会增加成本，主要原因为：

　　交货提前造成库存加大，库存维持费用提高。

　　占用大量流动资金，导致公司资金运用效率恶化。

1.3.2.2　适质（Right Quality）

　　适质即供应商送来的物料和仓库发到生产现场的物料，质量应是适当的，符合技术要求的。保证物料适质的方法如下：

　　（1）公司应与供应商签订质量保证协议。

　　（2）设立来料检查职能，对物料的质量进行确认和控制。

　　（3）必要时，派检验人员驻供应商工厂（一般针对长期合作的稳定的供应商采用，且下给该供应商的订单达到其产能的 30% 以上）；同时不应将某个检验人员长期派往一个供应商处，以防其间关系发生变化。

　　（4）必要时或定期对供应商质量体系进行审查。

　　（5）定期对供应商进行评比，促进供应商之间形成良性有效的竞争机制。

　　（6）对低价位、中低质量水平的供应商制订质量扶持计划。

　　（7）必要时，邀请第三方权威机构做质量验证。

1.3.2.3 适量（Right Quantity）

采购物料的数量应是适当的，即对买方来说是经济的订货数量，对卖方而言为经济的受订数量。确定适当的订货数量应考虑以下因素：

（1）价格随采订货数量大小而变化的幅度，一般来说，订货数量越大，价格越低。

（2）订货次数和采购费用。

（3）库存维持费用和库存投资的利息。

1.3.2.4 适价（Right Price）

采购价格的高低直接关系到最终产品或服务价格的高低，在确保满足其他条件的情况下力争最低的采购价格是采购人员最重要的工作。采购部门的职能包括标准化组件、发展供应商、发展替代用品，评估和分析供应商的行为。为了达到这一目标，采购部门应该在以下领域拥有决策权：

（1）选择和确定供应商。

（2）使用任何一种合适的定价方法。

（3）对物料提出替代品。采购部门通常能够提供出目前在用物料的替代品，而且它也有责任提请使用者和申请采购者关注这些替代品。当然，是否接受这些替代品要由使用者/设计人员最终做出决定。

（4）与潜在的供应商保持联系。采购部门必须和潜在的供应商保持联系。如果使用者直接与供应商联系，而采购部门又对此一无所知的话，将会产生"后门销售"，即潜在的供应商通过影响使用者对物料规格方面的要求成为唯一的供应商，或是申请采购者私下给供应商一些许诺，从而使采购部门不能以最低的价格签订理想的合同。如果供应商的技术人员需要和公司技术人员或生产人员直接交换意见，采购部门应该负责安排会谈并对谈判结果进行审核。

1.3.2.5 适地（Right Place）

物料原产地的地点应适当，与使用地的距离越近越好。距离太远，运输成本大，无疑会影响价格，同时沟通协调、处理问题很不方便，容易造成交货延迟。

高科技行业对产品质量普遍要求很高，致使各企业对生产制造环节管理越来越精细，但对产品的物料管理环节却依旧保持比较粗放的管理风格，使物料在很大程度上占用了企业资金，无形中导致成本增长、利润下降。物料管理是企业内部物流各个环节的交叉点，衔接采购与生产、生产与销售等重要环节，关乎企业成本与利润的生命线；不仅如此，物料管理还是物资流转的重要枢纽，甚至关系到一个企业存亡。有一个关于某公司的极端例子，据说其破产之际，库存物料的金额高达上亿元，可就是这么多的物料中，居然无法组装出一个完整的 DVD 成品，在惊叹之余，更激起人们对于制造企业物料呆滞及不合理管库问题的思考。有资料表明，企业的存货资金平均占用流动资产总额的 40%～50%，而高科技制造企业的库存比例则远高于此。物料存在两套或多套编码、物料混乱堆积在仓库各个角落，成为许多制造企业仓库的真实写照。曾有人套用中央电视台著名的广告语"心有多大，舞台就有多大"放在制造型企业身上，演绎成"仓库有多大，库存就有多高"，形象地描述了普遍存在于制造型企业内部的库存管理问题。

1.3.3 物料管理部门的职能

一般来说，物料管理部门的职能包括以下方面：

1. 物料的计划和控制

即根据项目主合同交货时间表、车间生产计划和项目技术文件等确定物料需求计划，并根据实际情况和项目技术更改通知等文件随时调整物料需求数量，控制项目材料采购进度和采购数量。

2. 生产计划

根据项目主合同交货时间表和材料采购进度编制车间生产计划，并根据实际情况和项目计划随时调整，使车间生产计划与项目主合同交货时间表保持一致。

3. 采购

根据车间生产计划对生产所需要的物料进行准确的分析，并制订完整的采购计划；严格地控制供应商的交货期和交货数量。

4. 物料和采购的研究

搜集、分类和分析必要的数据以寻找替代材料；对主要外购材料的价格趋势进行预测；对供应商成本和能力进行分析；开发新的、更为有效的数据处理方法，从而使物料系统更加高效地运转。

5. 来料质量控制

对供应商的交货及时进行来料检查，及时发现来料的质量问题以便供应商有足够时间处理或补发产品，保证车间及时得到物料供应，保证发送到车间现场的物料全部是合格产品。

6. 物料收发

负责物料的实际接收处理，验明数量，通知质检者做来料质量检验，以及将物料向使用地点和仓储地点发送。

7. 仓储

对接收入库的物料以正确的方式进行保管、储存，对储存过程中可能变质或腐蚀的物料进行清理。

8. 库存控制

定期检查物料库存状况，加强物料进出库管理；随时掌握库存变化情况，发现任何异常（包括呆滞料，库存积压或零库存）情况，及时向采购通报。当然，并不是所有公司的物料管理部门都包括上述所有职能。根据公司规模大小，公司业务性质不同以及公司不同发展阶段，物料管理部门的职能也不尽相同。

通过上述文字描述可知，与物料有密切联系的各职能部门被重新整合到一起，这种整合就是物料管理理论的基础，所以物料管理较仓库管理的范围更为广泛，其中也包括仓库管理。

1.4 ERP

企业资源计划（Enterpise Resource Planning，ERP）是指建立在信息技术基础之上，以系统化的管理思想为企业决策层及员工提供决策运行手段的管理平台。ERP 是 1990 年由 Gartner Group 咨询公司提出，其最初的定义是："一套将财务、分销、制造和其他业务功能合埋集成的应用软件系统。"我国在 ERP 评测规范中对其做了如下定义："ERP 是一种先进的企业管理理念，它将企业各个方面的资源充分调配和平衡，为企业提供多重解决方案，使企业在激烈的市场竞争中取得竞争优势。ERP 以制造资源计划 MRP II 为核心，基于计算机技术的发展，进一步吸收了现代管理思想。在 MRP II 侧重企业内部人、财、物管理的基础上，扩展了管理范围，将客户需求和企业内部的制造活动以及供应商的制造资源整合在一起，形成一个完整的供应链，并对供应链上的所有环节所需资源进行统一计划和管理，其主要功能包括生产制造控制、分销管理、财务管理、准时制生产 JIT、人力资源管理、项目管理、质量管理等。"

因此，ERP 与物料管理本质上是密不可分的，都是基于供应链的管埋思想。ERP 是在 MRP II 的基础上扩展了管理范围，把客户需求和企业内部的制造活动以及供应商的制造资源整合在一起，体现了按用户需求制造的思想。

为此，可以从管理思想、软件产品、管理系统三个层次给 ERP 定义：

（1）ERP 是由美国计算机技术咨询和评估集团 Garter Group Inc. 提出的一整套企业管理系统体系标准，其实质是在"制造资源计划（MRP II）"的基础之上进一步发展而成的面向供应链的管理思想。

（2）ERP 是综合应用了客户机-服务器体系、关系数据库结构、面向对象技术、图形用户界面（GUI）、第四代语言（4GL）、网络通信等信息产业成果，以 ERP 管理思想为灵魂的软件产品。

（3）ERP 是整合了企业管理理念、业务流程、基础数据、人力物力、计算机硬件和软件于一体的企业资源管理系统。

1.4.1 ERP 核心理念

ERP 核心理念就是平衡，平衡是营运合理化的基本思想。所谓平衡就是资源和需求的平衡，这种平衡包括基础的物料资源（数量、结构）与需求的平衡，也包括更高的能力资源（数量、结构）与需求的平衡，以及物料与能力在时间维度上与需求的平衡，即与时间资源的平衡。

企业的现实生产营运也是按平衡思想来组织和驱动的，实际上，ERP 就是把这种业务逻辑转化成软件逻辑，这是理解 ERP 的基础。从物料清单（BOM）开始就孕育着平衡的思想，从最终产品的数量和结构反推出所需物料的数量和结构，实现第一个层次在静态上的平衡。从 MRP、MRP II 到 ERP，平衡的理论在向深度和广度演化，平衡的可靠性和实现能力也在发展。毛需求和净需求的概念就体现了平衡思想的向上演化，使平衡的范围进一步扩大，从物料到能力，再到时间资源。APS（高级计划与排程）使基于有限排程的平衡达到了前所未有的高度。随着 ERP 纵向和横向的演化，资源和需求的平衡将突破企业边界，扩展到供应链，实现供应链上资源与需求的动态平衡。

1.4.2 ERP 的管理思想

ERP 的管理思想主要体现了供应链管理的思想，还吸纳了准时制生产、精益生产、并行工程、敏捷制造等先进管理思想。ERP 既继承了 MRP Ⅱ 管理模式的精华，又在诸多方面对 MRP Ⅱ 进行了扩充。ERP 管理思想的核心是实现了对整个供应链的有效管理，主要体现在以下三个方面：

1. 管理整个供应链资源

在知识经济时代仅靠自己企业的资源不可能有效地参与市场竞争，还必须把经营过程中的有关各方如供应商、制造工厂、分销网络、客户等纳入一个紧密的供应链中，才能有效地安排企业的产、供、销活动，满足企业利用全社会一切市场资源快速高效地进行生产经营的需求，以期进一步提高效率和在市场上获得竞争优势。换句话说，现代企业竞争不是单一企业与单一企业间的竞争，而是一个企业供应链与另一个企业供应链之间的竞争。ERP 系统实现了对整个企业供应链的管理，适应了企业在知识经济时代市场竞争的需要。

2. 精益生产同步工程

ERP 系统支持对混合型生产方式的管理，其管理思想表现在两个方面：一是"精益生产（Lean Production，LP）"的思想，它是由美国麻省理工学院提出的一种企业经营战略体系。即企业按大批量生产方式组织生产时，把客户、销售代理商、供应商、协作单位纳入生产体系。企业同其销售代理、客户和供应商的关系，已不再简单地是业务往来关系，而是利益共享的合作伙伴关系，这种合作伙伴关系组成了一个企业的供应链，这即是精益生产的核心思想。二是"敏捷制造（Agile Manufacturing，AM）"的思想。当市场发生变化，企业遇有特定的市场和产品需求时，企业的基本合作伙伴不一定能满足新产品开发生产的要求，这时，企业会组织一个由特定的供应商和销售渠道组成的短期或一次性供应链，形成"虚拟工厂"，把供应和协作单位看成是企业的一个组成部分，运用"同步工程（SE）"，组织生产，用最短的时间将新产品打入市场，时刻保持产品的高质量、多样化和灵活性，这即是"敏捷制造"的核心思想。

3. 事先计划与事中控制

ERP 系统中的计划体系主要包括：主生产计划、物料需求计划、能力计划、采购计划、销售执行计划、利润计划、财务预算和人力资源计划等，而且这些计划功能与价值控制功能已完全集成到整个供应链系统中。

ERP 系统通过定义事务处理相关的会计核算科目与核算方式，以便在事务处理发生的同时自动生成会计核算分录，保证了资金流与物流的同步记录和数据的一致性。从而实现了根据财务资金现状，可以追溯资金的来龙去脉，并进一步追溯所发生的相关业务活动，改变了资金信息滞后于物料信息的状况，便于实现事中控制和实时做出决策。

　　此外，计划、事务处理、控制与决策功能都在整个供应链的业务处理流程中实现，要求在每个流程业务处理过程中最大限度地发挥每个人的工作潜能与责任心，流程与流程之间则强调人与人之间的合作精神，以便在有机组织中充分发挥每个人的主观能动性与潜能。实现企业管理从"高耸式"组织结构向"扁平式"组织结构的转变，提高了企业对市场动态变化的响应速度。

2 企业信息化规划实训

企业信息化建设的主体工程是建设现代信息网络，而现代信息网络的核心与基础则是信息资源网。企业信息资源规划，就是信息资源网建设的规划，是企业信息化建设的基础工程和先导工程。ERP 是一个大型的管理系统，其中也必然存在着类似的情形。在开发之前，进行必要的项目规划，包括信息资源规划和业务流程规划等工作，以引导出相对完整、合理、满足当前及未来一段时间需求的方案，为后期系统设计与开发工作打下基础。

2.1 实训要求

通过本章的实训，首先让学生了解企业信息化规划的基本原理，然后从信息资源规划、ERP 业务流程规划等方面入手，让学生掌握具体规划的方法，提升规划与需求分析能力。本章实训的目的在于提升学生 ERP 前期规划工作的能力。

企业信息资源规划是一个企业信息化过程中一个重要的前期工作，具有全面、统筹、可操作化的特点。不同于一般的设计工作那样精细，亦不同于传统规划工作中的那种定性研究。通过企业信息资源规划，在企业导入正规的系统需求分析、概要设计、详细设计之前，企业内部员工已经通过这种规划过程，将信息化管理中的思维习惯引入到了工作之中，对于未来专业 IT 公司更准确的需求调研与需求分析、更翔实明确的系统分析与设计、更专业高效的开发与实施工作打下了坚实的基础。

2.2 实训内容

企业信息化规划实训将主要从研制职能域、业务过程、业务活动、用户视图分析、数据结构规范化、数据流分析、系统功能建模、系统数据建模等几方面进行。

本章在实训过程中，特别强调学生要拓展思路，结合自己熟悉的领域，多做练习，以提升自己的综合能力。

2.2.1　企业信息资源规划概念

2.2.1.1　企业信息资源规划起源

企业信息资源规划工作来源于信息工程的基本原理。约翰·柯林斯（John Collins）在为世界第一本信息工程专著所写的序言中说："信息工程作为一个学科要比软件工程更为广泛，它包括了为建立基于当代数据库系统的计算机化企业所必需的所有相关的学科。"

"信息工程"的产生，是为了解决"数据处理危机问题"的必然结果，这是发达国家建立计算机企业初期和发展过程中曾遇到的问题，在迎接计算机时代到来的发展中国家，同样涉及类似的情况。突出的问题大体表现在：数据混乱、应用积压严重、应用开发效率低、系统维护困难等方面。

一些企业曾经花费大量人力、财力、物力购买并应用的系统，经过一段时间的使用后却发现系统不适用而不得不放弃。美国国防部开发的十个自动化系统，1977 年的研究表明，这十个系统都存在着要修改的问题，而且这种修改耗资巨大。时至今日，一些企业中轻视信息规划工作而导致损失的事情仍时有发生。

一些企业中，无用的或效率很低的应用程序越积越多，即形成"应用积压"的问题。一方面，计算机系统的功能没有正常、高效地发挥出来，大量的应用程序或功能处于"无用"状态；另一方面，计算机部门或开发公司对于尽快满足最终用户的需求无能为力，许多用户需要的很有价值的应用项目，却因为计算机部门或开发公司负担过重而不能及时开发。开发人员承担着最终用户新需求压力日益增加、旧应用堆积严重且维护愈加困难的双重压力。

为了解决此类问题，计算机业界不断推出更好、更快的开发工具、管理思想，如面向对象开发工具、软件工程思想等。然而，这些工具和思想方法主要是从开发者的角度出发，提出的有利于完善开发过程、提高开发效率、尽量避免未来可能出现的各种冲突的一种权宜之计。例如，开发方的系统分析人员会不断诱导最终客户，让其所提出的功能需求尽可能往自己已开发的功能方面靠拢；在需求管理方面，通过严格签字手续等方式约束最终客户过多的需求增长等。诚然，这些做法有利于保证最终双方约定功能的稳定性和系统的健壮性，但却不利于满足企业不断增长的正常需求，于是存在着系统用一段时间就显得"过时了"的情形。

2.2.1.2　信息工程基本原理

信息工程（Information Engineering，IE）是美国管理及信息技术专家詹姆斯·马丁（James Martin）在 20 世纪 80 年代初提出的一整套建立"计算机化企业"的理论与方法。信息工程的基本原理有以下几点：

1. 数据位于现代数据处理系统的中心

借助于各种数据系统软件，对数据进行采集建立和维护更新。使用这些数据生成日常事务单据，如打印发票、收据、运单和工票等。当企业需要进行信息咨询，对这些数据进行汇总或分析，得出一些图表和报告。为帮助管理人员进行决策，要用这些数据来回答"如果怎样，就会怎样"一类问题。数据库管理人员检查某些数据，以确信是否有问题。所有这些都是以数据为中心的。

2. 数据是稳定的，处理是多变的

一个企业所使用的数据类很少变化。具体来说，数据实体的类型是不变的，除了偶尔少量地加入几个新的实体外，变化的只是这些实体的属性值。对于一些数据项集合，我们可找到一种更好的方法来表达它们的逻辑结构，即稳定的数据模型。这种模型是企业所固有的，问题是如何把它们提取出来，设计出来。这些模型在其后的开发和长远应用中很少变化，而且避免了破坏性的变化。在信息工程中，这些模型成为建立计算机化处理的坚实基础。虽然企业的数据模型是相对稳定的，但是应用这些数据的处理过程却是经常变化的。

事实上，最好是系统分析员和最终用户可以经常地改变处理过程。只有建立了稳定的数据结构，才能使行政管理或业务处理上的变化能被计算机信息系统所适应，这正是面向数据的方法所具有的灵活性，而面向过程的方法往往不能适应管理上变化的需要。

3. 最终用户必须真正参加开发工作

企业高层领导和各级管理人员都是计算机应用系统的用户，他们都在计算机终端上存取和利用系统的数据，是最终用户。正是他们最了解业务过程和管理上的信息需求，所以从规划到设计实施，在每个阶段上都应该有用户的参与。在总体规划阶段，有充分理由要求企业高层领导参加。

首先，信息资源规划是企业的重要资源，对于如何发挥信息资源作用的规划工作，高层领导当然要亲自掌握；其次，总体规划要涉及企业长远发展政策和目前的组织机构及管理过程的改革和重新调整，而只有高层领导才能决定这些重大事情。各管理层次上的业务人员对业务过程和信息需求最熟悉，单靠数据处理部门无法搞清用户的需求；最后，要使频繁的业务变化在计算机信息处理上得到及时的反映，满足管理上的变化要求，也是数据处理部门所不能完全胜任的。这样，用户的数据处理部门的关系应加以改变，用户要参与开发，由被动地使用系统变为积极地开发系统；数据处理部门由独立开发变为培训、组织、联合用户开发。

2.2.1.3 信息资源规划方法论

从上述的基本原理和前提出发，马丁阐述了一套自顶向下规划（Top - Down Planning）和自底向上设计（Bottom-Up Design）的方法论。他指出：建设计算机化的企业需要该组织的每一成员都为这一共同目标进行一致的努力，这就包括采用新方法论的总体策略，并要求每一成员对此应用有清楚的理解。几经修改，他在《信息系统宣言》一书中提出了组成"信息工程"的 13 块构件（见图 2.1）。这 13 块构件是相互联系的，构成一个统一体——信息工程方法论的宏伟大厦。

信息资源规划（Information Resource Planning，IRP）即是为解决此一问题提出的有效方案，它是指对企业生产经营活动所需要的信息，从产生、获取，到处理、存储、传输及利用进行全面的规划。与软件工程不同，信息资源规划的需求分析强调对全企业、企业的大部分或企业的主要部门进行分析，是一种全局性的分析，需要有全局观点。同时，分析过程需要业务人员参与，特别强调高层管理人员的重视和亲自参与工作。要求业务人员在需求分析阶段起主导作用，系统分析人员起协助辅导作用，整个需求分析过程是业务人员之间、业务人员与计算机人员之间的研讨过程。信息资源规划的数据需求分析要建立全局的数据标准，这是进行数据集成的基础准备工作。即全局性的数据标准化工作要提前开始并集中统一地进行，不是等到应用项目各自完成后再分散地进行（此时将无法进行标准化控制）。

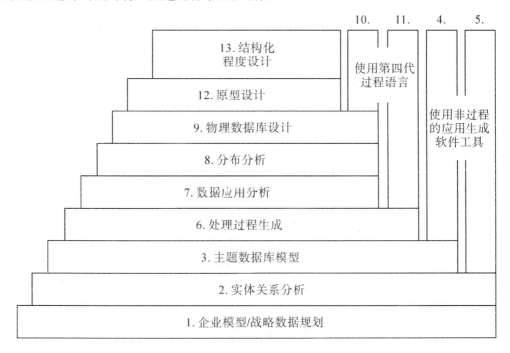

图 2.1　信息工程方法论的组成

　　大体来说，信息资源规划包括需求分析阶段和系统建模阶段两大部分。其中，需求分析阶段包括功能需求分析（定义职能域、定义业务过程、业务活动分析）和数据需求分析（用户视图分析、数据流分析、数据结构规范化）等工作，系统建模阶段包括系统功能建模（定义子系统、定义功能模块、定义程序模块、价值流分析）和系统数据建模（定义主题数据库、定义基本表、子数据模型、全域数据模型）等工作。

2.2.2　研制职能域模型

　　在信息工程方法论中，用"职能域—业务过程—业务活动"这样的层次结构来把握企业功能，称为企业模型（Enterprise Model）或业务模型（Business Model）。

　　业务模型的研制可分为三步：

　　第一步，企业的职能域模型。

　　第二步，扩展上述模型，识别定义每个职能域的业务过程。

　　第三步，继续扩展上述模型，列出每个过程的各项业务活动。

建立正确的业务模型，是一项复杂而又细致的认识活动。主要依靠企业高层领导和各级管理人员来分析企业的现行业务和长远目标；按照企业内部各个业务的逻辑关系，将它们划分为若干职能区域，弄清楚各职能区域中所包含的全部业务过程；再将各个业务过程细分为一些业务活动。

职能域（Function Area）是指一个企业或组织中的一些主要业务活动领域，如工程、市场、生产、科研、销售等。

★小提示：研究职能域的注意事项
研究定义职能域是信息资源规划第一阶段的一项重要任务，不能简单地将职能域理解为现在企业的机构部门名称，而是从业务发生的角度来进行重新认识和分析。 请更多关注现有和未来的业务需求，不要过多地被现有的部门名称所约束。职能域应该理解为一个实现某些职能的业务集群。

【参考 2.1】某餐饮企业的职能域模型。

某餐饮企业，为顾客提供早餐、中餐和晚餐。公司高级厨师领导一个新菜系研究小组，负责每月创新至少一个新菜式。其他工作有：账务组，负责收款找零、每日将余款存银行；清洗组，负责洗菜、洗碗、洗锅灶等工作；服务组：负责传菜、收拾餐馆、轮值打扫卫生；采购组，负责采购菜品或与供货商联系供货；仓储组，负责保证菜品材料的用量和新鲜，仓储组有时也会配合跟采买组一起去进货；烹调组，负责按照高级厨师研制的、客户点餐的菜品烹调，高级厨师在不研制新菜系时也与普通厨师一起做烹调。公司未来还考虑与一些知名的团购网合作，提供团购点餐，未来也考虑有自己的网上订餐业务。

根据上述情况，考虑未来的业务发展，可以将职能域做如下考虑（见表 2-1）：

表 2.1　　　　　　　　　　某餐馆企业的职能域模型

职能域编码	职能域名称
F01	新菜系研究
F02	账务
F03	清洗
F04	服务
F05	采购
F06	仓储
F07	烹调
F08	网上订餐

【实训练习 2.1】根据以下文字材料，研究天华电动自行车制造厂的职能域模型。

天华电动自行车制造厂主要从事电动自行车生产制造工作，其材料从市场采购，另外还有一个配套厂家为其生产发动机，企业的财务部门负责全部的财务管理工作，仓库负责材料与半成品、成品的收、发、保管等工作，采购与仓储目前皆由一个叫"物资处"的机构管理，不过物资处虽有权决定采购的材料，却在仓储管理方面无法细化。企业另外有一个研究所，专门研究和开发新型的电动自行车和改进已有的老型号。企业的生产车间是企业的最大部门，负责制造、组装各类电动自行车。企业的全部销售工作交给企业另设的销售公司打理，他们负责企业的外地市场和本地市场。外地市场主要是建立批发点或寻找总代理商，本地市场则是寻找二级代理或进驻相应的市场，未来他们打算开拓网络市场，可能会以 B2C 或 B2B 的方式进军电子商务领域。企业的老总们主要是考虑企业的经营计划和未来发展战略等工作。另外有一个后勤部门负责后勤工作，人事部门主要负责企业的人力资源管理（包括薪资管理、人员培训等工作）。由于培训工作越来越受重视，企业未来可能将培训工作独立出来形成独立的培训部以满足知识型企业管理的要求。企业很重视物料管理工作，对于物资的配送设有专门的配送部门，对外的配送也与第三方物流公司联系紧密。由于电动自行车在有些城市交通中处于受限制的领域，国家对于电动自行车的标准（超过标准就算机动车，需要纳入机动车管理，用户手续上更复杂）有要求；另外，为了保护自有的研究成果（专利产品）以规避未来可能的经济和法律风险，企业决定未来要在法律方面成立专门的机构。

请根据上述资料，研究该企业的职能域，并以 Excel 表格的方式列出你认为合适的职能域。

【实训练习 2.2】根据你熟悉的某个领域（如餐饮业、手机业、平板电脑业、化妆品业、金融业、人力资源业、蔬菜种植业、水果种植业、鲜花种植业、畜牧业、园艺业、徒步运动业、酒店业、渔业、酒类业、小商品业、医药品业、汽车业、房地产业、旅游业、影视业、休闲食品业等）的情况，以 Excel 表格的方式定义一套的职能域。

2.2.3　研制业务过程模型

每个职能域都包括一定数目的业务过程（Process），业务过程是职能域的细化，小型企业通常职能域在 10 个以内，涉及约 30～100 个业务过程；中型企业职能域则可能在 10 多个，涉及更多的业务过程（见表 2.2）。

【参考 2.2】一个中型制造厂的职能域和业务过程。

表 2.2　　　　　　　一个中型制造厂的职能域和业务过程

职能域编号	职能域	职能域描述	业务编号	业务过程
F01	经营计划	根据董事会和总经理办公会，确定经营事务	F0101	市场分析
			F0102	产品范围考察
			F0103	销售预测
F02	财务	财务计划与管理工作	F0201	财务计划
			F0202	资本获取
			F0203	资金管理
F03	产品计划	产品计划与管理工作	F0301	产品设计
			F0302	产品定价
			F0303	产品规格说明

职能域编号	职能域	职能域描述	业务编号	业务过程
F04	材料	材料管理相关事宜	F0401	材料需求
			F0402	采购
			F0403	进货
			F0404	库存管理
			F0405	质量管理
F05	生产计划	生产计划管理工作	F0501	生产能力计划
			F0502	工厂调度
			F0503	工序安排
F06	生产	生产控制与加工管理工作	F0601	材料控制
			F0602	铸造成型
			F0603	下料
			F0604	机加工
F07	销售	销售管理与客户服务管理	F0701	异地销售管理
			F0702	本地销售管理
			F0703	客户服务中心
F08	配送	配送管理及相关业务	F0801	订货服务
			F0802	包装
			F0803	发运
			F0804	仓储
F09	财务	财务计划与管理	F0901	账务管理
			F0902	成本管理
			F0903	财务计划与控制
F10	人事	人力资源管理工作，保证公司的人力资源需求	F1001	招聘
			F1002	培训与晋升
			F1003	福利与保险
			F1004	工资管理

职能域和业务过程的确定，应该独立于当前的组织机构。因此，为强调这一点，应称为"逻辑职能域（Logical Functional Area）"。组织机构可能变化，但企业仍然会执行同样的职能和过程。有的企业的组织机构形式每隔几年就改变一次，但一些主要的业务过程却是保持不变的。职能域与业务过程的确定，主要应该考虑独立于当前组织机构的职能，因而会有这样两种情况：

（1）经逻辑分析而得出的职能模型中可能包括这样的职能域，它横跨两个或多个现行系统的业务部门。

（2）对现行系统所列出的业务过程可能会有这样的一些过程，它们分别属于不同的职能域，但功能相同或相近。

识别业务过程一般来说缺乏较好的形式化方法，主要依靠有经验的业务人员和分析人员进行反复提炼。不过，也可以提出一种参考模式，它能帮助以套用在当前企业上，发现并列出其业务过程。这种参考模式就是："产品、服务和资源等各类型企业的四阶段物料生命周期"模式，任何企业或组织都可归入产品型、服务型或资源型（见表2.3）。

表2.3　　　　　　　　　根据企业物料生命周期划分的参考业务过程

企业物料生命周期阶段	参考业务过程
计划	需求
	设计
	度量
	控制
	核算
	市场研究
	预测
	生产能力计划
	评估
获取	采购
	补充人员
	实施
	创建
	加工制造
	开发
	工程施工
	生产调度
	检测
保管	成品入库
	库存管理
	维护
	保障
	跟踪
	改进
	质量管理
	包装
	修理

表2.3(续)

企业物料生命周期阶段	参考业务过程
处置	销售
	交货
	订货服务
	发运
	车队管理
	收付款
	退货
	设备配置
	废品管理

业务过程的确定可以对照组织中各部门负责人来考虑，可以以矩阵表的形式，确定进行业务过程调查的访问对象。矩阵表的横向标题为各职能域和细化的业务过程，纵向标题则为各部门的负责人，表中间则体现出参与状态（主要负责、主要参与、部门参与）。这种方式可以帮助建立业务过程而不致遗漏，并使每个业务活动的确定都能找到相应的负责人。

规划小组应该力求确定出所考察的企业或部门的全部业务过程，列出一张表；再从表中删去重复的业务过程。不应该为减少业务过程的数目而人为地合并一些业务过程。通常，一个大型企业会有 100 个或更多的业务过程。

从事过企业模型分析工作的人，通常有一些体验，值得初次从事这方面工作的人员借鉴：

（1）开始以为业务过程的定义没有毛病，可是规划工作进行一段时间再来复查时，会发现有许多不妥之处，还要继续修改。

（2）业务过程应该按照自顶向下规划的目的来确定，这些业务过程是企业运营的基本工作，应该不受报告层次或个体负责人变动的影响。

（3）一些业务部门的职能相互覆盖，其表现是有相同的或相似的业务过程，因此，职能域和业务过程的定义是一种逻辑模型化，不能简单地按现有机构、部门、职务来定义职能域和业务过程。

（4）在建立企业模型工作中，高层管理人员和最终用户的参与是很重要的，只有他们才知道这个企业是怎样真正工作的。许多规划负责人开始总是希望计算机系统分析人员起较重要的作用，其实不然，用户所扮演的角色要比他们最初想象的重要得多。

【实训练习 2.3】根据上一节中完成的天华电动自行车制造厂的职能域模型表，参考上述两表的业务过程模型，定义出该企业的业务过程，并以 Excel 表格方式表现（请参考表 2.2）。

【实训练习 2.4】根据上一节中你熟悉的某个领域的情况定义的职能域，定义该领域各职能域的业务过程，并以 Excel 表格方式表现（请参考表 2.2）。

2.2.4 业务活动分析

2.2.4.1 业务活动分析概述

在每个业务过程中，都包含一定数目的业务活动（Activity）。业务活动是企业功能分解后最基本的、不可再分解的最小功能单元。对业务活动命名可采用一个动宾结构，以表示该活动所执行的操作。

例如，前面提到的"F0402采购"业务过程可以包含下述业务活动：

· 提出采购申请单
· 选择供应商
· 编制采购订单
· 根据订单监督各项交货
· 处理异常情况
· 记录供应商执行合同情况
· 分析供应商执行合同情况

一般每个业务过程含有5~30个业务活动，在一个小型的公司里可能有几百个业务活动，而在一个大型复杂的公司中可能有几千个业务活动。

在做业务分析时，一般是把职能域分解成多个功能，每个功能再分解成更低层的功能，这样逐级向下分解，直到产生最基本的活动为止。

某企业制造部功能逐级向下分解实例（见表2.4），其中不能分解的最低层的功能就是业务活动。

需要注意的是，表2.4中的"功能分解"有的分解出三层，有的分解出两层，由于对一个职能域只能统一分解出两层——业务过程、业务活动，所以需要做一些调整。调整的基本原则是合并同类项、将业务活动升级到业务过程或将业务过程降级到业务活动。

职能域的划分、业务过程的识别和定义、业务活动的分析和确定，都需要规划人员与企业从高层管理人员到基层业务人员的共同努力，由粗到细地加以完成。当初步的企业模型以图表形式得出以后，最后还要进行认真的复查和审核。

例如，对"材料"职能域调整后见表2.5。

表 2.4   某企业的功能分解初步

企业部门	职能域	功能分解		
制造部	计划	市场分析	客户分析	部件估价
		产品范围考查	……	……
	材料	采购	提出采购申请单	
			供应商	记录供应商完成数量
				分析供应商特点
				选择供应商
			生成采购订单	
			生成付账信息	
			记录供应商完成数量	
			分析供应商特点	
		进货验收	……	……
	仓库	需求量测定	预测需求	
		保管	监控库存物资	
			检查货物清单	
			领取货物	
		发运	装配单	
			包装单	
			记录装运	
			修改库存	

表 2.5   调整后的业务过程和业务活动（局部）

职能域	业务过程	业务活动
材料	供应商	记录供应商完成数量
		分析供应商的特点
		选择供应商
	采购	抽出采购申请单
		生成采购订单
		生成付账信息
	进货验收	记录供应商完成数量
		分析供应商完成特点
		……

2.2.4.2 业务活动分析的凝聚性特征

K. 温特尔博士总结了活动分析工作，提出活动模型中每一活动应该是凝聚性活动（Coherent Activity），为寻求这样的活动，列出如下特征：

1. 一个凝聚性活动产生某种清晰可识别的结果

这种结果可以是销售一件产品、一个想法、一个决策、一组方案、一份工资单、一次顾客服务等，应该通用一个简单的例子来说明这个活动的目的或结果。相比之下，一个非凝聚性的活动，总是产生不可确定的结果，或者几个无关的结果。

2. 一个凝聚性活动有清楚的时空界限

在这个确定的时间和空间里，可清楚地指出，谁在这个活动中工作和谁不在这个活动中工作。活动有时间性，可以确定开始时间和结束时间，可以测定超过的时间。凝聚性的活动之间的转换具有清楚的标志，而非凝聚性的活动则互相重叠混杂，不能确定在何时何地进行。

3. 一个凝聚性的活动是一个执行单元

它明确规定一个人或一个小组去产生结果，活动的管理职责也有类似的明确规定，由一个人或一组人负责。而一个没有明确定义的活动可能由一些不确定的人去执行，谁应该做什么是不明确的，他们的工作虽有某种协同，但不是作为一个整体去工作，互相之间缺乏良好联系和配合。

4. 一个凝聚性的活动在很大程度上是独立于其他活动的

如果一个活动按某种方式与另一个活动相互作用十分紧密，就可以把它们看作一个活动。在执行一个活动的同一组人之间的联系，当然要比在不同活动中的联系频繁得多。

分析比较表 2.4 中所有列出的基本活动，会发现有的活动不具备凝聚性特征，这就需要进行调整；有的活动是重复的或者相当接近的，就要清除重复活动的多余部分，合并相似的活动，才能得出良好的业务活动模型。

经过对业务活动的分析以及识别所有的凝聚性活动，再按相互联系的紧密程度分组，就可以积聚成一些业务过程。对业务过程再组合，可以形成若干个逻辑职能域，以作为业务功能的信息系统基础。也就是说，逻辑职能域是对按企业的部门划分的职能域的修正。同样，按业务活动分析组合起来的业务过程模型，是对按业务人员的经验初步建立起来的业务过程模型的修正。这个过程又是一个从细到粗的逆过程，是对前两节中从粗到细的顺过程的迭代。

复查要在核心小组的组织下，除充分发挥用户分析员的作用外，还要有层次地与管理人员对话，请他们进行仔细的审查。复查可以从上向下进行，也可以从下向上进行，或交替进行。从上到下进行，是指首先看职能域划分和定义有没有问题，再看业务过程的识别和定义有没有问题，有问题就进行修正；从下向上进行，是指首先复查业务活动功能是否分解到基本活动，每一活动是否符合凝聚性特征？有无冗余的活动需要删除、有无类似的活动可以合并？当这些都确定之后，再看哪些活动组合在一起作为一个业务过程？与以前确定的过程有何矛盾？如果有矛盾就需要调整，最后再由业务过程组合成职能域。经过复查，可以认为所建立的企业模型已经是一种逻辑模型，这种业务模型应该具有下述特点：

（1）完整性

这种模型应该是表示组成一个企业的各个职能域，各种过程和活动的完整图表。

（2）适用性

这种模型应该是理解一个企业的合理有效的方法。在每一个分析层次上职能和活动的确定，对于参与工作的管理人员来说都应该是觉得自然和正确的。

（3）永久性

只要企业的目标保持不变，这种模型就应该是正确的和长期有效的。有些企业定期对自己的组织机构进行调整，或定期改变管理工作方式，但无论怎样，一些相同的职能必须继续执行。这种企业模型是企业改组时很有用的，而与数据的管理方式是无关的，即不管数据是文件、数据库还是纸质的。

建立正确的业务模型，是一项复杂而细致的认识活动。主要依靠企业高层领导和各级管理人员来分析企业的现行业务和长远目标；企业内部各种业务的逻辑关系，将它们划分为若干职能域，弄清楚各职能域中所包含的全部业务过程；再将各个业务过程细分为一些业务活动。这是一个多人参与的反复过程，因此，进行业务分析建立业务模型的过程，是对现行业务系统再认识的过程。

提出业务模型是建设计算机化企业的基础性工作。所谓企业的计算机化，是指将人工的业务过程和业务活动，变为以计算机为信息存储处理工具的过程和活动。由于电脑和人脑各自的特性，并非简单将日常手工工作照搬到电脑中来，而是在新的工作方式中各自得到发挥，使原来的过程和活动发生某些根本性的变化。因此，首先搞清楚现行系统的业务过程和业务活动，然后再考虑引进计算机系统对这些活动进行调整和改进，才是业务模型分析工作的实质。

【实训练习 2.5】根据上两节中完成的天华电动自行车制造厂的职能域模型表、上一节中定义的业务过程，定义出的该企业的业务活动，并以 Excel 表格方式表现（请参考表 2.2、表 2.3、表 2.4、表 2.5）。

【实训练习 2.6】根据上两节中你熟悉的某个领域情况定义的职能域，上一节中定义的该领域各职能域的业务过程，定义出该企业的业务活动，并以 Excel 表格方式表现（请参考表 2.2、表 2.3、表 2.4、表 2.5）。

2.2.4.3 职能域—业务过程—业务活动的思维建构实训

虽然通过电子表格工具可以分别就职能域、业务活动、业务过程进行分析，但直观性不够。为了能够更直观地进行建构，我们引入思维导图的建构方法，使职能域的建构工作更加直观化、条理化。

1. 思维导图工具 XMind 简介

思维导图绘制工具很多，常见的有 XMind（下载地址：http://www.xmindchina.net）、亿图思维导图软件 MindMaster（下载地址：http://www.edrawsoft.cn/mindmap）、Mindmanager（下载地址：http://www.mindmanager.cc）、FreeMind 等，用户可根据自己的需

要选择下载。

　　本书以目前流行度最高的 Xmind 为建构软件，引导读者学会方便地构建职能域—业务活动—业务过程。

　　XMind 采用 Java 语言开发，具备跨平台运行的性质，且基于 EclipseRCP 体系结构，可支持插件。XMind 的程序主体由一组插件构成，包括一个核心主程序插件、一组 Eclipse 运行时插件、一个帮助文档插件和一组多语种资源文件插件。Eclipse 用户会对它的界面感到非常亲切。

　　XMind 应用 EclipseRCP 软件架构，可以支持其他开发人员为其编写插件，为 XMind 增添新的功能或改进其设计。由于大部分插件是用 Java 语言编写，用本地语言编写的代码也针对各不同操作系统有不同版本，所以 XMind 理论上可以运行在几乎所有操作系统上，包括所有 64 位的操作系统，XMind 支持 Windows、Mac、Linux、iOS 以及浏览器。

　　XMind 的文件扩展名为".xmind"。".xmind"本质上是由 XML+ZIP 的结构组成的，是一种开放的文件格式，用户可以通过 XMind 开放的 API 为其开发插件或进行二次开发。

　　XMind 能与用户其他的 Office 软件紧密集成，收费版的".XMind"文件可以被导出成 Word、PowerPoint、PDF、TXT、图片格式等，也可以在导出时选择"仅图片""仅文字"或图文混排，所得到的成果可以直接纳入用户的资料库，或用其他编辑软件打开并编辑。此外，XMind 还支持导入用户的 MindManager 和 FreeMind 文件，使得大量用户在从这两个软件转向 XMind 时，不会丢失之前绘制的思维导图。

　　2. 用 XMind 建构的基础

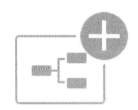

图 2.2　Xmind 新建空白图

　　安装好 XMind 之后，打开时先显示出"新建空白图"的界面，如图 2.2 点击此按钮以创建一个新的空白图，并且在屏幕出现一个"中心主题"的字样。我们可以把此"中心主题"理解为最顶层（第 1 层）、肇始端，紧接着，按几下 Enter 键，就分别在其下建立了"分支 1""分支 2""分支 3"等层次——这些分支可以理解为第 2 层（如图 2.3）。

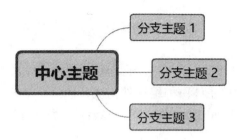

图 2.3　XMind 中按下 Enter 键创建下级分支

如果要继续建立更深的层次（如第 2、3 层）则不能再按 Enter 键。而是要首先选择需要扩展的分支（例如选中"分支 1"），再按下键盘上的 Insert 键，则出现了一个"子主题 1"，如果要建立"子主题 2"则有两种操作：一种是继续保持选中"分支主题 1"按 Insert 键；第二种是选中"子主题 1"按 Enter 键。

通过 Enter 和 Insert 键的多次操作之后，可以形成复杂的层次结构关系（如图 2.4）。

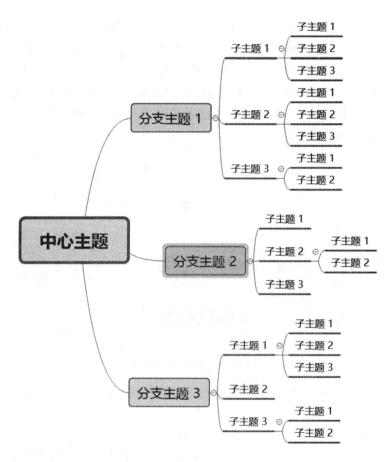

图 2.4　Xmind 中结合 Enter 和 Insert 键创建的多层分支

3. XMind 格式编辑

虽然做出了 XMind 的层次结构，但其格式其实可以更丰富。

（1）主题格式。

选中任一主题，点击屏幕右侧工具栏中一个刷子形状的按钮，可以展示出主题与分支主题的定义（如图 2.5，左侧为选中中心主题时的格式、右侧为选中子主题时的格式）。

其中"结构"可以定义为"组织结构图""树状图""逻辑图""水平时间轴""垂直时间轴""鱼骨图""矩阵"等多种类型。

其中"我的样式"则可以选择多种系统预定义的样式组合，以表现不同的风格。

其中"文字"可以选择字体、字号、大小写、字体颜色等跟文字定义相关的内容。

其中"外形和边框"则对中心主题或的外形或边框的形状、颜色、粗细等进行设置。

其中"线条"指对连接线的设置，可以设置粗细、线型、线条颜色。

其中"编辑"是对分支主题或子主题的设置，可以设置为多级编号、分隔符等。

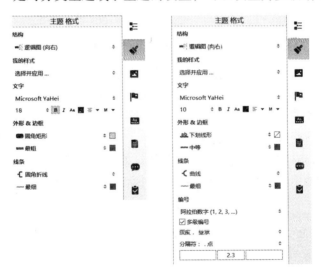

图 2.5　XMind 中主题与分支主题格式的定义

（2）画布格式。

除了对主题格式的设置以外，还可以对画布格式进行设置。点击画面中空白处（不要选择任何主题），格式里面将显示画布格式的设置。

其中包括"背景色"设置、"墙纸"设置、"图例"设置、"高级"设置（线条渐细、渐变色效果）、"彩虹色"设置、"信息卡"设置，这些设置能够使画面的表现效果更加丰富。

4. XMind 分析实例

这里以某运动 App 的设计与开发为例，分析了所需要完成的工作（如图 2.7），分析的过程应该是"由粗到精"，并且分析的过程应该既可以独立思考又可以小组讨论的方式进行。

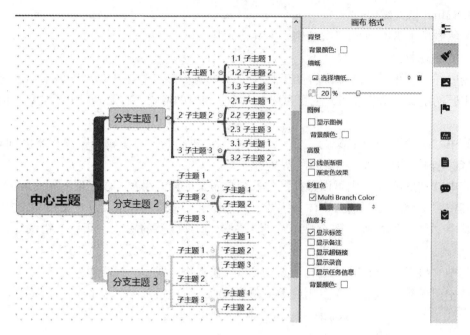

图 2.6　XMind 中画布格式的定义

完成后点击"文件—保存新的版本"（或按热键 Ctrl+S）以保存. xmind 文件；然后，再点击菜单"文件—导出—图片"，再点击"下一步"，并定义"至文件"的路径以保存为一张图片文件。读者可以参考此示例，独立完成自己的职能域—业务过程—业务活动甚至更细节功能的分析与绘制。

直接保存的. xmind 文件是源文件，可以继续修订，并在设计开发小组内分享；导出的图片文件则主要用于发布于外部用户，让外部用户在没有安装. xmind 文件的情况下也能分享。

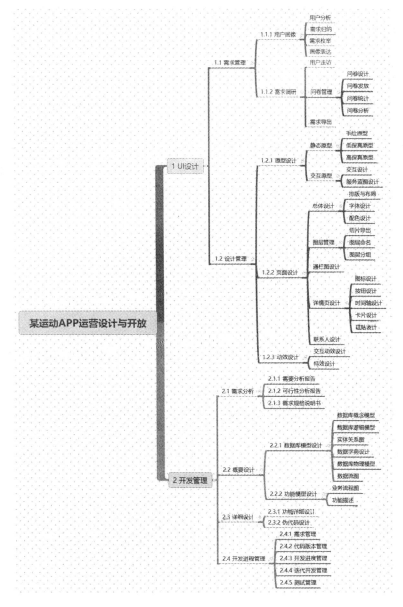

图 2.7 XMind 绘制某运动 App 运营设计与开放

★ 小提示：如何管理复杂图形

XMind 绘制的图形如果非常复杂，会不利于用户观看。为了能够管理复杂图形，可以从以下三方面着手：

一是缩放功能，在画布右下角默认显示为 100%，可以点击此百分比左右两侧的加减符号以缩放整个画布。

二是折叠功能，在每个子主题之前的连接线上有一个带圆圈的减号，点击此减号，则整个子主题的分支都被折叠起来，原来带圆圈的减号也变为带圆圈的加号了。

三是新增画布功能，在整个画布的左下角，有一个"画布 1"的页标，用鼠标右键点击此页标，将会弹出"复制画页""新画布""彩色标签"等选项的弹出菜单；根据需要定义不同的画布，将复杂的功能分散到不同的画布中可以有效降低复杂度。

2.2.5 用户视图分析

数据需求分析是信息资源规划中最重要、工作量最大且较为复杂的分析工作，要求对企业管理所需要的信息进行深入的调查研究。信息工程的数据需求分析与软件工程的数据需求分析的区别在于：信息工程的数据需求分析强调对全企业或企业的大部分进行分析，就像业务分析一样，要有全局的观点，要建立全局的数据标准，进行数据集成的奠基工作；而软件工程的数据需求分析并不这样要求，只是根据具体的应用开发项目的范围进行调查，即使范围较大（涉及多个职能域）也是分散地进行各程序模块所需数据调查，因此它无须建立全局的数据标准。

信息工程的数据需求分析体现了面向数据的思想方法，从用户视图的调查研究入手，要求管理和计算机技术两类人员密切合作，认真分析企业各管理层次业务工作的信息需求，同时进行正规的信息资源管理工作，建立起各种基础标准。

用户视图（User View）是一些数据的集合，它反映了最终用户对数据实体的看法。基于用户视图的信息需求分析，可大大简化传统的实体—关系（E-R）分析方法，有利于发挥业务分析员的知识经验，建立起稳定的数据模型。

用户视图的定义与规范化表达包括：用户视图标识、用户视图名称、用户视图组成和主码。

2.2.5.1 用户视图分类与登记

用户视图作为企业里各管理层次最终用户的数据实体，是一个非常庞杂的对象集合。在手工管理方式下，各种各样的单证、报表、账册不仅是数据的载体，而且还是数据传输的介质，甚至还是数据处理的工具。上级管理人如不经严格分析就"设计"出一些结构不科学的表格要求下级填报，尽管大家整天都在填表，但仍然做不到及时、准确、完整，有很多工作又显得重复与浪费，无法实现实时信息处理。进行数据分析，就是要从根本上结束这种局面，为此必须较彻底地清理一下长期以来一直忽视的那堆"乱表"，做好简化与规范工作。为此，首先要有一套科学的方法对所有用户视图进行分类。

用户视图分为三大类：输入大类、存储大类、输出大类。

每大类下分为四小类：单证/卡片小类、账册小类、报表小类、其他小类（记录显示）。

进行用户视图登记，需要做好如下规范：

（1）用户视图编码规则。

用户视图标识是指它的一种编码，这对全企业的用户视图的整理和分析理学必要。

用户视图标识的编码规则，如表 2.6 所示。

表 2.6　　　　　　　　　　　用户视图标识编码规则

D	XX	X	X	XX
用户视图代码	职能域编码	大类（流向）编码	小类（类型）编码	序号

其中：

大类（流向）编码取值：1=输入，2=存储，3=输出

小类（类型）编码取值：1=单证，2=账册，3=报表，4=其他。

序号：01~99。

（2）用户视图名称。

用户视图名称是指用一条短语表示用户视图的意义和用途。

例如：

用户视图标识：D041309。

用户视图名称：材料申报表。

这里用户视图标识编码的具体意义："04"代表第四域"物资"，"1"代表"输入"，"3"代表"报表"，"09"代表同一大类同一小类中的第9个。

（3）用户视图生存期。

用户视图生存期是指用户视图在管理工作中从形成到失去作用的时间周期。用户视图生存周期类型为：动态、日、周、句、月、李、年、永久。用户视图生存周期可细分为"用户视图生命周期"和"用户视图保存周期"两个子项，其中前者是指该数据项的生效时间范围，而后者指保存的时间范围。有些用户视图的数据虽然已经失效，但其数据仍然具有历史统计意义，在未来某个时间可能会用于数据挖掘或数据分析工作，因此保存周期应该是一个较长的时间，一般至少为"年"，甚至为"永久"。

（4）用户视图记录数

用户视图记录数是指把它理解为一张表的行数，记录这个数据主要用于最后统计相关的数据量。最终得到统计的数据量将可用于规划与统计整个系统的数据量，甚至最终可以作为购置硬件的理论依据。

统计用户视图的数据量由用户视图数据项表（见表2.7）和用户视图生存周期与数量统计表（见表2.8）来完成。为了今后统计方便，这两个表最好使用 Excel 电子表格来完成。

例如，"D041309 材料申报表"是月表，每月计有 5 张表，每张表平均有 30 行，那么，该视图的记录数应该是：5×3=150

2.2.5.2 用户视图数据项组成与数据量统计

用户视图主要来源于对该企业的调查，具体来说可以从搜集该企业现存的报表开始，深入分析该企业应该使用的数据项。有时，搜集到的企业报表将会非常复杂，甚至表中套表；有时，多张表之间又会有内容重复或混淆的地方；有时，企业实际存在的数据根本没有任何单据或报表的存在，只是口头说说……诸如此类纷繁复杂的数据项需要认真清理、分析，最后以用户视图数据项表的形式，逐一完善、整理并最终形成可用的表格（见表2.7）。

表 2.7   "D031101 图书证表"用户视图数据项表

视图编码	视图名	数据项简称	数据类型	长度	中文描述	主键
D031101	图书证表	TSZH	字符型	8	图书证号	√
		SCRQ	日期型	6	生成日期	
		CJR	字符型	8	创建人	
		XM	字符型	10	姓名	
		XH	字符型	10	学号	
		YX	字符型	20	院系	
		YB	逻辑型	1	性别	
		BJ	逻辑型	1	班级	
		XSH	逻辑型	1	学生会	
		QGB	逻辑型	1	勤工办	
		SYXH	逻辑型	1	摄影协会	

表 2.7 中 "D031101 图书证表" 用户视图总计有 11 个数据项, 这些数据项的长度合计是 67。根据图书证表的办理人数估计（假设每人只办一个证，总共最多有 200 000 人办理），那么年数量应该是 67×200 000＝13 400 000。

同理，假设 "D031102 图书借阅记录" 用户视图总计有 9 个数据项，这些数据项的长度合计是 119，而年记录数是 500 000，那么年数量应该是 119×500 000＝59 500 000。再假设 "D031103 图书日查询记录" 用户视图总计有 12 个数据项，这些数据项的长度合计是 82，而日记录数是 12 000，那么年数据量应该是 82×12 000×365＝359 160 000（见表 2.8）。

表 2.8   用户视图生存周期与数据量统计表

视图编码	视图名	生命周期	保存周期	数据项数	数据项长度	记录数	年数据量
D031101	图书证表	永久	永久	11	67	200 000	13 400 000
D031102	图书借阅记录	年	永久	9	119	500 000	59 500 000
D031103	图书日查询记录	日	永久	12	82	12 000	359 160 000
……	……	……	……	……	……	……	……
……	……	……	……	……	……	……	……

最后，将整个系统的全部视图的年数据量进行汇总，即可估算出所需开销的数据大小。这些数据可以用于程序设计时进行数据处理效率的考虑，也可以用于考虑购买硬盘等存储设备的大小。

★小提示：主键与数据类型

· 主键

主键是被挑选出来，作表的行的唯一标识的候选关键字。一个表只有一个主关键字。

主键（Primary Key）中的每一笔资料都是表格中的唯一值。换言之，它是用来独一无二地确认一个表格中的每一行资料。主键可以包含一个或多个数据项。当主键包含多个数据项时，称为组合键（Composite Key）。

每张二维表中的主键是唯一确定的、非空的数据项，主要用于该表的唯一编码，有时用两个或两个以上的数据项共同组成组合键以达到更复杂的唯一性。

· 数据类型

数据类型的出现，是因为电脑内存有限。把数据分成所需内存大小不同的数据，编程的时候需要用大数据的时候才需要申请大内存，就可以充分利用内存。

为了今后更好地将用户视图移植到数据库设计中，可以先简单地将数据类型做基本的定义，简单地划分为：字符型（长度为 1~255）、数值型（总长，小数位长）、日期型（固定为 8）、时间型（固定为 6）、逻辑型（长度固定为 1）、文本型（长度 255 以上）。

在以后的数据库设计中，将充分依据这些基本的类型，设计出更加复杂、更能提高程序运行效率，更好地满足数据库复杂性要求的、更精细的数据类型来。

【实训练习 2.7】参考前几节中完成的天华电动自行车制造厂的职能域模型表、业务过程、业务活动，以 Excel 表格方式编制该企业的整个系统所有用户视图数据项表和用户视图生存周期与数据量统计表（请参考表 2.7、表 2.8）。

【实训练习 2.8】参考前几节中你熟悉的某个领域情况定义的职能域、业务过程、业务活动，以 Excel 表格方式编制该领域的整个系统所有用户视图数据项表和用户视图生存周期与数据量统计表（请参考表 2.7、表 2.8）。

2.2.6　数据结构规范化

完成用户视图之后，很多人会认为自己的数据项结构是合理的，其实细分析之下，可能还不规范；不规范的数据项结构是无法用于最终的程序设计等方面的。这就需要进行数据结构规范化。管理工作中经常有一些复杂的表格，有的是表中套表，因此用户视图编制时需要进行分析一定程度的规范化工作。前一节中仅提到了用户视图项的编制，并未对其进行深入细致的规范，适当的规范不仅有利于计算机处理，还有利于数据库设计，同时也符合人类思维逻辑的理解。

用户视图可以理解为关系数据库的雏形，而关系数据库则是以关系模型为基础的数据库，它利用关系描述现实世界。一个关系既可用来描述一个实体及其属性，也可用来描述实体间的一种联系。关系模式是用来定义关系的，一个关系数据库包含一组关系，定义这组关系的关系模式的全体就构成了该库的模式。

关系实质就是一张二维表，它是所属性的笛卡尔积的一个子集。从笛卡尔积中选取哪些元组构成该关系，通常是由现实世界赋予该关系的元组语义来确定的。关系之间存在着数据依赖，它是通过一个关系中属性间值的相等与否体现出来的数据间的相互关系，是现实世界属性间相互联系的抽象，是数据内在的性质。

比如，一个专业有若干学生，而通常一个学生只属于一个专业；一个系有多个专业，而一个专业只属于一个系；一个学院有多个系，而一个系只属于一个学院；一个学生可以选修多门课程；每个学生每门所学课程都有一个成绩。

在企业信息化规划初期，由于未进行相关思维训练，极易将这种数据间的依赖关系搞混，并且容易形成将多个数据依赖关系未加区分地揉进一个用户视图（二维表）中，形成人为的数据项混乱。为了规避这种情况，需要对数据结构按范式进行重新规划。

范式是符合某一种级别的关系模式的集合，关系数据库中的关系必须满足一定的要求。满足不同程度要求的为不同范式。目前主要有六种范式：第一范式、第二范式、第三范式、BC 范式、第四范式、第五范式。满足最低要求的叫第一范式，简称 1NF。在第一范式基础上满足一些要求的为第二范式，简称 2NF，依次类推。

为了在信息规划的实践工作中简化范式，通常在只规范到第一、第二、第三范式。

数据项之间的关系有：一对一、一对多、多对多三种情形。对用户视图的所有数据项用这些基本关系进行分析，就会发现它们之间在结构上的问题。

2.2.6.1 从单个用户视图导出第一范式（1NF）

第一范式是指一个关系模式中的所有属性都是不可再分的基本数据项，如果存在复合数据项，那么还需求继续细分出来，直到不可再分为止。在任何一个关系数据库系统中，第一范式是对关系模式的一个最起码的要求，不满足第一范式的数据库模式不能称为关系数据库。

为了能够更好地理解第一范式，下面以某公司的"月工资表"结构来说明，细分到哪个程度的数据项才符合第一范式（见表 2.9）。

表 2.9　　　　　　　　某公司月工资表基本结构　　　　　　　单位：元

工号	姓名	基本工资	奖金项目金额	扣款项目金额	实发金额
0101	张明	600			
0102	周伟	800			
0103	尚娟	1 200			
0104	刘达	800			
0105	罗炜	900			
0106	唐果	1 000			
0107	罗小凤	1 200			
0108	林全	1 500			
0109	漆逸	800			
0110	王佳	600			
0111	王琴	1 300			
0112	彭东	1 500			
0113	李霞	1 200			
0114	叶萍	900			
0115	赵凯	700			

表2.9（续）

工号	姓名	基本工资	奖金项目金额	扣款项目金额	实发金额
0116	张瑞依	600			
0117	郑静	800			
0118	李雪梅	800			
0119	代文芳	1 000			
0120	李悦	1 100			
0121	罗灿飞	1 200			
0122	曾广琼	1 000			
0123	黄娥	1 100			
0124	段小娜	1 000			
0125	刘晓	1 200			
0126	童晓燕	800			
0127	王慧	1 000			
0128	张晓萍	1 200			
0129	周芸芸	1 100			
0130	谭文君	1 000			
0131	彭艳	1 200			
0132	王梅儿	1 300			
0133	廖娟	1 500			
0134	陈君	1 000			
0135	黄佳	1 500			
0136	冯璐	1 800			
0137	李晶晶	1 500			
0138	刘艳	1 300			
0139	李静	1 500			
0140	杨燕	1 200			

这里"奖金项目金额"和"捐款项目金额"都是复合数据项，这类项目是经常变动的，可能增加项目可能减少项目，如果只是简单地将复合数据项展开，预先多留一些奖金或扣款项目，那么必然会造成某些月份某些数据项用不上而导致的"横向冗余"。无论增加或删除这些复合项目所内含的数据项，必然改变数据库结构，必然会同时影响程序的健壮性。

因此，凡有复合数据项的都需要重新组织，将其分解成几个表。为了分解复合项目，将含有复合项目的工资表（见表2.9）分解为不再含有复合项目，并且各有唯一主键的关系型数据库表（见表2.10）。

表 2.10   消除复合数据项后的职工工资用户视图表

视图编码	视图名	数据项简称	数据类型	长度	中文描述	主键
D051301	职工编号—姓名对照表	ZGBH	字符	8	职工编号	√
		XM	字符	8	姓名	
D051302	收入代码—收入名称对照表	SRDM	字符	8	收入代码	√
		SRMC	字符	8	收入名称	
D051303	扣除代码—扣除名称对照表	KCDM	字符	8	扣除代码	√
		KCMC	字符	8	扣除名称	
D051304	收入登记表	ZGBH	字符	8	职工编号	√
		SRDM	字符	8	收入代码	√
		SRJE	数值型	8，2	收入金额	
D051305	扣除登记表	ZGBH	字符	8	职工编号	√
		ZCDM	字符	8	支出代码	√
		ZCJE	数值型	8，2	支出金额	

按照这种新的数据结构组织起来的实际工资数据如表 2.11、表 2.12、表 2.13、表 2.14、表 2.15：

表 2.11   D051301 职工编号—姓名对照表

※职工编号	姓名
0101	张明
0102	周伟
0103	尚娟

表 2.12   D051302 收入代码—收入名称对照表

※收入代码	收入名称
S01	基本工资
S02	全勤奖
S03	质量奖

表 2.13   D051303 支出代码—扣除名称对照表

※支出代码	支出名称
Z01	缺勤扣
Z02	劣质扣
Z03	违规扣

表 2.14   D051304 收入登记表

※职工编号	※收入代码	收入金额
0101	S01	600
0101	S02	200
0101	S03	1 200
0102	S01	800
0102	S02	150
0102	S03	800
0103	S01	1 200
0103	S02	200
0103	S03	1 500

表 2.15   D051305 扣除登记表

※职工编号	※支出代码	支出金额
0101	Z01	0
0101	Z01	100
0101	Z01	200
0102	Z02	100
0102	Z02	100
0102	Z02	300
0103	Z03	0
0103	Z03	0
0103	Z03	0

上述各表中，如何确定各行数据记录呢（表中"※"表示主键）？

表 2.11 通过"职工编号"的不同值，唯一确定每一行数据。

表 2.12 通过"收入代码"的不同值，唯一确定每一行数据。

表 2.13 通过"支出代码"的不同值，唯一确定每一行数据。

表 2.14 通过"职工编号"＋"收入代码"的不同值，唯一确定每一行数据。

表 2.15 通过"职工编号"＋"支出代码"的不同值，唯一确定每一行数据。

这里的"＋"就是将两个数据项连接起来，求共同唯一，这也是复合主键（组合键）的用法。

虽然"收入登记表"和"支出登记表"的代码表达方式不太符合人类的阅读习惯，却是数据库处理时没有冗余的、高效的存储方式，在呈现在人类面前时，可以通过视图将职工编码、收入代码、支出代码分别显示为该代码对应的职工姓名、收入名称、支出名称。所以，实质上这种方式最终在电脑系统中实现时，并不影响人类的阅读习惯。

2.2.6.2 导出第二范式（2NF）

例如：某学校存在着"学院教师信息表"结构（如表 2.16）：

表 2.16　　　　　　　　　　　　学院教师信息表

※学院编码	※教师编码	教师姓名	教师简介	学院简介

这个表的问题在于，把"学院编号"+"教师编码"作为共同主键，而其中"教师姓名"和"教师简介"两个数据项仅依赖于"教师编码"一个数据项，而不是共同主键的全部。这样的数据结构将会出现多种异常，导致错误的数据存储。

为了消除这种不完全的数据项依赖，可以重新组织成三个表（表 2.17，表 2.18，表 2.19），这样就导出了二范式（2NF）结构：

表 2.17　　　　　　　　　　　　学院信息表

※学院编码	学院简介

表 2.18　　　　　　　　　　　　学院教师关系表

※学院编码	※教师编码

表 2.19　　　　　　　　　　　　教师信息表

※教师编码	教师姓名	教师简介

★小提示：怎样符合第二范式

如果一个数据结构的全部非主键的数据项都完全依赖于整个主键，那么这个数据结构就是符合第二范式（2NF）的。对于含有"不完全依赖"的数据结构，应该加以消除另行组织，从而导出二范式。

2.2.6.3 导出第三范式（3NF）

例如：某学院存在着"教师社保登记表"的结构（如表 2.20）：

表 2.20　　　　　　　　　　　　教师社保登记表

※教师编码	专业	※社保号	社保记录	教师姓名

这个表的数据结构存在着"传递依赖"的问题："社保号"依赖于"教师编码"，而"教师姓名"又依赖于"社保号"，这也是一种不好的数据结构。

为了消除这种"传递依赖"，重新组织以下四个表（表2.21，表2.22，表2.23，表2.24），这样就导出了第三范式（3NF）。

表2.21　　　　　　　　　　　　教师编码社保号关系表

※教师编码	※社保号

表2.22　　　　　　　　　　　　社保记录表

※社保号	社保记录

表2.23　　　　　　　　　　　　教师编码姓名表

※教师编码	教师姓名

表2.24　　　　　　　　　　　　教师专业表

※教师编码	专业

这四个表分别存在着不同的依赖关系，通过这种拆分的方式，将原有的"依赖传递"拆分开来，有利于处理不同的数据关系。

★小提示：怎样才能符合第三范式

如果一个数据结构的全部非主键数据项都完全依赖于主键，而不依赖于其他的数据项，就说明这个数据结构是三范式（3NF）的。对于含有"传递依赖"的数据结构，应该加以消除后另行组织，即导出了三范式。

2.2.6.4　整理用户视图登记的注意事项

用户视图的搜集、分析与整理，是保证信息需求分析和其后系统建模的基础，业务分析员和系统分析员必须认真工作，还要注意下列事项：

（1）凡可作"输入"或"存储"大类的，以及可作"输出"或"存储"大类的，一律归类为"存储"大类。

（2）"存储"大类的用户视图应规范化到三范式，并定义其主键，其他大类视图则不必如此。

（3）"存储"大类的用户视图经过规范化，有的由原先一个用户视图分化为几个规范化的用户视图，称它们为"同族用户视图"。

（4）加强各职能域用户视图的交叉复查，等价用户视图只需要登记一次。

（5）不断修订数据项（包括增减、类型类化、长度变化等），以满足系统的需要。

【实训练习 2.9】天华电动自行车制造厂在规划初期搜集到的用户视图如表 2.25，请参考前面的数据结构规范化方法，对其进行规范。

表 2.25　　　　　　　　　物料编码—物料类别编码信息表

※物料编码	物料名称	※物料类别码	物料类别名	备注信息

物料类别可以有前叉、车架、车轮、外胎、内胎、齿盘、飞轮、链条、花鼓、龙头、货架、前后夹器、曲柄、脚踏、坐管、变速控制杆、车把、钢丝、加工设备、加工工具。

表 2.26　　　　　　　　　　　物料编码相关信息表

※物料编码	物料名称	※设计图号	设计参数	※生产工艺号	生产参数	※保管方式号	保管参数

设计参数可以有体积、重量、弹性、抗裂度、驰动力、滚动阻力、行进空气阻力、加速阻力、坡道阻力、驱动扭矩、驱动半径、输出扭矩、刹车摩擦力等数据项。

生产参数可以有管径、预应力、焊接方式、加工温度等数据项。

保管参数可以有存储温度、空气湿度、气压等数据项。

表 2.27　　　　　　　　　　　　员工信息总表

※员工号	员工姓名	※职位号	职位名	※工作地号	工作地名	※身份证号	※内训号

员工号与职位号的关系：同一职位可以有多名员工，一名员工只能有一个职位。

员工号与工作地号的关系：同一工作地可以有多名员工，每名员工可以因工作调动拥有多个工作地。

员工号与身份证号的关系：一个身份证号只能有一个员工号，员工离职后原员工号可以分配给新员工，即一个员工号历史上可能会对应多个身份证号，但某一时间内只能一一对应。

员工号与内训号的关系：一个员工号可以因为多次不同的内训有多个内训号。

职位号与内训号的关系：某种职位必须经过某种内训才能晋升。

【实训练习 2.10】参考前几节中你熟悉的某个领域情况，进行初期调研，完善并规范其用户视图的数据结构。

2.2.7　数据流分析

本书所谓的数据流是指用户视图的流动，数据流分析工作的结果是数据流程图

（Data Flow Diagram，简称 DFD），它是一种能全面地描述信息系统逻辑模型的主要工具，可以用少数几种符号综合地反映出信息在系统中的流动、处理、存储情况。数据流程图具有抽象性和概括性特征，是描述系统数据流程的工具，它将数据独立抽象出来，通过图形方式描述信息的来龙去脉和实际流程。

分析数据流的方法是：

· 绘制各职能域的一级数据流程图和二级数据流程图。

· 完成数据流程图中所标注的用户视图的组成登记。

· 将上述两项工作结合起来，进行数据流的量化分析。

数据流程图是结构化分析的重要方法，在信息工程中应用 DFD 经过了一定的简化，即一种标准化的一级数据流程图（1-DFD）和二级数据流程图（2-DFD）。通过数据流程图的绘制：有助于用户表达功能需求和数据需求及其联系，使业务系统和信息系统人员能够在统一的、便于理解的框图中沟通现行与未来的系统框架，清晰地表达了数据流的情况，同时也有利于系统建模。

许多年前，当人们开始绘制分析模型时，总是希望找到一种技术，可以把所有的内容全都包容进去，以形成一个完整的需求描述。而事实上，人们最终只能得出这样一个结论：不存在一个包罗万象的模型或图。早期的结构化系统分析的目标，是用比叙述文本更正式的图形表示来替换整个分类功能规格说明；然而，经验告诉我们：分析模型应该增强自然语言的需求规格说明，而不是替换。于是，逐渐诞生并完善出来了一系列简单、易绘、易沟通理解的需求图形化表示模型。

需求图形化表示的模型包括数据流图、实体关系图、状态转换图、活动图、对话图和类图等。在需求分析方面或设计方面是否使用模型取决于建模的定时和目的，在需求开发中通过建立模型来确信自己理解了需求——而数据流程图正是结构化系统分析的基本工具。

一个数据流程图确定了系统的转化过程、系统所操纵的数据或物质的搜集、过程、存储、外部实体之间的数据流或物质流。数据流模型把层次分解方法运用到系统分析上，这种方法很适用于事务处理系统和其他功能密集型应用程序。

数据流程图是当前业务过程或新系统操作步骤的一种表示方法。数据流程图可以在一个抽象的广泛范围内表示系统。在一个多步骤活动中，高层数据流程图对数据和处理部分提供一个整体的统揽，这是对包含在软件需求规格说明中的、详细叙述的补充。数据流程图描述了软件需求规格说明中的功能需求怎样结合在一起，使用户可以执行指定的任务，从图中迅速反馈的信息有助于所有探讨任务流的理解、加工和提炼。

2.2.7.1　一级数据流程图

一级数据流程图（1-DFD）是建立业务模型、调查记录某一职能域的内外信息流情况的手段。结合用户视图的定义，复查一级数据流程图，记录每个职能域的输出、存储和输入数据流，保证全企业的数据流一致性，是重要的数据分析工作。一级数据流程图（1-DFD）的基本符号如图 2.8 所示。

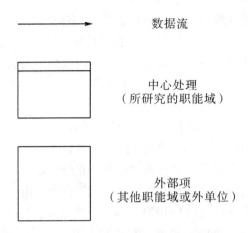

图 2.8　一级数据流图（1-DFD）基本符号

在需求分析开始阶段，一旦定义了职能域，就要开始一级数据流程图的绘制工作：每个职能域绘制一张一级数据流程图，该职能域即为中心处理框，居中；左方为数据输入来源单位，右方为数据输出去向单位；在进出数据流的箭杆上下（或中间）标出有关的用户视图标识或名称。这个过程，可以在调研中边研讨边绘制，直到草图相对完善后用电脑绘制（通常使用 Microsoft Visio 软件绘制，如图 2.9 所示）。

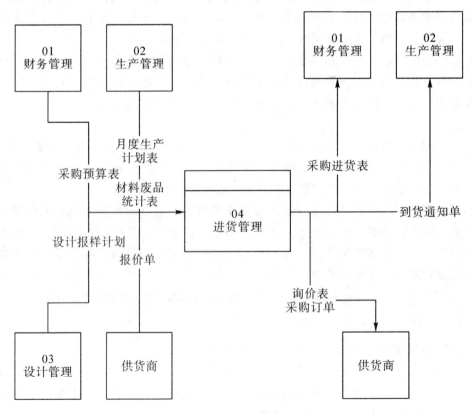

图 2.9　一级数据流程图示例

一级数据流程图是从全企业的高度，综合、整体地观察每一个职能域，通过数据流将一些职能域联结起来，使分析人员形成对全企业的整体认识。

2.2.7.2 二级数据流程图

二级数据流程图（2-DFD）的基本符号如图 2.10 所示。二级数据流程图中的处理框代表业务过程，存储框代表存储类用户视图。

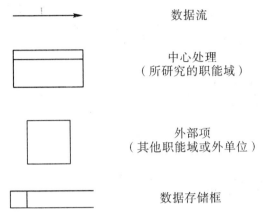

图 2.10　二级数据流程图基本符号

二级数据流程图是某一职能域中业务过程和数据需求的进一步调查的记录，关键是业务过程的识别与定义，以及存储类用户视图的定义与规范化。类似地，它是业务模型调研和用户视图调研的"草图"。

★小提示：二级数据流程图规范
对于二级数据流程图有一个必须遵循的规范： 任何两个处理框的连线必须经过存储框。 任何两个存储框的连线必须经过处理框。

因此，图 2.11 中的两个连接是不允许的。

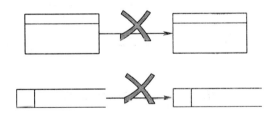

图 2.11　错误的数据流程图连接方式

当一张图上呈现不下的时候，一二级数据流程图可以分别画在几张图上，其逻辑关系关联起来还是一个整体。

二级数据流程图是一级数据流程图的求精、细化。通过这种细化的工作，可以让一级数据流程图中的大致的、粗略的表格群细化为一张张明确的表，各流程、实体之间的关系也更加明确无误（见图 2.12）。

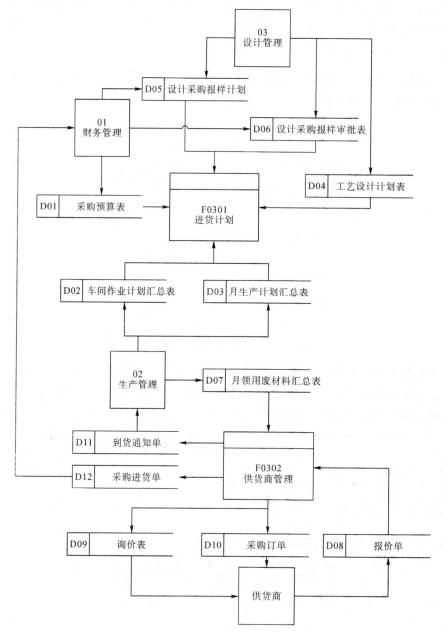

图 2.12 二级数据流程图示例

2.2.7.3 数据流的量化分析

从用户视图的调研到数据流程图的绘制，都是在做数据流的分析，但还没有进行量化的分析。只有进行了数据流的量化分析，才能制定出科学的数据分析规划，进而提出数据存储设备和网络通信方案所需要的数据流数据。

为此，首先要规范一些编码。我们将职能域编码进一步扩充，补上外单位的编码，采用两位大写英文字母，如表 2.28 数据流程图示例中用到的。

表 2.28   职能域编码名称

职能域编码	职能域名称
GHS	供货商
01	出货管理
02	存货管理
03	进货管理

记录数据流的一般格式是：来源代码—去向代码—用户视图代码。

规划组分别简单地将各职能域的输入、输出数据流录入电子表格中，通过公式定义，可以确定相关输入、输出数据量。具体做法，可以参照表 2.7 和表 2.8 进行统计。

【实训练习2.11】参考前述资料，试绘制天华电动自行车制造厂一二级数据流程图（建议使用软件：Microsoft Visio）。

【实训练习2.12】根据你熟悉的某个领域情况，试绘制其一二级数据流程图（建议使用软件：Microsoft Visio）。

2.2.8 系统功能建模

企业信息资源规划的主要成果就是建立起全企业集成化的信息系统模型——功能模型、数据模型。需求分析是系统建模的准备，系统建模是需求分析的继续和定型。只有建立起全企业优化的信息系统模型，在这种总体模型的指导、控制和协调下，才能实现企业信息化的总体目标。

系统功能建模就是要解决"系统做什么"的问题。经过功能需求分析所得出的业务模型，在很大程度上是当前业务流程的反映。要想得到现代信息技术支持下的新的业务流程，还需要做进一步的分析工作。

2.2.8.1 功能模型的概念和表示法

系统的功能模型是对规划系统功能结构的概括性表示，采用"子系统—功能模型—程序模块"的层次结构来描述。经过功能需求分析，在业务模型的基础上建立功能模型，实际上就是用两类人员都能理解的表述方式，对要开发的信息系统的功能结构做出简明准确的定义。

为科学表达系统功能模型的层次结构，并便于建立计算机化的文档，需要对功能模型进行编码，其编码规则如表 2.29。

表 2.29   功能模块编码规则

X	XX	XX	XX
系统标识：英文大写字母	子系统序号：01~99	功能模块序号：01~99	程序模块序号：01~99

末 4 位空格为系统标识，末 2 位空格为功能模块标识，完整 7 位为程序模块标识。

2.2.8.2 功能建模分析

由业务研制出功能模型的主要分析工作是对业务过程和业务活动作计算机化的可行性分析。业务模型是对现行系统功能的概括性认识，功能模型是对新系统功能的概括性认识，两者大体存在如图 2.13 所对应的关系。

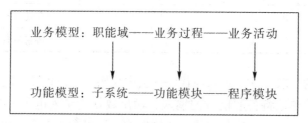

图 2.13 业务建模与功能建模对应关系

★小提示：功能模型不是业务模型的简单对应
需要注意的是，图 2.13 中的业务模型和功能模型的关系，绝对不是一种简单的对应关系。因为除了规划人员在调研阶段和建模阶段的认识有所不同而导致两个模型的关键成分、相互关系和内部逻辑顺序有所不同之外，更重要的是功能模型和研制要进行更为深入的分析研究工作，其中包括运用计算机与信息系统的若干专业知识。

对于业务过程和活动进行计算机化可行性分析，是指识别和区分：

A 类：业务过程、业务活动可以由计算机自动进行。

I 类：人—机交互进行。

M 类：需要人工完成。

这样一来，功能模型的建立就需要改造那些人工活动部分，并对某些过程或活动进行必要的分解与综合，包括重新设计。

2.2.8.3 功能建模过程

系统功能建模的开始阶段，强调各规划小组继承职能域功能分析的成果——业务模型、进行计算机化的可行性分析。当有了功能模型初稿之后，一方面要组织有关业务负责人做好复查工作；另一方面要做好综合协调工作，从各子系统的定义到功能模块的定义，力求准确完整，各功能模块的程序模块分解也要求比较恰当。

1. 定义子系统

定义子系统是建立功能模型的首要工作，就像建立业务模型首先要研究职能域的定义一样。首先，规划核心小组要通过讨论提出子系统的划分；然后适当调整规划小组，按子系统分工研究提出子系统的初步定义。

★小提示：定义子系统的注意事项

在研究提出子系统定义的过程中，要注意研究和回答如下的问题：
· 子系统的目标是什么，即需要对系统总体目标进行分解，作更具体的界定；
· 说明子系统的边界，即覆盖哪个职能域或跨职能域，为哪个管理层次或跨管理层服务；
· 确定信息加工处理深度或信息系统类型，如事务处理（TPS）、管理信息系统（MIS）、联机实时处理分析（OLTP/OLAP）、决策支持系统（DSS）、主管信息系统（EIS）、战略信息系统（SIS）等；
· 列出子系统的主要功能，注意运用"关键成功因素"和"价值流"分析思想，在业务过程计算机化可行性分析的基础上加以识别。
综合以上几方面的内容，用一短文准确概括描述，即为子系统的定义。

2. 定义功能模块和程序模块

在子系统划分定义工作完成后，就要对每一子系统定义其功能模块和程序模块。在定义过程中，需要对一些问题特别关注（见表2.30）。

表2.30　　　　　　　　定义功能模块和程序模块需要关注的问题

关注项	关注描述
①由功能模块体现子系统的目标	对子系统的目标进行分解，落实到具体的功能模块上
②说明功能模块的边界	它属于哪个职能域或跨职能域，为哪个管理层次或跨管理层服务
③信息加工处理深度或模块类型	属于事务处理、信息形成模块，还是属于实时处理分析或更高决策支持系统、主管信息系统、战略信息系统
④突出关键性功能模块	借助"关键成功"和"价值流"分析来识别
⑤确定功能模块—程序模块层次	通过分解与集结的平衡来确定，分解要注意控制细化程度，集结要注意控制综合程度
⑥分析选取已经开发和使用的模块	分析选取类似系统的有用模块，降低开发工作量
⑦短文描述	对每一功能模块需要用短文加以描述，而程序模块则不必描述

现以某企业的"物料管理"为例，说明由业务模型到功能模型规划工作中程序模块的定义工作。经过业务域分析，得出业务模型如表2.31所示。

表2.31　　　　　　　　某企业"物料管理"业务模型局部

业务过程	业务活动
F0401 物料计划管理	F040101 编审物料需求计划
	F040102 编审采购计划
	F040103 编审采购资金计划

表2.31（续）

业务过程	业务活动
F0402 物料采购	F040201 供应商信息
	F040202 订货通知单
	F040203 确定采购限价
	F040204 确定自购比率
	……

对这些业务活动作计算机化可行性分析，发现"编审物料需求计划"业务活动对于原先的人工处理来说，是任务明确的、可行的，但对计算机信息系统来说，则是任务不明确、不可行的。因为，编排物料需求计划和审查物料需求计划是两种信息处理过程，其中，编排物料需求计划，首先需要采集各基层单位的物料需求信息，然后再进行汇总，并对照当前库存信息；而审查物料需求计划，首先需要采集各基层单位的物料需求是否合理——这是非结构化或半结构化处理，不易实现自动化的计算。"编审采购计划"和"编审采购资金计划"等业务活动，也有类似情况。

一般来讲，对业务活动作计算机化可行性分析，一方面应该根据企业管理的实际情况，借助信息技术建立新的管理机制；另一方面要考虑信息技术的运用，这既有当前信息技术能达到什么程度的考虑，也有采用某种信息技术的开发费用和投资方面的考虑。因此，在对业务活动做计算机化可行性分析的工作中，要发挥信息技术人员的作用。

在本例中，经过分析，两类人员达成共识：对基层单位物料需求的审查，继续沿用人工审查方法；系统设"编制基层物料需求计划"程序模块，以采集、维护基层单位的物料需求信息；系统再设"汇总基层物料需求"程序模块，以自动分类汇总计算各计划期的材料总需求，作为编制采购计划的初稿，系统设有人—机交互的程序模块——"编制采购计划"……。经过这些具体分析和规划，得出的功能模块如表 2.32。

表 2.32　　　　　　　　某企业"物料管理"功能模型局部

功能模块	功能模块描述	程序模块
P0401 物料计划	按计划期审查并编制基层物料需求数据，自动分类汇总计算物料总需求作为编制采购计划的初稿，以人—机交互界面编制和修订采购计划	P040101 编制基层物料需求计划
		P040102 汇总基层物料需求
		P040103 编制采购计划
		……
P0402 物料采购	按实际供应商调查结果人工编制供应商信息，并按实际采购需求情况人工编制采购信息；计算机实现存储、打印功能，并按需分类打印订货通知单	P040201 编制供应商信息
		P040202 编制采购信息
		P040203 打印订货通知单
		……

通过这样一番研讨、修订、细化工作，业务模型就顺利转化为功能模型，这对今后的程序设计提供了很大的支撑依据。

3. 系统功能模型讨论复查

上述定义子系统和定义功能模块、程序模块的工作，首先由各个规划小组研究制定，作为子系统功能模型初稿按期提交给核心小组。

在核心小组研究的基础上，召开全体规划组讨论会，交叉讨论提出修订稿。交叉讨论的要点是：

　·跨管理层次、跨业务部门的子系统和功能模块有无问题。

　·关键功能模块的认定（在相应的子系统说明中描述）。

　·共用或类似程序模块的认定（在相应的功能模块说明中描述）。

　·去除冗余模块。

经过交叉讨论和修订，应及时提交给中高层业务负责人进行复查认定。复查要点是：

　·子系统划分定义的准确性。

　·关键功能模块识别定义的准确性。

　·跨管理层次、跨业务部门的子系统和功能模块对建立信息管理制度的影响和对策。

　·对意见不易统一的部分提出原型研究的要求。

2.2.8.4　功能建模的资源与功能模型的运用

信息资源规划组在进行系统功能建模时，要充分利用需求分析资料和有关的信息系统知识、经验，这些都是系统功能建模的重要资源。

1. 认真做好需求分析资料的复查工作

与功能建模直接相关的包括业务分析结果（即业务模型，重点是职能域和业务过程的定义）的复查和数据流程图（一、二级数据流程图相匹配，并与业务模型相一致）的复查。复查工作决不能仅限于系统分析员和业务代表中进行，一定要使业务部门负责人参与复查工作，形成共识。

2. 认真复查职能域业务模型与子系统功能模型的对应关系

如图 2.14 中的虚线箭头部分，再经过计算机化可行性分析，将大部分的业务模型纳入系统功能模型中（经过分析，并不是所有业务模型都全部纳入系统功能模型，有少部分可能只需要人工处理或暂时不做系统开发的将不纳入）。

3. 企业已有应用系统中有效的功能模块或程序模块应该予以继承

如图 2.14 中的实绩箭头部分，还有其他应用软件中的有用模块也应该吸收，这些模块也被加进系统功能模块中。

需要着重说明的是，功能建模拟定义的子系统是"逻辑子系统"（面向规划、设计人员），而不是"物理子系统"（面向最终用户）。

许多计算机应用系统都是按照当前的组织机构和业务流程设计的，系统或子系统名目繁多。机构或管理一发生变动，计算机应用系统就得修改或重做。而事实上，只要企业的生产经营方向不变，企业基本的职能域就相对不变，而基于职能域的业务过程和数据分析可以定义出相对稳定的功能模块和程序模块，这样建立起来的系统的功能模型是对机构管理变化有较强的适应性的。

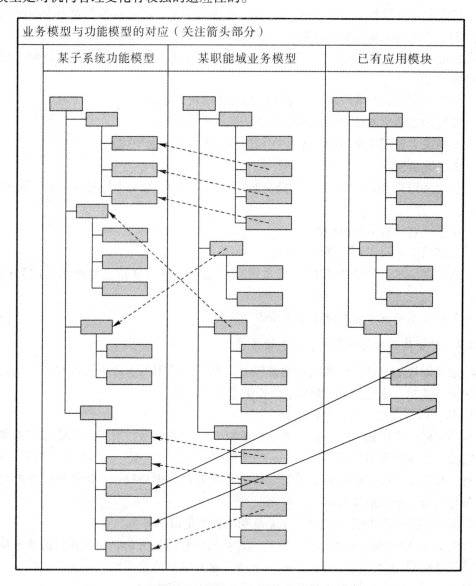

图 2.14　功能建模的资源利用——业务模型与已有应用模块

因此，"逻辑子系统"作为这些功能模块和程序模块的一种分类，是对全企业信息系统功能宏观上的把握。以后，可以在应用开发过程中参照面向对象软件工程，加强可重用模块的开发和类库建设，这些模块和类库部件都以存取主题数据库为基本机制，以实现以最终用户为对象的、模块化、可继承的组装"物理子系统"——以广泛适应机构变化而不必重开发的工作需求。

这样，可以从根本上长期改变计算机应用系统跟不上管理变化的被动局面，树立起企业规范、自适应的管理思想。

【实训练习2.13】参考前述资料，试为天华电动自行车制造厂进行系统功能建模。

【实训练习2.14】根据你熟悉的某个领域情况，试为其进行系统功能建模。

2.2.9 系统数据建模

系统数据建模就是要解决系统的"信息组织"问题。这是信息资源规划的核心部分，是数据环境重建的根本保障。

2.2.9.1 数据建模基础

理解数据模型概念及其建模方法，需要一些基本概念和有关知识，以达成数据建模的基础。数据建模的目的是为了全面考虑数据库设计实施问题，如果能把数据建模与数据库的设计实施联系起来，就会更好地做好数据建模工作。

1. 实体与关系

在数据组织的各种模式中，"关系模式"特别适合企业管理数据环境的建设。按照关系模式的观点，现实世界中有联系的一些数据对象就构成了一个"数据实体"或简称为"实体"（Entity）。

例如："物料"这个实体，是物料编码、物料名称、物料供货厂家、生产日期、适用产品等数据对象的抽象，这些数据对象称为实体的"属性"（Attributes）。

实体与实体之间存在着关系（Relationship）。有三种基本的关系：一对一（1∶1）、一对多（1∶n）及多对多（m∶n）。

例如：

班级与班长是一对一关系（一个班级有一位班长）：班级（1）——班长（1）。

班级与学生是一对多关系（一个班级由多个学生组成）：班级（1）——学生（n）。

课程与学生是多对多关系（各门课程可以被多名学生选修）：课程（m）——学生（n）。

2. 表及其属性

表是数据分析工作中常用的概念，它是一组有联系的数据集合。数据分析工作经常需要列出一个表所含的数据元素或数据项，而不具体考察每一行的数据项的值。

数据库逻辑设计的主要任务，是仔细分析哪些是基础数据，哪些是非基础数据，怎样将基础数据组成"基本表"，如何根据基本表来设计非基本表（如各类归档表、中间表、临时表、虚表、视图等）。

3. 基本表

基本表是由企业管理工作所需要的基础数据所组成的表，而其他数据则是在这些数据的基础之上衍生出来的，它们组成的表是非基本表。基本表可以代表一个实体，也可以代表一个关系，基本表中的数据项是实体或关系的属性。基本表应该具有以下基本特性：

原子性：即表中的数据项是数据元素。

演绎性：即可由表中的数据生成系统全部的输出数据。

稳定性：即表的结构不变，表中的数据一处一次输入，多处多次使用，长期保存。

规范性：即表中的数据满足三范式（3NF）。

客观性：即表中的数据是客观存在的数据，是管理工作需要的数据，不是主观臆造的数据。

4. 实体关系图

概念模型的表示方法很多，其中最为常用的是实体—关系方法（Entity - Relationship Approach），该方法用实体关系图（Entity-Relationship，E-R 图）来描述现实世界的概念模型。每个局部应用都对应了一组数据流图，局部应用涉及的数据都已经收集在数据字典中了。下一步，就需要将这些数据从数据字典中抽取出来。参照数据流图，标定局部应用中的实体、实体属性、标识实体的码，确定实体之间的联系及其类型。E-R 图提供了表示实体型、属性和联系的方法：

· 实体型：用矩形表示，矩形框内写明实体名。

· 属性：用椭圆形表示，并用线段将其与相应的实体连接起来。

· 联系：用菱形表示，菱形框内写明联系名，并用线段分别与有关实体联系起来，同时也在线段上标注联系的类型（1∶1；1∶n；m∶n）。

需要注意的是，联系本身也是一种实体型，也可以有属性。如果一个联系具有属性，则这些属性也需要用线段与该联系连接起来。

【参考 2.3】根据数据流图的分析，发现某系统的局部应用有五个实体型，分别是学生、班级、课程、教师、参考书，根据相关的分析，绘制出班级实体属性图（如图 2.15）和这五个实体之间的关系图（如图 2.16）。

为了节省篇幅，E-R 图中省略了各个实体的属性描述。需要注意的是，E-R 图绘制实体属性前，应分别就各实体在不同子应用中的属性进行合并。这些实体的属性描述分别是（其中下划线的部分为实体中的关键属性）：

学生：{学号、姓名、性别、年龄}

班级：{班级编码、班级名称、所属专业系}

课程：{课程号、课程名、学分}

教师：{职工号、姓名、性别、年龄、职称}

参考书：{书号、书名、内容提要、价格}

有了班级信息的实体属性图之后，根据情况进行分析，以绘制班级信息的实体关系模型图。根据情况分析，可得知道：

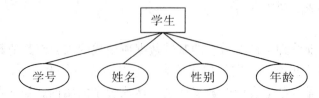

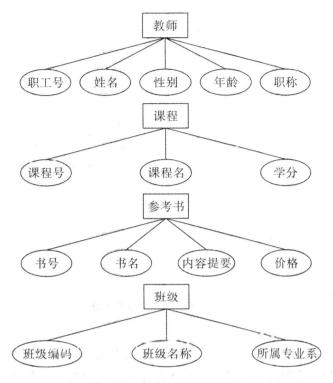

图2.15　班级信息实体属性图

　　一名教师将指导一个班级，所以教师与班级的关系是1∶1。

　　一名教师可以讲授多门课程、同一门课程也可以被多名老师讲授，因此教师与课程之间的关系是n∶m。

　　一名学生可以选多门课程、同一门课程也可以被多名学生选择，因此学生与课程之间的关系是m∶n。

　　一个班级由多名学生组成，因此班级与学生之间的关系是1∶n。

　　一门课程可拥有多本参考书，因此课程与参考书之间的关系是1∶n。

　　【实训练习2.15】参考前述资料，并根据这些资料绘制天华电动自行车厂的实体属性图和实体关系图，并根据实体属性图来列出实体的属性描述（其中关键属性加下划线）。

　　【实训练习2.16】根据你熟悉的某个领域情况，自拟资料，绘制其实体属性图和实体关系图，并根据实体属性图列出实体的属性描述（其中关键属性加下划线）。

2.2.9.2　数据模型的概念和表示方法

1. 数据模型

　　数据模型（Data Model）是对用户信息需求的科学反映，是规划系统的信息组织框架结构。数据模型分为：

　　全域数据模型——整个集成系统的所有主题数据库及其基本表。

　　子系统数据模型——某个子系统所涉及的主题数据库及其基本表。

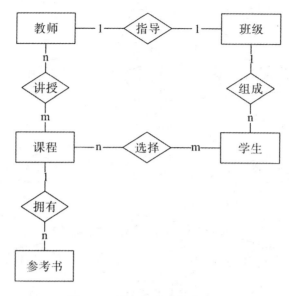

图 2.16　班级信息实体关系图

2. 概念数据模型

概念数据库（Conceptual Database）即概念数据模型，是最终用户对数据存储的看法，反映了用户的综合性信息需求。概念数据库一般用数据库名称及其内容（简单数据项或复合数据项）的列表来表达采取"离散集表达法"。

目前市面上主要的数据库类型为基于关系模型的关系型数据库，关系模型的逻辑结构是一组关系模式的集合。概念数据模型的表达法即为关系模式表达方法，即关系模式名（数据项列表……）。

3. 逻辑数据模型

逻辑数据库（Logical Database）即逻辑数据模型，是系统分析人员的观点，是对概念数据库的进一步分解和细化。在数据组织的关系模式中，逻辑数据库是一组规范化的基本表。

由概念数据库深化的逻辑数据库，主要工作是采用数据结构中的规范化原理和方法（参见前述"数据结构规范化"章节），将每个概念数据库分解、规范化成三范式的一组基本表。

4. 实体与联系转换到关系模式。

E-R 图是由实体、实体属性和实体之间的三个要素组成的。所以，将 E-R 图转换为关系模型实际上就是要将实体、实体的属性和实体之间的联系转化为关系模式，这种转换一般遵循如下原则：

（1）一个实体型转换为一个关系模式。

实体的属性就是关系的属性，实体的关键属性就是关系的主键。例如在图 2.16 的例子中，"教师"实体可以转换为如下关系模式，其中"职工号"为"教师"关系的主键：

教师（职工号，姓名，性别，年龄，职称）

（2）一个 m∶n 联系转换为一个关系模式。

与该联系相连的各实体的关键属性的码以及联系本身的属性均转换为关系的属性，而关系的主键则为各实体主键的组合码：

讲授（<u>职工号，课程号</u>，学分）

选择（<u>学号，课程号</u>，学分）

（3）一个 1∶n 联系转换。

可以转换为一个独立的关系模式，也可以与 n 端对应的关系模式合并。如果转换为一个独立的关系模式，则与该联系相连的各实体的主键以及联系本身的属性均转换为关系的属性，而关系的主键为 n 端实体的主键。

例如，图 2.16 中的"拥有"联系为 1∶n 联系，将其转换为关系模式的一种方法是使其成为一个独立的关系模式：

拥有（<u>课程号</u>，书号）。

其中"课程号"为"拥有"关系的主键，另一种方法是将其与"参考书"关系模式合并，这时"参考书"关系模式为：

参考书（<u>书号</u>、书名、内容提要、价格，课程号，学分）

（4）一个 1∶1 联系转换。

可以转换为一个独立的关系模式，也可以与任意一端对应的关系模式合并，如果转换为一个独立的关系模式，则与该联系相连的各实体的主键以及联系本身的属性均转换为关系的属性，每个实体的主键均是该关系的候选码。如果与某一端对应的关系合并，则需要在该关系模式的属性中加入另一个关系的主键和联系本身的属性。

例如，图 2.16 中的"指导"联系为 1∶1 联系，可以将其转换为一个独立的关系模式：

指导（<u>职工号</u>，班级编码）或指导（<u>班级编码</u>，职工号）

在"指导"关系模式中，职工号与班级编码都是关系的候选码。由于"指导"联系本身没有属性，所以相应的关系模式中只有主键，它反映了教师与班级之间的对应关系。

"指导"联系也可以与班级或教师关系模式合并，则需要在"班级"关系中加入"教师"关系的主键，即"职工号"：

班级（<u>班级编码</u>，班级名称，所属专业系，职工号）

同样，如果与"教师"关系模式合并，则只需在教师关系中加入班级关系的主键，即"班级编码"：

教师（<u>职工号</u>，姓名，性别，年龄，职称，班级编码）

为了减少系统中的关系个数，如果两个关系模式具有相同的主键，可以考虑将他们合并为一个关系模式。合并方法是将其中一个关系的全部属性加入另一个关系模式中，然后去掉其中的同义属性，并适当调整属性的顺序。

按前述原则，图 2.16 中的关系可以合并为下列 7 个关系模式：

教师（<u>职工号</u>、姓名、性别、年龄、职称，班级号）

学生（<u>学号</u>，姓名，性别，年龄，班级编码）

班级（<u>班级编码</u>，班级名称，所属专业系）

课程（<u>课程号</u>，课程名，学分）

参考书（<u>书号</u>，书名，提要，价格，课程号）

讲授（<u>职工号，课程号</u>，学分）

选择（<u>学号，课程号</u>，学分）

【实训练习 2.17】参考前述天华电动自行车厂的资料及实体属性图、实体关系图，将实体属性图和实体关系图转换为关系模式，并进行合并。

【实训练习 2.18】根据你熟悉的某个领域情况和自拟资料绘制的实体属性图和实体关系图，将实体属性图和实体关系图转换为关系模式，并进行合并。

2.2.9.3　数据建模方法

长期以来，人们一直在寻求数据建模和数据库设计的自动化方法，但总没有突破性的进展。其根本原因在于，数据建模和数据库设计的有效方法，归根到底是以业务知识和管理经验为基础的；采用某些软件辅助工具，只是为了加强规范化，省去分析处理和人工绘制图表等繁琐工作，没有能够自动产生数据模型的工具。

数据建模过程，实质上是从用户视图到主题数据库，从数据流程图到 E-R 图，从数据实体到基本表的研究开发过程。

1. 数据建模的基础资料

各个职能域的用户视图及其组成；

各个职能域的数据流程图（1-DFD、2-DFD）；

各个职能域的输入数据流、输出数据流和数据存储分析报告；

全域的数据元素集；

全域的数据元素-用户视图分布分析报告等。

2. 数据建模的基本工作步骤

（1）数据建模的基本工作。

识别定义业务主题，按主题将用户视图分组定义为实体大组，提出概念数据模型；按业务需要进一步分析实体的属性，规范化数据结构产生基本表，提出逻辑数据模型；数据元素规范化，进一步审核基本表的组成。

（2）数据建模的工作步骤。

数据建模需要业务人员与系统分析人员深入密切地合作，大致分为三步进行工作：

第一步，进行实体-关系分析——可以从业务主题出发确定实体大组，识别各个实体；也可以从数据流程图（DFD）出发，确定各个实体及关系，绘制 E-R 图。这样可以建立概念数据模型，并对逻辑数据模型的建立做好准备。

第二步，进行数据结构规范化分析——利用数据结构规范化的理论和方法，将每一实体规范化到三范式，即形成基本表，并确定基本表之间的关系，以建立逻辑数据模型。

第三步，进行数据元素规范化分析——利用数据元素规范化的理论和方法，建立较完整的类别词表和基本词表，以便控制数据元素的一致性，使基本表进一步规范化。

3. 一级表与二级表的划分

数据元素规范化之后，将每一个主题数据库（根据职能域中业务过程为依据划分）分解为一组基本表，即"一级基本表"和"二级基本表"。主题数据库与一级基本表之间的关系为"一对多"的关系，一级基本表与二级基本表之间的关系同样为"一对多"的关系。最多只设置二级基本表，个别情况下只需要一级基本表。设置方法，如表2.33所示。

表2.33　　　　　　　　　　一级基本表与二级基本表的划分

主题数据库		一级基本表				二级基本表			
编号	中文名称	英文表名	中文表名	主键	字段列表	英文表名	中文表名	主键	字段列表
01	设备管理主题	DEVICE	设备	设备编号	设备编号、设备名称、设备类别、购买日期、陈旧程度、使用寿命、设备产地、生产厂家、联系方式……	DEV_PARA	设备参数表	设备编号	设备编号、设备名称、设备型号、功率、工作电压、重量、体积、容量、速度……
						DEV_SERV	设备维护表	设备编号+维护记录号	设备编号、设备名称、维护记录号、维护日期、维护内容、维护人、维护结论、维护耗费……
						DEV_BUILD	设备安装表	工程号+设备编号	……
		DEVICE_SU	设备供货商	供货商码	供货商码、供货商名、厂商类别、主要客户、材料来源、管理水平、技术水平、主要设备、工商执照、税务登记、开户银行、对外账号、联系电话、电子邮箱、供货水平、备注事项……	……	……	……	……
		……							
02	工程管理主题	PROJECT	工程	工程号	……	……	……	……	……

在具体划分一级基本表和二级基本表和定义其信息内容时，可以参考小提示，以帮助检查有无差漏或不妥之处。

一级基本表和二级基本表之间具有一定的分类原则，为了能够更好地进行区分与细分，以下从几个方面分别列出二者的区别，以供编撰者参考：
· 按产生关系：一级表为基本信息，二级表为派生信息。
· 按详略程度：一级表为概要信息，二级表为详细信息。
· 按变化情况：一级表为静态信息，二级表为动态信息。
· 按时态关系：一级表为当前信息，二级表为历史信息。

4. 基本表之间的外键关联

为了符合前述的第三范式的要求，每个明细的基本表中并非如最终用户视图那样装载所有的内容。于是，关系型数据库中的基本表通常采用外键（Foreign Key，FK）的方式，在当前基本表中定义一个代码，并指向另一个基本表。一般来说，一个基本表的外键是另一个基本表的主键；通过外键的方式，可以将当前基本表的信息加以延伸（如图 2.17）。

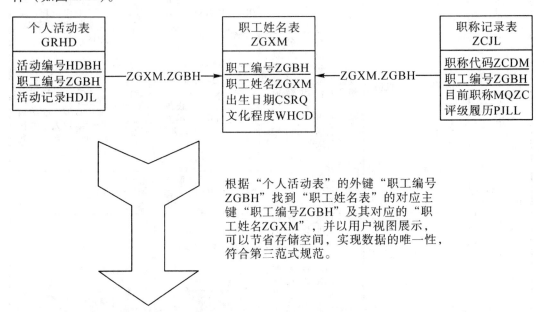

图 2.17　外键引用在用户视图中展示

5. 全域数据模型与子系统数据模型的关系

为了能够在全企业范围内规范地进行数据建模工作，必须要有建立全域数据模型的意识。如果在全企业的范围内进行，定义的主题数据库是面向全部职能域或所有子系统的，数目较多；如果只在某一个职能域或子系统内进行，主题数据库数目相对要少得多。

全域数据模型应该先按全企业的要求定义主题数据库，然后 在各个子系统中定义相应的一级基本表和二级基本表，最终在全域范围内检视并包含所有的基本表。

★小提示：全域模型中相同基本表应遵循的原则
由于各个子系统可能会用到相同的基本表，通常需要遵循的原则是： 全域数据模型的某一主题或基本表可以存在于几个子系统数据模型中，它们之间完全保持一致性（同一表）。 全域数据模型是对各个子系统数据模型的统揽，每一基本表的创建和维护必须由具体的子系统负责。通常情况是，一个子系统负责创建维护，多个子系统使用读取。

【实训练习 2.19】参考前述天华电动自行车厂的资料（职能域、业务过程、业务活动等）及实体属性图、实体关系图、关系模式，试按数据建模方法定义该厂的主题数据库、一级基本表、二级基本表（涉及图形绘制时建议使用软件：Microsoft Visio）。

【实训练习 2.20】根据你熟悉的某个领域情况和自拟资料（职能域、业务过程、业务活动等）及实体属性图、实体关系图、关系模式，试按数据建模方法定义该领域对象的主题数据库、一级基本表、二级基本表（涉及图形绘制时建议使用软件：Microsoft Visio）。

2.3　实训思考题

1. 企业信息资源规划应该属于企业信息化建设中哪个阶段的工作？这项工作通常由什么人来完成？
2. 职能域、业务过程、业务活动与系统功能建模之间的关系是怎样的？
3. 数据结构规范化的内容是什么，这样做有什么意义？
4. 如何进行数据流分析？
5. 如何进行系统功能建模？
6. 什么是实体与实体关系？
7. 如何将实体与联系转换到关系模式？
8. 数据建模的方法具体有哪些工作？

3 企业系统需求分析
与业务流程再造实训

在完成企业信息化规划工作之后，需要进一步由专业人士在此基础上进行企业系统需求分析，并根据分析的情况进行业务流程优化与再造。只有通过这两个步骤之后，系统功能设计才能最大程度地满足客户需求，为后期软件编码和系统成功实施打下坚实的基础。

3.1 实训要求

通过本章的实训，让学生从需求获取开始，逐步明了需求获取、需求分析、需求建模、形成需求规格的一系列过程。再从业务流程优化的角度，学会对业务流程再造的方法，提升自己的水平和实践经验。

3.2 实训内容

企业需求工程实训包括需求获取、需求建模、形成需求规格等。获取需求时将涉及需求获取的过程、项目视图和范围、用户类、通过座谈方式的需求获取方法等；而需求建模则通过需求模型表现原则，通过 UML 方法进行需求建模并最终形成需求规格。

企业业务流程优化与再造是企业适应未来 ERP 信息系统并与之紧密融合的有力举措。业务流程优化与再造将包括流程的相关定义与基本要素，并包括一系列流程优化与再造的方法与手段，并最终实现对现有业务根本性的改变。

本章在实训过程中，强调学生多看案例与方法，并结合自己熟悉的领域，多做练习，以提升自己的综合能力。

3.2.1 企业需求工程实训

企业信息系统的应用过程中，除了信息资源规划和业务流程规划外，也必然会涉及软件工程的子领域——需求工程（Requirements Engineering，RE）。需求工程是指应用已证实有效的技术、方法进行需求分析，确定客户需求，帮助分析人员理解问题并定义目标系统的所有外部特征的一门学科。它通过合适的工具和记号系统地描述待开发系统及其行为特征和相关约束，形成需求文档，并对用户不断变化的需求演进给予支持。

软件需求是指用户对目标软件系统在功能、行为、性能、设计约束等方面的期望。通过对应问题及其环境的理解与分析，为问题涉及的信息、功能及系统行为建立模型，将用户需求精确化、完全化，最终形成需求规格说明，这一系列的活动即构成软件开发生命周期的需求分析阶段。

软件产业存在的一个问题是缺乏统一定义的名词术语来描述我们的工作。客户所定义的"需求"对开发者似乎是一个较高层次的产品概念；而开发人员所说的"需求"对用户来说又像是详细设计的。因此，软件需求包含着多个层次，不同层次的需求从不同角度与不同程度反映着细节问题。

关键问题是一定要编写需求文档的。由于客户和开发人员理解上的偏差或者工作人员更换等缘故，没有文档的需求将无法指导后期的开发工作。如果双方的需求文档仅仅是一堆邮件、会议记录等零散的内容，将无法指导实际的开发工作。

软件需求包括三个不同的层次——业务需求、用户需求和功能需求（见图 3.1）。

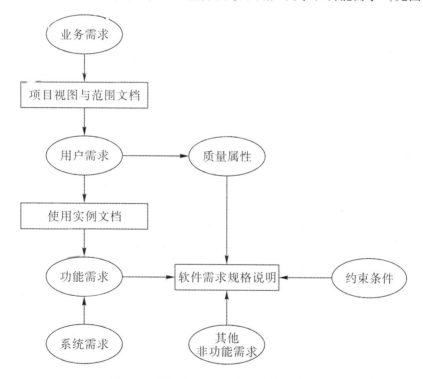

图 3.1　软件需求层次及各组成部分关系

业务需求（Business Requirement）反映了组织机构或客户对系统、产品高层次的目标要求，它们在项目视图与范围文档中予以说明。

用户需求（User Requirement）文档描述了用户使用产品必须要完成的任务，这在使用实例（Use Case）文档或方案脚本（Scenario）说明中予以说明。

功能需求（Functional Requirement）定义了开发人员必须实现的软件功能，使得用户能完成他们的任务，从而满足了客户需求。

在软件需求规格说明（Software Requirements Specification，SRS）中说明的功能需求充分描述了软件系统所应具有的外部行为。软件需求规格说明在开发、测试、质量保证、项目管理以及相关项目功能中都起了重要的作用。作为功能需求的补充，软件需求规格说明还应包括非功能需求，它描述了系统展现给用户的行为和执行的操作等。具体包括产品必须遵从的标准、规范和合约；外部界面的细节；性能要求之设计或实现的约束条件（软件产品设计和构造上的限制）及质量属性（多角度对产品的特点进行描述，从而反映产品功能）。

需求分析是介于系统分析和软件设计阶段之间的桥梁。一方面，需求分析以系统规格说明和项目规划作为分析活动的基本出发点，并从软件角度对它们进行检查与调整；另一方面，需求规格说明又是软件设计、实现、测试直至维护的主要基础。良好的分析活动有助于避免或尽早剔除早期错误，从而提高软件生产率，降低开发成本，改进软件质量。

需求工程是随着计算机的发展而发展的，在计算机发展的初期，软件规模不大，软件开发所关注的是代码编写，需求分析很少受到重视。后来软件开发引入了生命周期的概念，需求分析成为其第一阶段。随着软件系统规模的扩大，需求分析与定义在整个软件开发与维护过程中越来越重要，直接关系到软件的成功与否。人们逐渐认识到需求分析活动不再仅限于软件开发的最初阶段，它贯穿于系统开发的整个生命周期。20 世纪 80 年代中期，形成了软件工程的子领域——需求工程。进入 20 世纪 90 年代以来，需求工程成为研究的热点之一。从 1993 年起每两年举办一次需求工程国际研讨会（ISRE），自 1994 年起每两年举办一次需求工程国际会议（ICRE），在 1996 年 Springer-Verlag 发行了一新的刊物——《技术要求》（*Requirements Engineering*）。一些关于需求工程的工作小组也相继成立，如欧洲的 RENOIR（Requirements Engineering Network of International Cooperating Research Groups），并开始开展工作。

最初，需求工程仅仅是软件工程的一个组成部分，是软件生命周期的第一个阶段。虽然大家也都知道需求工程对软件整个生命周期的重要性，但对它的研究远远没有对软件工程的其他部分的研究那么深入。

在传统软件工程生命周期中，涉及需求的阶段称作需求分析。一般来说，需求分析的作用是：

·系统工程师说明软件的功能和性能，指明软件和其他系统成分的接口，并定义软件必须满足的约束。

·软件工程师求精软件的配置，建立数据模型、功能模型和行为模型。

·为软件设计者提供可用于转换为数据设计、体系结构设计、界面设计和过程设计的模型。

·提供开发人员和客户需求规格说明，用于作为评估软件质量的依据。

从当前的研究现状来看，需求工程的内容远不止这些。需求工程是系统工程和软件工程的一个交叉分支，涉及软件系统的目标、软件系统提供的服务、软件系统的约束和软件系统运行的环境。它还涉及这些因素和系统的精确规格说明以及系统进化之间的关系。它也提供现实需要和软件能力之间的桥梁。

需求工程无疑是当前软件工程中的关键问题，从美国于 1995 年开始的一项调查结果就足以看出这一点。在这项调查中，他们对全国范围内的 8 000 个软件项目进行跟踪调查，结果表明，有 1/3 的项目没能完成，而在完成的 2/3 的项目中，又有 1/2 的项目没有成功实施。他们仔细分析失败的原因后发现，与需求过程相关的原因占了 45%，而其中缺乏最终用户的参与以及不完整的需求又是两大首要原因，各占 13% 和 12%。

需求工程又是软件工程中最复杂的过程之一，其复杂性来自客观和主观两个方面。从客观意义上说，需求工程面对的问题几乎是没有范围的。由于应用领域的广泛性，它的实施无疑与各个应用行业的特征密切相关。其客观上的难度还体现在非功能性需求及其与功能性需求的错综复杂的联系上，当前对非功能性需求分析建模技术的缺乏大大增加了需求工程的复杂性。从主观意义上说，需求工程需要方方面面人员的参与（如领域专家、领域用户、系统投资人、系统分析员、需求分析员等），各方面人员有不同的着眼点和不同的知识背景，沟通上的困难给需求工程的实施增加了人为的难度。

20 世纪 80 年代，赫伯·克拉斯纳（Herb Krasner）定义了需求工程的五阶段生命周期：需求定义和分析、需求决策、形成需求规格、需求实现与验证、需求演进管理。近来，马蒂亚斯·贾克（Matthias Jarke）和克劳斯·普尔（Klaus Pohl）提出了三阶段周期的说法：获取、表示和验证。

综合了几种观点，可以把需求工程的活动划分为以下 5 个独立的阶段：

（1）需求获取：通过与用户的交流，对现有系统的观察及对任务进行分析，从而开发、捕获和修订用户的需求。

（2）需求建模：为最终用户所看到的系统建立一个概念模型，作为对需求的抽象描述，并尽可能多的捕获现实世界的语义。

（3）形成需求规格：生成需求模型构件的精确的形式化的描述，作为用户和开发者之间的一个协约。

（4）需求验证：以需求规格说明为输入，通过符号执行、模拟或快速原型等途径，分析需求规格的正确性和可行性。

（5）需求管理：支持系统的需求演进，如需求变化和可跟踪性问题。

3.2.1.1 需求获取

需求获取将视需求来源而定，大体来说，可以分为这些方面：访问并与有潜力的用户探讨；把对目前的或竞争产品的描述写成文档；系统需求规格说明；对当前系统的问题报告和增强要求；市场调查和用户问卷调查；观察正在工作的用户；用户角色分类及工作定义；用户任务内容分析等。

需求获取（Requirement Elicitation）是需求工程的主体。对于所建立的软件产品，获取需求是一个确定和理解不同用户类的需求和限制的过程。获取用户需求位于软件需求三层结构的中间一层。来自项目视图和范围文档的业务需求决定用户需求，它描述了用户利用系统需要完成的任务。从这些任务中，分析者能获得用于描述系统活动的特定的软件功能需求，这些系统活动有助于用户执行他们的任务。需求包括业务需求，用户需求和功能需求以及非功能需求，在需求开发之前，我们需要先定义好需求开发的过程，形成文档，内容包括：需求开发的步骤，每一个步骤如何实现，如何处理意外情况，如何规划开发资源等。

需求获取是非常困难的，其主要原因有：

· 缺乏领域知识，应用领域的问题常常是模糊的、不精确的。

· 存在默认的知识，即难以描述的日常知识（常识问题）。

· 存在多个知识源，而且多知识源之间可能有冲突。

· 面对的客户可能有偏见，如不能提供你需要了解什么或不想告知你需要了解的事情。

1. 需求获取的原则

需求获取有可能是整个信息系统开发过程中最困难、最关键、最易出错及最需要交流的方面，只有通过有效的沟通与合作才能成功。需求获取容易被理解为客户要求的记录，实际上对需求问题的全面考察是一种技术，利用这种技术不但考虑了问题的功能需求，还可讨论项目的非功能需求：

确定用户已经理解：对于某些功能的讨论并不意味着将在未来开发的系统中实现它。

对于想到的需求必须集中处理并设定优先级，以避免项目范围不确定地扩大边界。

通过高度合作的过程，分析人员透过客户所提出的表面需求理解他们的真实意图。

咨询问题时要养成多问一句的习惯，确保通过扩充的问题、或另一个角度提出的问题更好地理解用户目前的业务过程并知道新系统可能通过什么方式来帮助改进他们的工作。

调查用户任务可能遇到的变更，或者用户需要使用系统其他可能的方式。

深入角色，想象自己是从事用户工作的新人，需要完成什么任务，有什么问题，从这一角度指导需求的开发和利用。

探讨例外情况：什么会妨碍用户顺利完成任务？用户对系统错误如何反应？如果出现××情况时，将会如何？以往用户在业务过程中有什么样的问题？

2. 需求获取的过程与方法

需求获取的过程通常采用面对面座谈为主，通过这种方式将客户的意向逐一落实到纸面。座谈应以较小的规模进行，比如一对一方式，可以避免其他事务干扰。通过与企业选拔出来的业务精英进行一对一"纸笔+口述"的面谈，可以图、文混合的方式理解业务中较为精深的内容。座谈的内容应该从粗到细，并逐渐完善。

（1）需求获取的过程。

①定义项目的视图和范围。

在需求开发前期，我们应该获取用户的业务需求，定义好项目的范围，使得所有的涉众对项目有一个共同的理解。

②确定用户类，并为每个用户类确定适当的代表。

确定用户群和分类，对用户组进行详细描述，包括使用产品频率，所使用的功能，优先级别，熟练程度等。对每一个用户组确定用户的代言人。对于大型项目，我们需要先确定中心客户组，中心客户组的需求具有高级别的优先级，需要先实现的核心功能。

适当的用户类代表通常是该类用户中具有典型特点的用户，或者该用户中的骨干精英人员，他们精通相关领域的业务。

③确定需求决策者和他们的决策过程。

客户不能简单等同于用户，用户是指系统的操作者、使用者；客户则不一定，有时客户可能是用户的上司，他们对系统的需求有最终的决策权。如果需要最终落实需求，还需要决策者的签字认可。

决策者的决策过程，有会签的形式，也有顺序签字认可的形式。

④选择合适的需求获取技术或方法。

召开需求讨论会议，观察用户的工作过程，采用问答式对话，采用诱发式需求诱导等。通过问题报告和补充需求建议检查完善相关需求。

需求获取的方法一般有问卷法、面谈法、数据采集法、用例法、情景实例法以及基于目标的方法等，还有知识工程方法，如场记分析法、卡片分类法、分类表格技术和基于模型的知识获取等。

⑤以实例承载业务过程或业务活动，并设置优先级。

与用户代表沟通，了解他们需要完成的任务，得到用例模型。同时根据用例导出功能需求，用例描述应该采用标准模板。

⑥收集用户的关于此业务的质量属性和非功能需求。

例如用户对于系统的处理速度、各项目的容量、多任务的需求、并行处理的要求等，最好能够以量化的或者图形化的表达方式来完善用户对此业务的质量属性和非功能需求。

⑦完善实例，除了正常实例外还要有例外实例，以充实功能需求。

实例的作用显而易见，能够让双方更明细地确切了解业务需求。如果有一些例外的情况，这里最好也能够用实例的方式来列举，以充实功能需求。

⑧评审使用实例的描述和功能需求。

通过专门的评审过程，使业务需求进一步明确，使实例能够满足描述功能或数据存储的需求。

⑨通过必要的沟通，澄清双方对一些模糊事项的理解。

沟通可以采用多种方式相结合，比如电子邮件、即时通信工具，当然最好的沟通依然是面对面的细节沟通。多种沟通方式应该结合起来，以提高沟通的效率。

⑩绘制用户界面原型以助想象未理解的需求。

通过手绘或者一些图形软件的绘制功能，绘制基本的用户界面原型，使双方获得得以理解可视化的需求。

⑪从使用实例中开发出测试用例（包括正确的输入、输出、例外判定等内容）。

测试用例更强调数据的连贯性，比如输入什么数据，经过处理之后应该输出什么数据，在什么样的表现形式；如果出现例外情况，将会怎么处理等。业务事件可能触发用例，系统事件包括系统内部的事件以及从外部接收到信息，数据等，或者一个突发的任务。

⑫用测试用例来论证使用实例、功能需求、分析模型和原型。

测试用例还可以用来做软件测试、功能验证之用，最基本的功能是能够用来论证使用的实例、功能需求，分析模型和原型。

⑬在深入构造系统之前，重复⑥~⑫步。

通过反复的循环过程，使需求获取的过程得以迭代和精化，并最终满足需求文档撰写的要求。

（2）项目视图和范围。

项目视图和范围文档（Vision and Scope Document）把业务需求集中在一个简单、紧凑的文档里，这个文档为以后的开发工作奠定了基础。项目视图和范围文档包括了业务机遇的描述、项目的视图和目标、产品适用范围和局限性的陈述、客户的特点、项目优先级别和项目成功因素的描述（如表 3.1）。

表 3.1　　　　　　　　　　项目视图和范围文档模板

项目名称	
背景企业	
项目经理	
项目发起人	
一、业务需求	（一）背景 （二）业务机遇 （三）业务目标 （四）客户或市场需求 （五）提供给客户的价值 （六）业务风险
二、项目视图的解决方案	（一）项目视图陈述 （二）主要特性 （三）假设和依赖环境
三、范围和局限性	（一）首次发行的范围 （二）随后发行的范围 （三）局限性和专用性
四、业务环境	（一）客户概貌 （二）项目优先级
五、产品成功因素	（一）交付成果说明和完成任务可衡量标准 （二）判定产品成功的步骤和准则
撰写人（签字）	撰写时间	
审批人（签字）		

为了能够更好地理解项目视图和范围，下面将介绍表 3.1 文档中各个部分的内容：

一、业务需求

业务需求说明了提供给客户和产品开发商的新系统的最初利益，即实现该业务的意义与价值。不同的产品将有不同的侧重点，比如效率提升、销售收入提升等，能够量化最好，不能量化的能够给出同行普遍意义的统计数据。

项目开发的投入是由于人们相信：有了新产品，世界将会变得更加美好。因此，无论如何，业务需求部分主要是为了阐述为什么要从事此项目的开发，以及它将给开发者和客户带来的利益。

（一）背景

在此部分，总结新产品的理论基础，并提供关于产品开发的历史背景或形势等一般性的描述（如该产品或该行业的国内外现状与发展趋势、目的和意义等）。

（二）业务机遇

描述现在的市场机遇或正在解决的业务问题，描述商品竞争的市场和信息系统将运用的环境，包括对现存产品的一个简要评价和简要的解决方案，并指出所建议的产品为什么具有吸引力或竞争优势。认识到目前只能使用该产品才能解决的一些问题，并描述产品怎样顺序市场趋势和战略目标的。

（三）业务目标

用一个定量和可测量的合理方法总结产品所带来的重要商业利润。关于给客户带来的价值将在"（五）提供给客户的价值"中描述，这里重点放在业务的价值上。业务目标一是成本或预算的缩减，二是工作效率的提升或使用的便捷性等。

（四）客户或市场需求

描述一些典型的客户的需求，包括不满足现有市场上的产品或信息系统的需求。提出客户目前所遇到的问题在新产品中将如何改进，提供客户怎样使用产品的例子。确定了产品所能运行的软硬件平台，宝岛较高层次的关键接口或性能要求，但应避免出现设计细节。把这些要求写在列表中，可以反过来跟踪调查特殊用户和功能需求。

（五）提供给客户的价值

确定产品给客户带来的价值，并指明产品怎样满足客户的需要，主要体现在效率提升、开支节省、业务过程优化、符合相关标准、稳定性提高等方面。

（六）业务风险

总结开发该产品可能存在的主要业务风险，如市场竞争、时间进度、用户接受能力、项目干系人配合度、标准企及的难度、技术手段与技术水准、实现的问题对业务可能带来的消极影响等。通过预测风险的严重性并指明减轻风险的措施。

二、项目视图的解决方案

文档中的这一部分是为系统建立起一个长远的业务目标，这一项目视图为在软件开发生命期中做出决策提供了相关环境背景，并且不应该包括详细的功能需求和项目计划信息。

（一）项目视图陈述

编写一个总结长远目标和有关开发新产品的简要项目视图陈述。项目视图陈述将权衡不同客户需求，尽管显得有点理想化，但必须以现在或所期待的客户市场、企业框架、组织的战略方向和资源局限性为基础。

【参考 3.1】 一个项目视图陈述案例

> "话费返费计征系统"将使操作者查询到各号段话费的返费情况,具有方便易用的分类汇总功能。系统可随时了解任意时段各品牌各号段的相关信息,任何时候的历史记录、非常方便进行分销商业绩对比。通过充分利用公司内部的资源,每月将使报表完成时间比以往历史提前 10 天左右。
>
> 同时,该系统仅使用一名操作员即可完成以前多名员工才能完成的工作,节省人力开支,并提高了工作效率。该系统对原有电子表格的业务系统采取的是扬弃的思想,原有电子表格稍加规范,即可以电子邮件等方式,由分销商发到总部后导入到该系统中自动进行分类、汇总。
>
> 该系统不提供打印功能,但该系统中所有可视的表格数据都可以导出为电子表格格式,并可以在电子表格软件中进一步编辑、打印。
>
> "话费返费计征系统"符合相关标准和规定,适用于移动电话号段管理,计征类型灵活多变,符合未来发展的需要。

（二）主要特性

主要特性包括新产品将提供的主要特性和用户性能的列表,强调的是区别于以往产品和竞争产品的特性。可以从用户需求和功能需求中得到这些特性。

（三）假设和依赖环境

在构思项目和编写项目视图和范围文档时,要记录所做出的任何假设。通常一方所持的假设应与另一方不同。如果把它们都记录下来,并加以讨论和评审,就能对项目内部隐含的基本假设达成共识。

例如,"话费返费计征系统"的开发者假设:该系统可以替代多部门现有电子表格的统计内容,实现分销商与总部的数据关联。而原用电子表格将通过一定的标准进行规范,这样原有的电子表格数据并没有消亡,而是与新系统有机地结合到一起。

把这些内容都记录下来,可以防止将来可能的混淆和理解上的分歧。还有,记录项目所依赖的主要环境。比如,所使用的特殊技术、需要安装配置的数据库软件、配置安装的服务器、插件、第三方供应商及其工具等。

三、范围和局限性

一个软件项目（或信息系统）必须定义它的范围和局限性。项目范围定义了所提出的解决方案和概念和适用领域,而局限性则指出产品所不包括的某些性能。澄清范围和局限性这两个概念有助于建立各风险承担者所企盼的目标。有时,客户会提出过于奢华的性能要求,或者与产品所制定范围不一致的边界。

有时,需要适当扩大项目范围来适应这些需求,当然相应的预算、计划、资源情况也要相应变化;而更多时候,可能需要拒绝这些需求,并提出适当的理由。

无论如何,范围必须确定两方面:一是,它包含什么?二是,它不包含什么?只有这两方面同时都确定后,项目的范围才算是确定了。

局限性更多体现在软件使用的约束条件,通常的表达:

它能做什么?有时还要特别说明,它不能做什么（这一条需谨慎使用,一般委婉地将拒绝的需求表达为"二期工程再完善该需求"）。

（一）首次发行的范围

总结首次发行的产品所具有的性能。描述产品的质量特性,这些特性使产品可以为不同的客户群提供预期的成果。如果目标集中在开发成果和维持一个可行的项目规划上，应当避免一种倾向，那就是把一些潜在的客户所能想到的每一特性都包括到当前系统需求中来，这一倾向的恶果是产生软件规划的动荡性和错误性。开发者应着力把重点放在能提供最大价值、花费最合理的费用及受惠面最广的产品上。

（二）随后发行的范围

在首次发行产品中不便于实现的功能，可以记录下来，放在随后发行版本（如果产品存在升级演进）或全新替代产品中。有时，需要公示给用户的是该功能将在什么时候才会加入新版本中去。

（三）局限性和专用性

明确定义产品包括和不包括的特性和功能的界线，是处理范围设定和客户期望的一个做途径；特别是要列出风险承担者们期望的而你却不打算把它包括到产品中的特性和功能。例如，可以这样写：

【参考 3.2】局限和专用性写法

> 本项目仅为××系统的需求分析、设计、开发、测试及实施工作，超出需求规格说明书之外的功能或模块不属于本项目的范围。

四、业务环境

这一部分总结了一些项目的业务问题，包括主要的客户分类概述和项目的管理优先级。

（一）客户概貌

客户概述明确了这一产品的不同类型客户的一些本质的特点，以及目标市场部门和在这些部门中的不同客户的特征。对于每一种客户类型，概述要包括如下信息：

· 各种客户类型将从产品中获得的主要益处。

· 它们对产品所持的态度。

· 感兴趣的关键产品特性。

· 哪一类型客户能成功使用。

· 必须适应任何客户的限制。

（二）项目优先级

一旦明确建立项目的优先级，风险承担者和项目参与者就能把精力集中在一系列共同的目标上。达到这一目标的途径是考虑软件项目的五个方面：性能、质量、计划、成本和人员。在所给的项目中，每一方面应与下面三个因素相适应：

一个驱动（Driver）：最高级别的目标。

一个约束（Constraint）：项目管理者必须操纵的一个对象的限制因素。

一个自由度（Degree of Freedom）：项目管理者能权衡其他方面，进而在约束限制的范围内完成目标的一个因素。

不是所有的因素都能成为驱动，或所有的因素都能成为约束因素。在项目开始时记录和分析哪一个因素适用于哪一类型，将有助于使用每一个人的努力与期望与普遍认可的优先级相一致。

五、产品成功因素

明确产品的成功是如何定义和测量的，并指明对产品的成功有巨大影响的几个因素。不仅要包括组织直接控制的范围内的事务，还要包括外部因素。如果可能，可建立测量的标准，用于评价是否达到业务目标，这些标准的实例：市场占有率、销售量或销售收入、客户满意度标准、交易处理量和准确度、数据精度、反应时滞等。

（一）交付成果说明和完成任务可衡量标准

最终交付给客户的成果包括什么，以及如何衡量这些交付的成果应该非常明确地提出来。如果没有可衡量的标准，将无法得到双方无分歧，最终可能导致项目失败。项目在实现功能的手段上，应该使用什么新系统和新技术，应该达到什么标准，有什么特殊的要求。

一般通过定义工作范围中的交付物标准来明确定义，在定义功能目标中，要尽可能详细、明确和具体、可测量。

例如，交付结果可以用一个表格的方式来提交（如表 3.2）：

表 3.2 　　　　　　　　　　交付结果及完成任务的衡量标准示例

交付结果	完成任务的衡量标准
项目计划书	董事会批准
需求规格说明书	客户签字确认
项目概要设计报告	客户签字确认
项目详细设计报告	客户签字确认
安全认证接口程序目标代码	客户试用一个月后签字
软件测试报告	测试员签字确认
每月一次的项目进展报告（按项目计划约定的项目里程碑）	董事会形成决议、客户代表与开发方代表签字确认
项目验收报告	客户签字确认

（二）判定产品成功的步骤和准则

为了实现一个项目的成功，通常需要通过多个步骤的确认。每一个确认的步骤称为"里程碑"，即各阶段达到的标准的认定。

例如，实施项目一个月后，要实现某某流程的正常运作，数据正确率到达 95%，通过审核后通过认可为已完成项目的 20%，即某个里程碑。同时，客户应该按合同约定付款 20%，以进行下一个步骤。

通过不断的里程碑实现与确认，最终将完成整个项目，以实现产品的成功交付。

（3）用户类。

产品的用户在很多方面存在着差异，例如：用户使用产品的频度、他们的应用领域和计算机系统知识、他们所使用的产品特性、他们所进行的业务过程、他们在地理上的布局和访问的优先级等；同时，根据业务不同，用户又有着业务角色上的划分。根据这类差异，可以将不同的用户分成小组，针对不同的用户应该采用不同的视角来理解和分析需求。

每一个用户类都将有自己的一系列功能和非功能要求。比如，我们可以将使用电子表格的用户分为初级用户、中级用户和高级用户。其中初级用户只会用到基本的表格布局和简单的公式计算、中级用户可能会用到数据透视表和分类汇总或图形功能，而高级用户甚至会使用编程功能来实现一系列复杂的功能。那么，针对不同的用户，他们关心的操作习惯、界面布局将会有不同的要求；可以通过调查分析这些差异，设计出尽可以满足目标用户要求的软件产品。

有一些受产品影响的人并不一定是产品的直接使用者，而是通过报表或其他应用程序访问产品的数据或服务，这些非直接的用户组成了附加用户类。

用户类也不一定指人，可以把其他应用程序或系统接口所用的硬件组件也看成是附加用户类的成员。以这种方式来看待应用程序接口，可以帮助你确定产品中那些与外部应用程序或组件有关的需求。

在实际项目中，要尽早为产品确定并描述出不同的用户类，这样，就能从每一个重要的用户类代表中获取不同的需求。有时，当你把用户划分为几类之后，对未来发行的产品的需求就自然被简化了。在软件需求规格说明中，把这些用户类和他们的特征编写成文档，说明他们的用户类角色及所从事的业务过程。

（4）通过座谈方式的需求获取方法。

①未来可能座谈的业务内容列表（较粗的点）。

②今天计划座谈的业务内容（从第一点中选择部分）。

③今天计划座谈的业务内容的细目。

④按列出的细目，逐条详细描述相关的座谈内容，描述的内容应该有图、表、文混合，使用一摞普通的A4打印纸即可，双方就上面的内容进行相互理解沟通。必要时辅以当前业务表格、现场观摩、角色扮演等方式进行深入理解。座谈的业务内容应该按既定的详略程度多次迭代，比如第一次可能是基本业务流程，第二次可能涉及功能细节或界面，第三次可能需要更为细节的精度指标等、第四次将以前不能完全理解的问题的困惑的探讨。不要试图一次座谈就完成需求获取，只有多次、反复，并且不断附带实例的深入沟通才能逐渐让业务内容清晰起来。

⑤沟通完毕进行资料整理，双方人中签字，填写日期。

⑥落实未座谈的业务内容，以及下次双方继续座谈的时间、地点、与会人员等事项。

⑦系统分析人员将座谈资料带回去整理，并以整理好的文档发给参与座谈的人员观看，以获取对相关业务项的共同理解。

⑧根据第六点中罗列的未座谈内容，继续上述循环。

需要注意的是，双方座谈人数不可过多，有时为了不被干扰地细化需求，甚至只能一对一地进行。

【实训练习3.1】参阅需求获取的过程，针对某个系统项目进行需求获取，并定义项目视图和范围，格式请参阅表3.1和相关填写要求。

3.2.1.2　需求建模与需求规格形成

1. 需求建模

需求建模之前需要进行需求分析，需求分析是对用户的需求获取之后的一个粗加工过程，需要对需求进行推敲和润色以使所有涉众都能准确理解需求。分析过程首先需要对需求进行检查，以保证需求的正确性和完备性，然后将高层需求分解成具体的细节，创建开发原型，完成需求从需求获取人员到开发人员的过渡。

（1）需求模型表现原则。

需求模型的表现形式有自然语言、半形式化（如图、表、结构化英语等）和形式化表示等三种。自然语言形式具有表达能力强的特点，但它不利于捕获模型的语义，一般只用于需求抽取或标记模型。半形式化表示可以捕获结构和一定的语义，也可以实施一定的推理和一致性检查。形式化表示具有精确的语义和推理能力，但要构造一个完整的形式化模型，需要较长时间和对问题领域的深层次理解。对需求概念模型的要求包括：

- 实现的独立性：不模拟数据的表示和内部组织等。
- 足够抽象：只抽取关于问题的本质方面。
- 足够形式化：语法无二义性，并具有丰富的语义。
- 可构造性：简单的模型块，能应付不同复杂程度和规模的描述。
- 利于分析：能支持二义性、不完整性和不一致性分析。
- 可追踪性：支持横向交叉索引并能与设计或实现等建立关联。
- 可执行性：可以动态模拟，利于与现实相比较。
- 最小性：没有冗余的概念。

（2）需求模拟方法简介。

需求模拟技术又分为企业模拟、功能需求模拟和非功能需求模拟等。

企业模拟是一种软系统方法，涉及整个组织，从各个不同的视点分析问题，包括目标、组织结构、活动、过程等。有的企业模拟还建立可执行的领域模型。采用企业模拟方法产生的不仅仅是规格说明，还可以得到许多关于企业运作的状况分析。目前代表性的工作包括：信息模拟、组织模拟和目标模拟等。

功能需求模拟从不同视点为模拟软件提供服务，包括结构视点和行为视点等，主要方法有结构化分析、面向对象分析和形式化方法。结构化分析是一种面向数据的方法，以数据流为中心。其核心概念包括进程、数据流、数据存储、外部实体、数据组和数据元素。有代表性的模拟工具有数据流图、数据字典、原始进程规格说明。面向对象分析以对象及其服务作为建模标准，比较自然，对象也具有相对的稳定性。主要模拟的元素有对象、类、属性、关系、方法、消息传递、UseCases 等。其主要原理包括分类继承层次、信息隐藏、汇集关系等。

形式化方法从广义上说，是应用离散数学的手段来设计、模拟和分析，得到像数学公式那样精确的表示。从狭义上说，就是使用一种形式语言进行语言公式的形式推理，用于检查语法的良构性并证明某些属性。形式化方法一般用于一致性检查、类型检查、有效性验证、行为预测以及设计求精验证。引入形式化机制的目的：

· 减少二义性，提高精确性。

· 为验证打下基础。

· 允许对需求进行推理。

· 允许执行需求。

不过，人们常常不用形式化手段，因为形式化涉及太多细节，分析的级别较低；另外，形式化的核心问题是一致性和完整性，而不是获取需求；再者，很难找到合适的工具；并且要求更多的代价。

传递需求的主要任务是书写软件需求规格说明，其目的：

· 传达对需求的理解。

· 作为软件开发项目的一份契约。

· 作为评价后续工作的基线。

· 作为控制需求进化的基线。

对需求规格说明感兴趣的群体包括：用户、客户；系统分析员、需求分析员；软件开发者、程序员；测试员；项目管理者。

认可需求就是让上述人员对需求规格说明达成一致，其主要任务是冲突求解，包括定义冲突和冲突求解两方面。常用的冲突求解方法：协商、竞争、仲裁、强制、教育等，其中有些只能用人的因素去控制。

进化需求的必要性是明显的，因为客户的需要总是不断（连续）增长的，但是一般的软件开发又总是落后于客户需求的增长，如何管理需求的进化（变化）就成为软件进化的首要问题。对传统的变化管理过程来说，其基本成分包括软件配置、软件基线和变化审查小组。多视点方法也是管理需求变化的一种新方法，它可以用于管理不一致性并进行关于变化的推理。

（3）UML方法需求建模。

通过绘制过程分析需求，实现需求建模。实现需求建模的过程可以参阅信息资源规划中的方法进行。具体来说，分析阶段和设计阶段是有分工的。使用UML统一建模语言将有助于分别在需求分析阶段和软件设计阶段发挥不同的作用。

通过与客户的认真沟通，在完成需求获取工作之后，将进行需求建模工作，用到的方法和工具通常有"数据流图（Data Flow Diagram，DFD）""实体联系图（Entity-Relationship Diagram，ERD）""状态转换图（State-Transition Diagram，STD）""对话图（Dialog map）""类图（Class Diagram）"等。

为了能够正确使用这些图，通常使用UML（Unified Modeling Language）统一建模语言来实现面向对象的需求分析与系统设计，可使用的工具如Rational Rose或Microsoft Visio来绘制（UML工具很多，详见 http：//www. umlchina. com/Tools/Newindex1. htm）。而我们在第二章中强调的方法则是面向结构（或结构化）的需求分析与系统设计方法。其实，方法并没有好坏之分，只是适用与不适用之分。在大系统中，面向结构的方法更稳定；而小系统中，面向对象的方法更灵活。由于本书以大型ERP系统的研究对象，所以将更多地采用面向结构的分析与设计方法，在实践过程中，读者可依据自己的具体情况，部分或全部采用面向对象的分析与设计方法。下面我们将对 UML 进行简介。

通常，UML 用于描述模型的基本词汇有三种：要素（Things）、关系（Relationships）、图（Diagrams），或者说，模型是一系列要求、关系和图的排列组合。其中，要素是模型的核心内容，可以形象地理解为"点"；关系在逻辑上将要素联系在一起，可以形象地理解为"线"；图将一组要素和关系展现出来，可以形象地理解为"面"。这些"点""线""面"组成了"立体"的模型。

①UML 的要素。

UML 的要素主要有四类：

第一类是表述结构的要素，结构要素是 UML 模型中的名词，是模型中的静态部分，代表了概念或物理的元素，包括"用例（Use Case）""类（Class）""接口（Interface）""协作（Collaboration）""活动类（Active Class）""组件（Component）""节点（Node）"。

第二类是表述行为的要素，行为要素是 UML 模型中的动态部分，它们是模型中的动词，代表了跨越时间和空间的行为，包括"交互（Interaction）"和"状态机（State Machine）"。

交互作用是由特定上下文中为完成特定目的而在对象间交换的消息集组成的行为，包括消息、动作序列、连接元素。

状态机则是规定了对象在其生命周期为响应事件而经历的状态序列，以及对事件的响应，包括状态、跃迁、事件、活动。

第三类是用于组织的要素，即分组元素，即"包（Package）"；

第四类是用作注释说明的要素，可以用于描述、例解、注解模型中的任何元素的注释，即"注释（Notes）"。

②UML 的关系。

UML 的关系主要有四类：

第一类是关联关系（Association），表达两个类的实例之间存在连接。聚合关系（Aggreation）与组合关系（Composition）是关联关系的强化形式。

第二类是依赖关系（Dependency），依赖者"使用"被依赖者的关系。

第三类是泛化关系（Generalization），表达"特殊的"是"一般的"一种。

第四类是实现关系（Realization），"被实现者"是对要求的说明，"实现者"是针对要求的解决方案。

③UML 的图。

UML 有九种图，分别是：

用例图（Use Case Diagram），展示角色对事物的操作，从用户角度描述系统功能，并指出各功能的操作者。

类图（Class Diagram），主要用于展示类、接口、包及其关系，类图描述系统中类的静态结构，类图不但定义了系统中的类，表示了类之间的联系（如关联、依赖、聚合等），还描述了类的内部结构（类的属性和操作）。类图描述的是一种静态关系，在系统的整个生命周期都是有效的。

序列图（Sequence Diagram），它是一种动态图，用于按时序展示对象间的消息传递，同时显示对象之间的交互。

协作图（Collaboration Diagram），它是一种动态图，其核心内容与序列图相对应，强调对象间的结构组织，描述了对象间的动态协作关系，序列图与协作图统称为交互图（Interaction Diagram）；除显示信息交换外，协作图还显示对象以及对象之间的关系。

状态图（State Chart Diagram），主要用于展示对象在其生命周期中可能经历的状态以及在这些状态上对事件响应能力，描述了类的对象所有可能的状态以及事件发生时状态的跃迁条件。

活动图（Activity Diagram），展示系统从一个活动流转到另一个活动的可能路径与判断条件。

对象图（Object Diagram）是类图的实例，使用与类图类似的标识。他们的不同点在于对象图显示类的多个对象实例，而不是实际的类。一个对象图是类图的一个实例，并且对象图因为生命周期的不同而只能在系统中存在一段时间。

构件图（Component Diagram）描述代码构件（组件）的物理结构及各构件之间的依赖关系。

部署图（Deployment Diagram）定义系统中软硬件物理体系结构，不但描述了实际的计算机和设备以及它们之间的连接关系，还描述了连接的类型及组件之间的依赖性。

④如何让 UML 进行需求分析与需求建模。

从应用的角度看，当采用面向对象技术分析和设计系统时，第一步是描述需求；第二步是根据需求建议系统的静态模型，以构造系统的结构；第三步是描述系统的行为。其中第一步和第二步所建立的模型都是静态的，包括用例图、类图、对象图、组件图和部署图，是 UML 的静态建模机制；而第三步所建立的模型或者可以执行，或者表示执行时的时序状态或交互关系，包括状态图、活动图、时序图和协作图等 4 个图形，是 UML 的动态建模机制。

⑤一个 UML 需求分析与需求建模的实例。

【参考 3.3】UML 需求分析与需求建模过程。

天华电动自行车厂在前期信息资源规划完成之后，计划开始与协和软件公司合作，进行初步的需求分析与需求建模合作工作。通过论证分析，双方一致发现库存管理将是整个系统的突破口，于是开始进行库存管理的需求分析工作。双方组成了调研分析组，由协和软件公司系统分析人员张工和天华电动自行车厂库存管理骨干小刘共同合作完成这项工作。

通过分析工作发现，相关工作人员分别是领料员、采购员、制单员、审核员、登账员五种业务角色，分别从事相关工作。这些单据都存储于共同的数据库中，相互间会使用一些共同的数据表。根据需求调研与需求分析工作，绘制出如图 3.2 所示的用例图，体现相关业务角色对事物的操作，从用户角度描述系统功能，并指出各功能的操作者。通过用例图，库房管理人员都清楚了各自的角色关系，双方工作人员都认为，这是一种非常好的沟通形式：图标简洁易绘，条理清晰容易沟通，各业务角色人员也能够就自己的理解提出改进意见。

在用例图完成之后，小刘和张工继续就用例图和调研资料进行深入细化，紧接着双方绘制出了各业务角色的业务活动图。活动图的绘制类似于程序流程图，但更简化，由开始图标（大黑圆点）、结束图标（牛眼符号）、业务活动项目（胶囊形）、菱形（判断）共同组成，另外用泳道（不同的区域）分区、转换分叉和转换连接进行复杂活动细分，其中业务活动项目并不细化到最明细的操作，这样能够承前启后，完成中等复杂程度的分析，有利于后期进行详细设计。图 3.3 是他们合作过程中绘制的其中一个活动图：库存单据审核活动图，其中根据业务划分为"库存单据审核"和"取消库存单据审核"两个泳道。

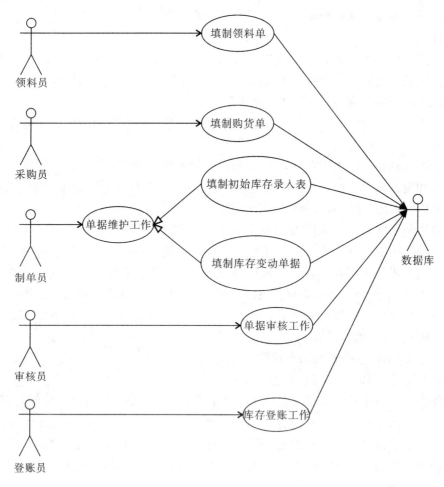

图 3.2　库存管理用例图

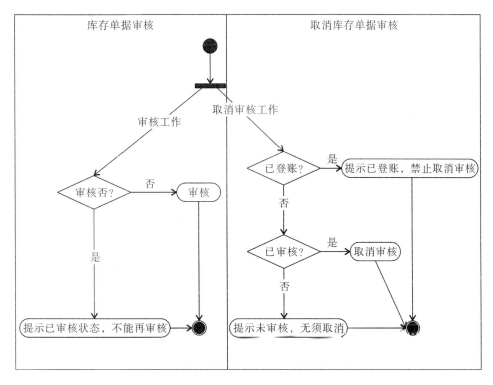

图 3.3　库存单据审核活动图

张工和小刘在继续合作过程中发现，用例图和活动图虽然大体标明了各业务角色及业务活动的细节，但有时对于当前状态的描述并不周全。库存单据的审核过程同时也是一个易于用活动图表达的过程。通过对单据审核状态的活动状态描述，相关人员能够迅速正确理解单据所处的活动状态，便于采取准确的对策，因此需要补充状态图来描述各种活动的状态变迁。状态图中的状态使用圆角矩形来表达，其他的图标与活动图相同。图 3.4 的审核过程状态图表示了库存管理业务中，相关单据的状态变化。

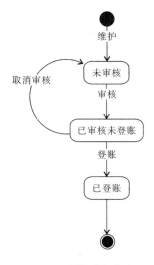

图 3.4　审核过程状态

活动图和状态图完成之后，小刘发现虽然从初步的需求建模（用例图）到中级的需求建模（活动图和状态图）已经能够囊括大部分的业务活动，但细节部分仍然未有深化。回想起以前公司在信息资源规划阶段做过很多细致的工作，而最终的程序设计与程序实现是需要建立在足够细节的基础之上的。于是小刘就此问题请教张工，张工说，接下来的需求分析与建模工作将通过类图来体现；张工接着还告诉小刘，其实类图中的静态部分可以在活动图之前去完成，即完成静态建模。不过，在实际需求分析与需求建模工作中，主要是依据从概略到详细的原则去处理，并非绝对按先静态后动态的原则去处理。

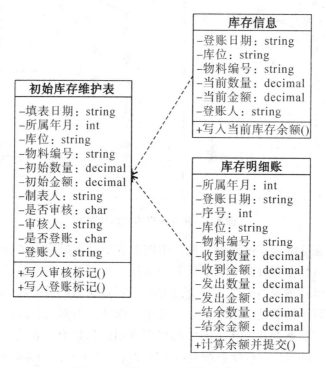

图 3.5　初始库存业务的实体类图

类图根据其类属关系，又分为实体类、边界类、协作类，是对需求分析对象的更详细的描述，因此类图建模对于今后的面向对象的程序设计至关重要。类图的思维方式先进且极富人性化，它超越了结构化建模中将系统功能模型与系统数据模型割裂设计的手法，而统一以动态或静态的类来描述。其实，我们现实系统中的所有部分都可以由各种类来描述。比如某张数据表，可以理解为一个静态的实体类；某个用户界面或对话框，又可以理解为一个交互的边界类；对系统进行复杂运算或约束，可以理解为某一个控制类。其中，实体类主要是一种静态的对象，如数据库中的各类表；边界类将反映与边界交互操作打交道的类，初始入库的边界类反映了制单员、登账员、审核员分别与初始维护界面、初始审核界面、初始登账界面打交道。

通过对类的理解和分析，小刘逐步领略和理解了张工对于类的需求建模方法。于是，绘制出了初始库存业务的实体类（见图 3.5）、控制类（见图 3.6）和边界类（见图 3.7）。

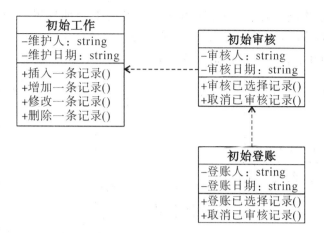

图 3.6　初始库存业务控制类图

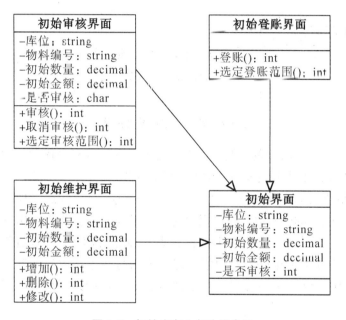

图 3.7　初始库存业务边界类图

★小提示：UML 图中的箭头表达

　　用例图、类图与活动图、状态图等 UML 图中，相互关联会使用到各种箭头。其中，实线箭头表示访问、关联或传递关系；虚线实心箭头表示依赖关系；虚线空心箭头表示实现关系；实线空心箭头表示泛化、继承关系；实线空心菱形箭头表示共享聚合关系；实线实心菱形箭头表示组合聚合关系；无箭头实线表示组合（复合）关系。

　　经过类图的绘制，小刘进一步清楚了类名、属性、方法这些类的要素，而张工告诉他，除了状态图、活动图之外，时序图（序列图）也是展示类与类之间活动时间关系的图。通过时序图，可以厘清类的先后时序。时序图能够更加清楚地描述出类中方

法之间相互调用的机制，对于编写代码的程序员而言具有明确思路的作用，在软件系统的详细设计过程中不可或缺。为此，小刘和张工继续合作，完善了库存管理的时序图（序列图）。其中，图 3.8 为初始审核时序图。

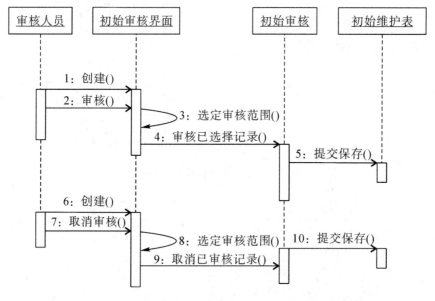

图 3.8　初始审核维护时序图

通过上述一系列 UML 图的绘制，可以将需求建模得以充分体现。为了进一步完善相关内容，可以在需求建模完成的基础上形成需求规格。

UML 是可视化（Visualizing）、规范定义（Specifying）、构造（Constructing）和文档化（Documenting）的建模语言。可视化建模的规范定义意味着 UML 建立的模型是准确的、无二义的、完整的。小刘通过对库存管理系统进行 UML 实践过程中发现，需求分析与部分设计分析都能很好地利用该套思想方法打通思路中的关节。作为一套图形化建模工具，UML 有利于在一个统一的思维模式和环境中进行交流，避免可能产生的歧义。

小刘还看到了 UML 并不能"包治百病"。虽然有实施模型（Implementation Model）和构件（Component）组成"实施子系统（Implementation Subsystem）"，但作为交流方式仍然有其不全面的地方，需要配合更为详细的文档说明才能够真正适用。张工告诉小刘：目前仍然有相当多新的需求分析方法、需求建模方法、软件设计思想或方法在世界上层出不穷或为 UML 所逐步吸纳。一些设计的细节，仍然需要需求分析人员花大量的精力，以其他的方法来实现。

【实训练习 3.2】参阅需求获取的过程，针对某个系统项目或天华电动自行车厂的其他业务活动进行需求分析，并以 UML 方法为其进行需求建模（可以使用的图形软件有 Rational ROSE 和 Microsoft Visio），尽可能使用介绍到的各种方法。

2. 形成需求规格

参考需求获取的内容、项目视图和范围、需求建模与信息资源规划的结果以及用户认可的质量标准，形成需求规格文档。需求规格即需求规格说明书，此文档将作为最后项目结束前的验收依据，可以作为双方签署合同的附件。

（1）需求规格的细度。

需求规格说明书并非设计文档，因此只需要约定双方对于功能、界面、技术指标等目标要求，而设计需要另外用概要设计或详细设计文档来实现。

（2）一个需求规格说明书的实例。

为了能够让读者进一步理解需求规格说明书的撰写方法与详略程度，以下举一个实例来说明。

【参考3.3】一个需求规格说明书案例。

泽沣通信公司客户服务中心
返费查询系统需求规格说明书

一、实现功能

（一）返费导入

用十将公司的返费情况导入数据库。导入文件格式为"文本文件（带制表符分隔）"，可以用 Excel 另存为该格式（具体规格见后）。导入时需要指明当前批次数据的导入日期（格式举例：2003.03.05）、该批数据属于当月的第几次导入（格式举例：2）。系统根据"当前批次数据的导入日期"和"当月的第几次导入"自动生成正式批号（格式举例：200303-2）并导入数据库。如果数据库中已存在该批次，则不允许导入。

（二）按批删除

提供按批次删除的功能（系统将自动删除正式库、多返库中该批次的所有记录）。此功能的开放主要是为了迅速重新修正源数据，让用户重新导入。因为有些项目的修改功能是不提供的（如批次、返费次数、返费状态、返费日期不能修改，否则将引起数据混乱）。建议用户慎用此功能。

（三）二次销售导入

本功能其实是一个自动指定功能（指定正式库中哪些号码为哪些经销商代理，以便于及时对经销商进行返费），所以可以反复进行。导入文件为"文本文件（带制表符分隔）"，可以用 Excel 另存为该格式（具体规格见后）。注意，每次将返费导入后应及时将二次销售导入。

（四）返费历史查询

可以输入号段或具体的某个号码（可选输入）、品牌（可选输入）、经销商（可选输入）的组合条件，查询满足该约束条件的返费历史记录状况。

（五）分批号查询

可以输入具体的批号（必须输入，例如：201303-2）、品牌（可选输入）、经销商（可选输入）、号段（可选输入）、返费状态（可选输入），查询该批满足该约束条件的所有号码的记录状况。

（六）分日期查询

可以输入具体的返费日期（必须输入）、品牌（可选输入）、经销商（可选输入）、号段（可选输入）、返费状态（可选输入），查询该日满足该约束条件的所有号码的记录状况。

（七）分时段查询

输入开始年月（必须输入）、结束年月（必须输入）、品牌（可选输入）、经销商（可选输入）、号段（可选输入）、返费状态（可选输入），查询该年月范围内满足该约束条件的所有号码的记录状况。

（八）分状态查询

输入返费状态（必须输入）、品牌（可选输入）、经销商（可选输入）、号段（可选输入），查询满足该约束条件的所有号码的记录状况。

（九）上述查询结果均给出当前查出的手机号码的统计数

（十）多返号码自动保存备查

每次返费（返费状态大于 0 的，如第 1 次、第 2 次、第 3 次）的号码如果从未售出过，则该号码属于公司多返号码，需要剔除来另行保存情况，并允许对这部分多返号码进行查询（需要指定所属年月或所属批次）；并且这部分多返号码不计入正式数据中。

（十一）漏返号码生成

提供对漏返号码的生成功能，最终可以查询所有漏返号码及该漏返号码的漏返次数。如果用户导入的号码中补充了漏返号码，再次生成漏返号码时会自动将已补返的号码从漏返号码中剔除，使用户看到的漏返号码始终是最新的。

（十二）错号删除

提供返费状态为 0 的错号的删除功能。建议用户慎用此功能。

（十三）删除指定号段或号码的返费历史记录

由用户指定号段或某个具体的号码、最终返费状态值（例如：3），系统可删除表"返费历史记录"中该号段或号码的所有历史记录。约束条件：只能删除最终返费状态等于用户指定的"最终返费状态值"、最大返费次数等于最终返费状态值且无漏号的记录，该约束条件由程序自行判断并约束。

提供该功能的目的是为了将已经没有保留价值（早已全部返费）的记录从数据库中剔除，以保证数据库的查询速度和性能。建议用户慎用此功能。

（十四）用户管理

提供简单的用户管理及登录密码控制功能，只有正确登录者才可以进入该系统。并且，在数据库的各条数据中记录最终操作者编码、姓名、操作日期及时间记录（不允许修改操作记录，以备追查责任）。

（十五）品牌维护

提供品牌维护功能，用户可以维护品牌。

（十六）号段品牌归属维护

提供号段和品牌对应关系的维护功能，系统导入时将根据该号码号段的所属品牌自动带入数据库中。

（十七）经销商维护

提供经销商维护功能，使二次销售导入时可以选择既定的经销商，以便系统自动绑定到该经销商所代理的号码。

（十八）号码修改

允许任何时候修改其中的号码，但必须指定源号码（由用户选定）和目标号码（必须输入）、经销商（系统自动取出源号码的代理经销商，如果用户不改视同为不变；如果用户重新指定经销商则视同为与目标号码一同变化），用户确认后系统自动将该条记录的号码为目标号码、该条记录的经销商改为变动后的经销商（用户指定经销商），并且将该源号码所属的品牌改为目标号码所属的品牌。

注意：由于错误号码可能仅仅是当前某一个，所以仅修改当条记录而非该源号码的所有记录，以免错误覆盖其他正确的号码。

（十九）提供快速打印功能（简单无标题的打印）

（二十）提出查询数据导出功能（导出为 Excel 格式）

（二十 ）日志生成

后台隐式提供简单的日志生成功能，凡对记录的导入（无论是数据导入还是二次销售导入）、删除（无论是按批次删除还是删除未激活错号、或删除指定号段号码的返费历史记录）和修改操作均另行记录为日志记录。

（二十二）日志查询

由用户指定查询的具体月份（必须录入）、操作者号（可选录入），系统将查询出满足该约束条件的日志记录，并允许打印、导出（Excel 格式）已查出的记录。

二、用户基础工作

（一）用户必须维护用户名称、用户编码、用户密码

（二）用户必须维护各个品牌，并指定各个品牌包括哪些号段

注意：各号段录入时不能存在相互包含的关系（如 1364 和 13645 就属于相互包含的关系），只能存在不相关的并列关系（如 1364、1365、13791、1320 就属于不相关的并列关系），否则系统将无法正确找到各号码所属的品牌。

（三）用户自行通过复制文件的方式备份数据库

（四）用户必须维护各个经销商

二、技术指标

（一）每个手机号最大返费次数≤8

（二）每个手机号长度≤20

（三）每批导入最大行数≤65535

（四）品牌长度≤10 个汉字（或 20 个西文字符）

（五）经销商长度≤10 个汉字（或 20 个西文字符）

（六）用户编码≤6 个西文字符

（七）用户姓名≤5 个汉字（或 10 个西文字符）

（八）使用单机数据库（Adaptive Server Anywhere 6.0），该系统仅适用于单机

（九）该系统运行于 WindowsXP 上

四、有关格式约定

（一）返费导入带制表符分隔的文本文件格式（可以用 Excel 另存为该格式）

1395×××	1395×××	1395×××	1395×××	1395×××	1395×××	1395×××
1395×××	1395×××	1395×××	1395×××	1395×××	1395×××	1395×××
1395×××	1395×××	1395×××	1395×××	1395×××	1395×××	1395×××
1395×××	1395×××	1395×××	1395×××	1395×××	1395×××	1395×××

说明：

由手工维护上例中的 Excel 表，其中：

第一列为"本批售出号"；

第二列为"第一次返费"；

第三列为"第二次返费"；

第四列为"第三次返费"；

第五列为"第四次返费"；

第六列为"第五次返费"；

第七列为"第六次返费"；

第八列为"第七次返费"；

第九列为"第八次返费"；

各列横向之间的号码不须一致，第一行不能有标题。

另外，最新的测试表明：Excel 对于空列可能会不认为是空列，这样会出现一个新问题。

例如：Excel 中编辑了如下的数据：

			13996211690
	13996211687	13996211670	13996211691
	13996211688	13996211670	13996211692
	13996211689		13996211693
	13996211690		13996211695
	13996211691	13996211672	

这些数据中第一列为空列（没有任何字符）。我们期望其中的第一列为"当批销售"、第二列为"第一次返费"、第三列为"第二次返费"。但是，将这个文件另存为"带制表符的文本文件"后，进入"返费"功能，指定导入文件为该文本文件，导入后界面会做如下显示：

当批销售	第一次返费	第二次返费	
		13996211690	
13996211687	13996211670	13996211691	
13996211688	13996211670	13996211692	
13996211689		13996211693	
13996211690		13996211695	
13996211691	13996211672		

注意观察你会发现，期望的"第一次返费"变成了"当批销售"期望的"第二次返费"变成了"第一次返费"期望的"第三次返费"变成了"第二次返费"。这样的显示结果显然是错误的。如果这时仍然点击"保存返费记录"，将会生成一批错误的数据。

如何避免这种情况发生呢？方法很简单，就是在空列的任意一行内输入一个非数字型的字符（随便什么英文字母，只要不是数字），例如在 Excel 中输入：

			13996211690
	13996211687	13996211670	13996211691
abc	13996211688	13996211670	13996211692
	13996211689		13996211693
	13996211690		13996211695

上例中，我在第一列的第三行中输入了字符"abc"（注意：一定不要输入数字型的字符！否则会认为是号码）

这样，另存带格式符的文本文件后，再重新进入"返费"功能中"指定导入文件"为该文本文件，导入后显示结果如下：

当批销售	第一次返费	第二次返费	第三次返费
			13996211690
	13996211687	13996211670	13996211691
abc	13996211688	13996211670	13996211692
	13996211689		13996211693
	13996211690		13996211695
	13996211691	13996211672	

这时，除了那个碍眼的"abc"外，一切都显示正常。点击"保存返费记录"，系统会正常运行。由于那个字符"abc"不是数字，所以系统会自动滤掉，不会记录。这样，就达到了预期的目的了。

（二）二次销售导入带制表符分隔的文本文件格式（可以用 Excel 另存为该格式）

1395×××5
1395×××4
1395×××6
1395×××2
1395×××2

说明：

二次销售指某个经销商代理的号码，只能填在第一列且只有一列，并且第一行不能有标题。另外，一个文件仅代表一个经销商代理的号码；如果要导入多个经销商代理的号码，需要将每个经销商代理的号码按上述格式分别保存为带制表符分隔的文本文件（可以用 Excel 另存为该格式）。

（三）"返费历史记录"界面主格式

返费批次	手机号码	品牌	经销商	次数	状态	返费日期	操作号	操作员	操作日
201301-1	1395×××	泽沣行	大坪01	0	0	2013.01.02	01	张三	2013.01.02
201301-2	1395×××	泽沣家	天星桥	2	3	2013.01.15	02	李四	2013.01.15
201302-1	1395×××	泽沣行	江北小湾	1	3	2013.02.05	01	张三	2013.02.10

说明：

"状态"中的 0 表示"该号码目前已售出未返费"。

"状态"中的 1 表示"该号码目前已售出并返费 1 次"。

"状态"中的 2 表示"该号码目前已售出并返费 2 次"，其余数字依次类推。

"次数"中的 0 表示"该号码该返费日已售出未返费"。

"次数"中的 1 表示"该号码该返费日第 1 次返费"。

"次数"中的 2 表示"该号码该返费日第 2 次返费"，其余数字依次类推。

（四）"多返历史记录"界面主格式

返费批次	手机号码	品牌	次数	返费日期	操作号	操作员	操作日
201301-1	1395×××	泽沣行	0	2013.01.02	01	张三	2013.01.02
201301-2	1395×××	泽沣亲情	2	2013.01.15	02	李四	2013.01.15
201302-1	1395×××	泽沣行	1	2013.02.05	01	张三	2013.02.10

说明：

相对于"返费历史记录"，本表没有"经销商"和"状态"。因为，既然是公司多返的误号，下级经销商肯定就没有，所以出现经销商的名字就没有意义；同时因为是误号，误号的返费状态也没有意义。

（五）"漏返号码及漏返次数"界面主格式

漏返号码	品牌	经销商	状态	漏返	操作号	操作员	操作日
1395×××1	泽沣行	大坪 01	0	1	01	张三	2013.01.02
1395×××2	泽沣亲情	天星桥 02	3	2	02	李四	2013.01.15

说明：

既然是漏返，则不存在返费日期、返费批次。

（六）"日志"界面主格式

操作号	操作员	操作日	操作时	日志记录
01	张三	2013.01.02	12：36：45	删除批次为"201302-1"的记录
02	李四	2013.01.15	17：45：23	删除号码为：13956××××45 的未激活错号
03	赵六	2013.01.17	09：31：22	将源号码"1356×××715"改为"137562×××3"
……	……	……	……	数据导入批次为"201302-2"的记录
……	……	……	……	二次销售导入经销商为"XXX"的记录
……	……	……	……	删除了指定号段或号码为"135656"的返费历史记录

说明：

仅对记录的导入（无论是一次销售数据导入还是二次销售导入）、删除（无论是按批次删除还是删除未激活错号或删除指定号段号码的返费历史记录）或修改操作生成日志，并允许用户查看。

名词解释：

号段：即某号码的前面几位数（位数≤该号码的全长）。

品牌：某些号段的归属。

后台隐式：以用户不察觉的方式。

签约

系统完成时，由承揽方向向用户方提供实现上述功能的可运行目标代码和数据库（Adaptive Server Anywhere 6.0）运行引擎。

本《需求规格说明书》用于确认双方对功能指标的理解一致，以期尽量减少不必要的返工或修改。目前，双方对上述需求的约定已达成一致。如果出现新的功能需求，另行签约。

用户方：　　　　　　　　　　　　　承揽方：
签约日期：　　　　　　　　　　　　签约日期：

【实训练习 3.3】参阅需求规格说明书的实例，以你熟知原某个领域的信息系统开发或者天华电动自行车厂的某管理领域为对象，撰写一套详尽的需求规格说明书。

3.2.2　企业业务流程再造实训

企业的成功依赖于其卓越的运营能力，而运营能力的基础就是公司的流程管理。20 世纪 90 年代后期，流程管理理论传入我国。越来越多的公司逐渐在管理咨询公司的帮助下或自主尝试进行有关业务流程再造的工作。

业务流程再造在实际工作中叫法不一，有业务流程优化、业务流程改进、业务流程再造、再造业务流程等，但其核心内容基本一致，即以流程客户需求为中心，通过对满足客户需要的过程（流程）进行重新设计或优化，使企业获得成本、速度、质量、交货期、服务等方面的根本性改变。该理论基于此种出发点，将管理工具技术组合起来，逐渐形成一个比较完整的理论体系，目前正处于不断进化和完善过程之中。

如果企业不做业务流程的根本再造，将无法简单地将传统业务搬到计算机信息系统之中。业务流程再造将采用先进的管理技术与方法，从根本上分析、改造以往业务中的不足之处。因此，某种程度上来说，业务流程再造与信息资源规划、需求工程同等重要，它们都是企业信息系统实践的必要的前期工作。

3.2.2.1　企业业务流程再造基础知识

1. 流程及其基本属性

（1）流程定义。

流程是把一个或多个输入转化为对顾客有用的输出的活动……企业流程是一系列完整的端对端的活动，联合起来为顾客创造价值。流程的本质是以顾客为中心，从顾客的需求为出发点，来安排企业的生产经营活动。

其实，做任何事情都有一个过程，比如游泳，需要准备游泳衣裤、乘车到游泳地点、购买游泳票、更换游泳衣裤、冲洗并适应水温、执行既定的游泳训练计划、再次冲洗并更换服装、乘车返回等活动要素。这些活动有的必须有先后顺序（串行任务），有的则可能可以同步进行（并行任务）。甚至有些任务还可以进一步分解，比如准备游泳衣裤，可以进一步分解为挑选、试穿、购买等子活动。

企业的所有业务活动本身也是一项流程，相互之间存在着关联，比如采购原料、招聘员工、生产产品、销售商品等。不过，单纯的一个活动或过程不是流程，流程与活动的区别在于流程是由一系列的活动构成的，至少包括两个以上的活动。流程与过程的区别是流程有具体的产出和服务对象，有输入和供应商。

（2）流程的基本要素。

流程的基本要素，是构成一个完整流程所必不可少的元素；作为一个完整的流程，基本上应该具备如下要素：客户、过程、输入、输入、供应商，这样就可称为高端流程图（SIPOC），如图 3.9 所示。

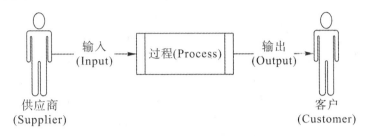

图 3.9　高端流程图（SIPOC）

高端流程图（SIPOC）有以下特点：

第一，能用简单的几个步骤展示一组复杂的活动，无论流程多复杂，SIPOC 图可以比较简明地表示清楚，从而使人对整个活动过程一目了然。

第二，可以用来展示整个组织的业务流程。SIPOC 可以对流程进行总体描述，也可以对各子流程分别作描述。

①客户。

流程的客户，是指使用流程产出的个人或单位，他们是流程服务的对象。客户可以是一个，也可以是多个。

★小提示：界定客户的技巧
界定客户时，我们需要不断地提问： ·谁将从流程中受益？ ·谁在直接或间接地在命名该流程的产出或服务？ ·如果流程运作效果差，将对谁有影响？ ·谁是这个流程的直接客户？谁又是间接客户？ ·谁是这个流程的主要客户？谁又是次要客户？ ·谁是这个流程的外部客户？谁又是内部客户？

有时流程的客户界定可能比较模糊，特别是当流程的范围、规模较大时，此时我们更应该不断提出这些问题。应该在严格界定各客户的基础上，分别分析各客户的需要，以便能更好地理解流程。客户导向是我们分析流程的出发点。

例如，采购管理流程，其主要客户可以界定为生产计划部、制造部、质量部、财务部；招聘管理流程，主要客户是用人部门，希望能有合适的人选及时上岗，同时公司也是该流程的次要客户，希望以较合适的成本获取所需人员。

②过程。

过程是对组织整体价值有贡献或者核心的、关键的、有增值性的动作及动作的集合；它们是为了满足流程客户的需要必须完成的活动。作为一个流程，其过程一般包括多项活动，这些活动之间一般有比较严密的逻辑关系。同时，在一个流程中，我们需要明确活动的承担者以及活动的实现方式。

高端流程图作为对流程的初步分析，一般不会对流程的具体每项步骤进行深入研究，它更倾向于将各种活动打包作为一个过程整体，以避免在流程分析的开始，便陷入细节分析中。

③输入。

流程输入是指流程活动其中某项活动过程中所需要或涉及的物料或信息。一般将流程输入界定为整个流程消耗的东西，绘制流程图的目的是为了理解一段时间内工作业务的流动过程和变化，因此确认流程输入的一个基本原则便是尽可能简单。

除了被消耗的物料以外，投入到生产过程中的设备、人力也是一种输出。当我们进行流程输入因素的分析时，关键是看这些输入因素是否影响流程运行过程，以便能找到办法对这些输入因素进行控制。

④输出。

流程输出是该流程运行过程中所产生的物料或信息，它是流程的输入经过流程过程的各种活动后转化所得。例如，一个企业通常有双重工效：输出产品（服务）和人才，即一个企业除了能够输出产品（或服务）以外，整个过程也将对人才进行锻炼，因此也能够同时输出人才。

需要特别说明的是，前一个节点的输出往往是下一个节点的输入，是下一个节点活动的依据。例如，离散型制造业，在其生产加工过程中会输出半成品，而半成品则是下一个工序的输入。

⑤供应商。

流程供应商是指为流程活动提供关键物料、信息或其他资源的个人、部门或组织。流程的供应商可以在一个或多个。供应商将作为业务流程的外部实体，负责提供相关的物料、信息、人员等输入。

【参考3.4】天华电动自行车厂的基本客户与供货商。

天华电动自行车厂主要采用航空铝材制作主要车架，有时也要采用碳素和钛合金作为高端产品的车架。工厂的主要车架供货商有几家铝材厂、几架特种材料厂、某钛矿集团。在生产计划制定过程中，天华电动自行车厂发现，像自行车轮胎、变速系统、前叉、后货架、车把等部件可以采购市售标准件以提高工效；于是，某些自行车部件厂里决定不再自行生产而是采购几家国内外知名自行车配件厂商提供的标准化部件。天华电动自行车厂最终的销售渠道既有大型的百货公司，又有中小型的自行车专卖店，还有一些自行车批发集团企业。

因此，天华电动自行车厂的最终客户有大型的百货公司、中小型的自行车专卖店、一些自行车批发集团企业，供应商既有提供车架原材料的几家铝材厂、几架特种材料厂、某钛矿集团，又有提供自行车标准部件的几家国内外知名自行车配件厂商。

而事实上，天华电动自行车厂的供货商与客户远不如此，比如厂里采购设备、招聘人员、对外配送货物、装修办公室、半成品管理、内部物资流转、融资与投资等业务，其供货商与客户均各有所指。

（3）流程的基本属性。

流程的基本属性包括流程范围、规模、分类、分级、绩效等五个方面。

①流程的范围。

流程的范围是指跨越的部门或组织的数量。如果是窄范围的流程可能只发生在一个经营部门或职能科室内，宽范围的流程可能穿越数个部门，甚至在不同的组织之间进行。流程范围的缺陷会降低流程的效率。

【参考3.5】天华电动自行车厂在上一年为顶星集团定制的礼品电动车项目上一直未能全部收款。当初在上礼品电动车项目时，厂里领导看见该项目利润可观，于是决定成立礼品电动车项目组专门负责此项目的研发与收款工作。在初期的回款过程上，由于有项目组成员专职的跟催，效果良好；但随着项目组工作的结束和解散，最后的一笔尾款回收工作无人落实，随着时间的推移，逐渐成为烂尾账。

分析该项目的流程，我们便会发现该流程的范围是不完整的，由于项目组不是一个常设部门，因此项目结束后便解散了（如图3.10A）。为了能够预防此类事件的再次发生，天华电动自行车厂决定成立外联部，专门负责不确定项目的前期和后期联络工作，于是，项目定金和项目尾款收款工作均由外联部和项目组共同完成，而中间的项目进度款收款工作则由项目组独立完成（如图3.10B）。

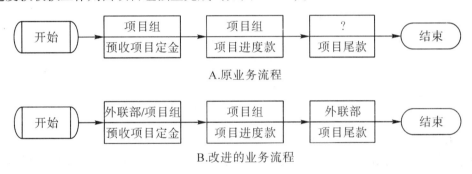

图3.10　货款回收的流程改进

【参考3.6】酱香鱼庄为保证食材的新鲜，一直采用活鱼为原料，经营过程初期也没发现什么大的问题。不过，随着客流增大，发现食客等待杀鱼的时间会比较长，客户因为不耐烦而抱怨。部分员工提出，是不是可以不用新鲜食材，提前将鱼杀好？

经过分析，发现杀鱼虽然很花时间，但绝不能以牺牲食材的新鲜为代价提前杀鱼。杀鱼之所以花时间，主要是因为一些食客点的小鱼数量较多就会忙不过来。为此，在食客进入鱼庄后特别提醒杀小鱼需要花费较多时间，建议食客先点一份大鱼吃，在吃的过程中小鱼也开始加工，这样当大鱼基本被吃完时，小鱼也加工好了，食客的等待和抱怨就消除了。

②流程的规模。

流程的规模是指流程所包括活动的多少，它取决于它的产品或服务内容的复杂程度，有时也与我们研究的目的有关。

例如，一个采购管理流程，可以细分为供应商选择、采购计划、采购接洽、采购跟催、检验收货、采购入账、采购质量分析等子阶段。通常设计常务流程，应该充分考虑闭环管理，即最后一个子流程的部分输出（通常是信息）应该成为第一个子流程的输入（作为参考改进、调控的依据）。

③流程的分类。

对业务流程的分类，可以从不同的角度来进行。目前比较流行的主要有两种：一种是根据业务流程具体所解决问题的对象属性来划分；另一种是根据流程在企业经营管理中的重要性来划分。前者分为战略性流程、经营性流程和支持流程；后者分为核心流程（或关键流程）和非核心流程。

④流程的分级。

为了便于理解，可以将一级流程的某个过程或某个过程的某项活动作为细分的选项，形成二级、三级甚至更低级别的流程（见图 3.11）。

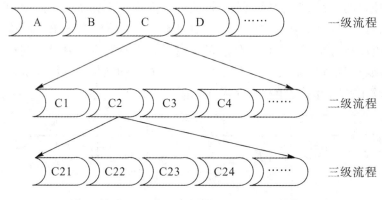

图 3.11　流程分级

⑤流程的绩效。

流程绩效是指该流程在多大程度上满足了客户需要，流程指标是评估流程运行效率的，可能包括质量、成本、速度、效率等多个方面。

原材料采购管理流程，制造部作为其中一个重要客户，对该流程的需要之一便是按时完成采购计划以保证生产正常进行；转化为流程绩效质量点之一可以用每月采购计划通过按时完成率来考核；在设置流程绩效指标时，可以用采购计划达成率。

客服中心电话服务流程，客户对该流程的需要之一是打电话能拨通并得到满意答复；在转化为流程绩效质量点时可以确定为呼叫接收者必须 20 秒内应答 90% 的入局电话；在设置流程绩效指标时，可以用 20 秒内的应答率。

除了质量之外，有些流程以成本、时间进行流程的绩效考评，可以将整个流程中各个子活动耗费的成本或时间列表进行分析，看能否合并、缩减或改进，以期改进流程绩效。

2. 流程再造的定义及本质

（1）流程再造的定义。

1993 年，哈默和钱皮发表《企业再造》一文，根据他们的定义，业务流程再造（Business Process Reengineer，BPR）就是对企业的业务流程（Process）进行根本性的再思考和彻底性的再设计，从而获得在质量、成本、服务和交货期等方面的戏剧性改善。

简而言之，业务流程再造是对业务流程进行战略驱动的重新设计，以达到品质、反应、成本及满意度等方面的竞争性突破。这些主动行为的范围从流程改进到根本性的流程设计。

（2）流程再造的本质。

流程再造的基本内涵是以顾客为导向，围绕作业过程，通过组织变通，员工授权和正确运用信息技术，达到适应快速变动的环境的目的。其核心是"过程"观点和"再造观点"。"过程"观点，即整合具体业务活动，跨越不同职能部门的分界线，以求实管理作业过程重建；"再造"观点，即打破旧的按职能形成的管理流程，以顾客需求为导向再造新的管理流程，从而提高流程的效率。

3. 流程再造的基本原则

现代研究的实践表明，在企业内部实行流程优化或再造时，应遵循以下基本原则：

（1）面向客户。

高层竞争的压力迫使企业努力思考如何建立一种以客户需要为导向的内部运营机制。流程客户是使用流程产出的部门或个人，应将客户纳入流程分析和设计之中。

（2）根据流程界定职责。

在流程再造过程中，不可避免地会涉及职责的调整，同时很有可能会涉及组织结构的变更。因此，如何根据流程优化的结果进行职责调整是非常重要的。基于流程的职责界定和组织结构调整，应该注意：

①使需要得到流程产出的人完成流程过程。

②尽可能使用同一个岗位完成一项完整的工作。

③使决策点尽可能靠近需要进行决策的地点。

④明确定义流程各节点之间职责相互关系和工作协作关系。

（3）资源整合。

流程作为企业基本的经营与管理活动，是企业资源整合能力的重要基础。为此，在流程设计时注意以下方面：

①把地域上分散的资源当作集中的资源对待，即集中调配地域上处于分散的可用资源。

②在信息产生之处一次性的准确获取原始信息，并将信息处理工作纳入产生这些信息的实际工作中去。

③在流程中实施并行工程：一是让后续过程的有关人员参与流程前端过程，如果没有必要参与实际的活动，也可以将前端的信息及时传递给后续过程参与者，从而使后端参与者提前做好相关准备。二是保持平行作业行为之间的连接与即时沟通，而不必去注重在最后对这些作业行为结果的集中整合。

④从产业的整合中获取竞争优势。

（4）价值增值。

价值增值是指强调流程的活动应尽量增加对顾客的价值。通过流程的重新设计，减少无意义的节点活动，规范剩余节点中具体活动内容，从而减少失误；尽量减少对内部客户和外部客户不增值的活动，减少工作过程中的非工作时间。

（5）对流程运行质量进行监控。

（6）高层领导的强力支持。

由于流程优化可能会涉及一些管理思路的转变，涉及职责的重新划分，涉及公司组织结构的调整，涉及到人事变动甚至中高层领导人事的变动，如果没有高层领导的强力支持，流程再造的实施将步履维艰。

（7）流程持续改进。

由于企业外部环境、企业规模、业务范围的不断变化，要求对有关流程进行相应的调整。

3.2.2.2　企业业务流程优化和再造过程与方法

1. 项目启动

（1）高层共识。

①发起人及其职责。

项目启动阶段，首先要保证企业高层领导能够达成共识。一般而言，企业应该先有一个发起人（通常为公司总裁或副总裁），发起人意识到企业的管理危机，并游说公司高层领导同意实施流程优化（再造）项目。

由于实施流程优化（再造）项目需要投入相当大的资源，而且经常会涉及一些关系到公司全局性的问题。因此，该项目的发起人在公司应有极大的权力和威信，事实上，经常是公司的 CEO 充当发起人。

因此，发起人的责任如下：

・传递改造决心给企业所有人员；

・建立建造的规范；

・指派项目经理，并给予执行权力；

・核定企业流程改造目标，树立远景；

・塑造流程再造的企业文化；

・确保参与成员对改造计划的认同；

・调整评估与奖励制度，以配合新制定的企业流程目标；

・领导流程优化项目的决策委员会，对一些重大的变革进行决策。

②高层达成共识。

流程再造项目的实施必须取得企业高层领导的全力支持，否则将困难重重。因为，企业高层领导对公司的战略目标与实施、对全局问题的把握比普通员工更清楚，同时他们的权威身份使他们能调动更多资源。同时，由于流程优化（再造）的过程经常会涉及整个公司，超越了个别部门的职责范围，在一个部门中根本不可能实施。

③本阶段主要输出。

本阶段主要输出为高层领导一致同意开展流程优化（再造）的承诺，承诺应该是首先召开高层会晤，然后在研讨会会议记录的基础上加以整理相关意见，最后在符合共同意见的纸质文档上签字。

【参考3.7】天华电动自行车厂流程优化（再造）高层会晤。

天华电动自行车厂经过一段时间的发展，企业的管理已然形成一套规范。然而，在激烈的市场竞争面前，以客户为中心的理念冲击着每一位天华人的心。根据市场的反馈和竞争对手分析等一系列认真而谨慎的研究，张厂长决定对企业进行业务流程再造。为了能够让企业高层领导达成共识，张厂长委托万寿咨询公司高级咨询顾问刘工主持高层会晤。

刘工经过一系列的思索和准备工作，决定在天华厂高层会晤中落实以下问题，并达成共识：

发起人：张厂长	
高层会晤主持人：刘工	
会议记录人员：小李	记录日期：20××年××月××日
会议议程 （一）企业战略是否明晰 1. 企业的战略目标是什么？ 2. 企业在哪些细分产业中参与竞争？ 3. 企业的核心竞争力是什么？企业的核心竞争力是否有助于战略目标的达成？为了达成企业的战略目标，企业还需要培养哪些方面的能力？构成企业核心竞争力的因素是什么？ 4. 企业的战略对我们的业务运行模式有何要求？ （二）企业是否需要进行流程变革 1. 企业外在竞争环境是否发生了较大的变化？ 2. 企业的客户满意度如何？与竞争对手相比，企业的成本、质量、交货速度如何？ 3. 企业的市场反应速度如何？在新产品上市速度、库存周转等方面与竞争对手相比如何？ 4. 企业目前的部门沟通是否困难？遇到问题时是否经常出现部门之间相互推诿责任现象？企业是否有很多的员工专门从事沟通与协调工作？ 5. 企业的制度体系是否过于庞杂？企业制度之间是否彼此矛盾？ （如果上述问题回答都对公司不利，那么公司需要考虑进行流程变革） （三）如果需要进行流程变革，应进一步深入思考以下问题 1. 对该项目的期望是什么？希望达到什么目标？实施流程变革的范围如何？从哪里开始？ 2. 高层领导对这个项目所承诺的层次到哪里？可以接受改变的剧烈程度有多少？ 3. 公司的价值观体系是否支持流程的变革？ 4. 在公司战略框架下，流程优化项目在哪些地方可能收益较大？ 5. 实施该项目的成本与烈度该如何应对？有哪些阻力需要预先防范？ 6. 实施项目会带来哪些风险？这些风险来自外部还是内部？对这些风险有何防范措施？ 7. 实施流程优化（再造）对现有业务运行会造成什么影响？是否会造成现有业务的停滞？	
主要输出：高层领导一致同意开展流程优化（再造）的承诺	

由于高层会晤过程中涉及的问题都需要更多数据的支撑，因此刘工决定在正式的高层会晤之前，将会议流程制定出来，交由指定部门人员进行调查。然后，将调查结果打印装订出来并进行正式的高层会晤。

经过对一系列问题的深入研究，天华电动自行车厂的高层领导达成了一致的会晤结果，决定实施企业业务流程再造。

（2）成立项目领导小组。

在取得高层领导的共识之后，为了顺利推进流程优化（再造）项目的实施，一般需要成立一个正式的项目领导小组，由该小组来负责对该项目的决策，并对项目的开展进行总体协调。

①项目领导小组构成与职责。

流程优化（再造）项目领导小组是该项目的决策委员会，通常由 5~10 人组成，成员构成有企业高层经理、企业重要业务部门负责人、企业某方面管理权威人士、项目经理、咨询顾问。

②部分成员及其职责。

项目经理是企业流程优化（再造）项目具体负责人，是企业流程优化执行小组的领导者。可以由企业副总或某部门经理兼任，也可安排一位专职人员承担。

项目经理主要负责流程优化项目的总体策划、提出优化顺序、推动项目进程、协调各部门、提出所需资源、定期汇报等工作，另外要再配备一位日常联络员配合其工作。

③本阶段主要输出。

本阶段主要输出成果为经过清晰界定的小组成员职责。

（3）项目建议书。

在正式实施流程再造前，项目应和咨询顾问进行流程再造的需求分析，评估再造所需资源，确定再造目标，编制项目需求建议书。此阶段工作可以让领导小组成员清楚实施流程变革需要进行哪些方面的准备，目前自有资源是否能够满足需要，还需要从外部获取哪些资源，将在哪些范围内进行等。

①确定再造需求。

确定再造需求主要包括如下工作：

·实施流程优化（再造）的原因是什么？（市场变化？科技进步？知识结构变化？）

·流程优化（再造）的范围是什么？（是所有部门还是某个局部？是某个业务领域还是整个公司？是彻底的业务流程重新设计还是现有流程上的改进优化？）

·流程优化（再造）的目标是什么？（怎样评价流程再造的成果？怎样才算结束？）

·确定改造的方法和模式？

·流程改造后是否进一步电子化？流程再选会对现有内部网络管理体系带来怎样的冲击？

②资源评估。

资源评估是为了分析企业开展流程优化（再造）时需要哪些资源，这些资源可以在哪得到，包括人员技能、人员构成、授权、资金预算、经验等。

③风险管理计划。

制定风险管理计划的目的是为了减少前期准备不足导致的混乱，包括初步估计风险发生的可能范围、发生概率、可能影响以及风险是否可以防范、防范措施等。

④编制工作计划。

可以根据整个流程优化项目的工作过程中，从粗到细地制定各阶段的行动计划，以甘特图的形式表示时间的起止阶段（见图 3.12）。

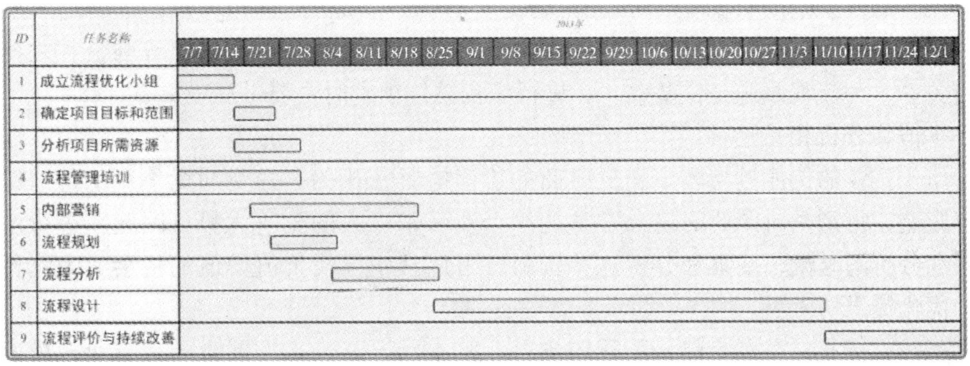

图 3.12　流程优化项目总体工作计划

⑤本阶段主要输出。

本阶段主要输出为项目建议书（包括明确的再造需求及各相关计划）。

（4）培训与内部营销。

由于流程管理是一项比较新颖的理论，发展的历史也相对较短，目前大多数企业员工对此了解不多，更缺乏这方面的实际操作经验，因此需要对企业主要业务骨干进行相关业务知识培训以保证成功实施流程优化。

对于员工的流程管理知识培训多由流程管理咨询顾问或公司内部的流程管理专家来进行授课。在设计流程再造项目小组训练课程前，应对目前小组成员技能与资源作评估，了解哪些是企业尚未具备？一般需要进行两类培训：一种是流程管理理念方面的培训，面向全体员工特别是业务骨干；另一类是流程实施工具与技术、团队管理知识培训，面向流程优化项目小组成员。

内部营销是指正式流程优化前，一般需要对公司员工进行流程优化的培训与宣传，让公司内部员工接受流程优化的理念或方法而进行的各种宣传等相关活动。

★小提示：如何实施内部营销
实施内部营销的主要方式： ・以企业 CEO 名义发布关于企业业务流程优化的宣言，以表示高层领导对该项目强烈支持。 ・在企业内部广泛宣传实施流程优化对企业的紧迫性和重要意义，以及对广大员工可能的影响，使大家对流程管理有初步的认识，比如通过将公司关键业务指标与标杆公司指标进行对比，发现公司与公司之间的差距。 ・描述企业远景，勾画出企业未来发展的远大理想和宏伟蓝图，并同时指出企业流程再造的目标对实现远景的意义。 ・在企业广泛发动对自己工作业务的思考：我工作的客观对象是谁？哪些人接受了我的工作产出？客户对我工作内容的需求是什么？我是否满足了客户的需求？我如何开展工作可以更好地满足客户需求？这种思考方式将使员工发现自己工作中的不足，使他们产生进行流程优化的内在动力。

【实训练习 3.4】以你熟知的某个领域为对象，尝试项目启动阶段的组织工作、项目建议书与工作计划的编写。

2. 流程规划

（1）流程总体识别。

流程总体识别的目的是为了系统地发现与识别企业目前的业务现状、工作流程，绘制企业流程总体框架。从总体框架上可以看出企业流程与战略、流程与流程之间的逻辑关系，为流程改进提供基础。在进行流程总体识别时主要做三项重点工作。

①搜集分析相关资料。

由于企业的价值链与客户、供应商的价值链紧密相关，并受到竞争对手价值链的重要影响，特别是对产业的整合常常能给企业带来巨大的竞争优势，因此在进行流程规划和分析的时候，搜集和分析这些资料，可以从中寻找价值增值的机会，为流程规划和优化提供切入点。

第一，行业与客户资料：国际国内行业基本状况与未来发展方向；行业规模、市场增长率和发展状况；行业主要客户的分布；企业主要客户的基本资料；客户需求分析；客户购买的决策过程、客户产品的使用过程、客户对产品的价值实现等；客户其他相关流程管理资料；行业内其他相关资料等。

第二，主要竞争对手资料：竞争对手的各项绩效指标；竞争对手流程等。

第三，其他行业的标杆数据及卓越案例：对其他行业，主要关注那些卓越公司的流程管理办法。它们的管理方式，既可以作为本企业在流程优化时提供参考思路，又可以为企业提供一个标杆，作为企业努力的方向。

第四，企业内部资料：搜集企业内部资料，以便于分析了解企业流程运行现状和运行环境。如公司各部门相关业务流程、管理制度、执行效果、绩效指标、管理机制等。

第五，企业主要供应商管理资料：通过搜集企业主要供应商的资料，从中发现和寻找与供应商进行流程整合的机会。

②流程总体识别。

流程总体识别是为了对整个企业的流程绘制一个鸟瞰图，从而对流程进行总体把握；在此基础上进行流程分级和核心流程识别，有利于我们疏通公司内部的流程体系，避免流程遗漏和重复，发现流程之间的内在联系和潜在的改进点。

流程价值链是根据迈克尔·波特的价值链演变而来的，该理论将企业的活动分为基本活动和辅助活动共九类，这些活动的过程实际便构成了企业的流程体系（见图3.13）。

不同行业的流程价值链，其基本活动的内容变化比较大，如零售业一般有商品开发→采购→物流→宣传广告→店面管理→营业→服务；而广告代理业一般有客户开发→宣传企划→销售→广告制造→广告发布→监控。

有时候，在分析企业流程价值链过程中，也会进一步分析企业客户与供应商的流程价值链，分析它们业务之间的内部逻辑关系，从而找到流程优化的机会。事实上，很多具有卓越管理的企业，均从对其客户与供应商的流程整合中获益。

分析价值链，还需要将上下游企业的价值链结合起来分析，这样分析将更为具体、实际、适用。

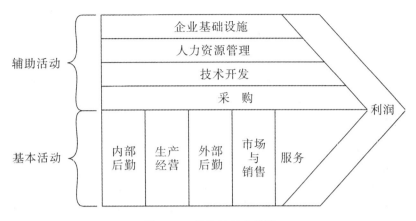

图 3.13　价值链基本模型

③流程总体识别阶段的产出。

在此阶段的产出包括两个部分,一是得到公司认可的公司流程总体框架,二是经过项目领导小组批准的各流程经理名单。

【参考 3.8】某技术开发企业业务流程价值链分析(见图 3.14)。

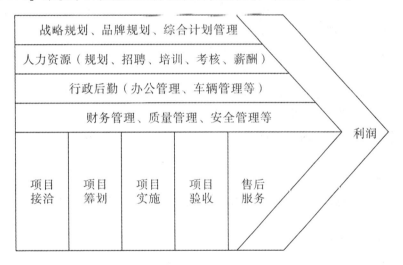

图 3.14　某技术开发企业业务流程价值链

如果将图 3.14 中的业务内容看成是一个个流程,我们就可以比较清楚地看出该技术开发企业的流程总体框架。此价值链中将流程划分为二类:战略性流程、支持性流程和经营性流程。对于经营性流程则细分为五个阶段:项目接洽、项目筹划、项目实施、项目验收、售后服务。在此基础上进一步深入分析,可以对该企业的运行过程有基本的把握。

【实训练习 3.5】调查某企业,并根据该企业的资料编写企业流程价值链。

④注意事项。

第一,先理解企业的战略和业务分布。由于企业的战略和业务性质决定了流程的框架和运行方式,流程总体规划需要在既定的战略下进行。

第二，要先抓住主干流程（一级流程）。由于流程具有不同的层次（流程的分级），容易将一些二级流程甚至三级流程误认为是一级流程。

第三，合理处理交叉流程。由于流程本身可大可小，此时如何界定流程的起点与终点非常重要，这有利于将那些表面上看是交叉的流程划分开来。一般可以根据该流程满足企业关系人的何种需要来确定该流程是否是一个完整的流程。

第四，识别流程时应遵循穷举法同时最后列出的一级流程相互之间应不包含或交叉。

（2）流程分级。

流程分级是按照流程的分解层次来进行的，一个复杂的流程可以根据需要进一步对其关键节点进行分析，把这个节点或该节点的某个输入/输出因素作为一个流程来进行研究。

在流程的分级所要做的主要工作是，根据流程总体识别得到企业的一级流程，根据需要进一步分解为二级、三级、甚至四级（见图 3.11）。

①流程分级的主要原则。

对于某个流程是否需要进一步进行分级，以及分级到何种程度，是根据我们对于流程描述与理解的需要来定的。在进行流程分级的过程中，应遵循如下原则：

第一，完整性原则分级后的流程最少包括两项以上活动流程，这些活动构成一项完整的业务内容，它可以作为一项工作分配给某个岗位或部门。

第二，独立性原则。

分级后的流程相对独立，不会和其他流程有较多的活动过程交叉；如果某分级后的两个流程客户和客户需求完全相同，则这两个流程应该合并。如很多企业将培训管理流程划分为外部培训、内部培训等，其实客户和客户需求都是一样的，没有必要将培训管理流程再分级。

第三，清晰化原则

进行分级后的流程可以清晰地 SIPOC（客户、过程、输入、输出、供应商），则该流程的实施可以满足客户的需要。

第四，必要性原则

分级后的流程有助于我们对于上级流程的描述和理解，否则便没有必要。

②主要工作输出。

流程分级阶段的产出是企业流程分级表，该表详细列出了企业一级、二级和三级流程。结合企业总体识别和流程分级，可以将企业总体识别的流程罗列出一级流程来。

一级流程中，有很多可以进一步细分出二级流程。比如：品牌管理流程可以分为品牌定位流程、品牌规划流程、品牌运作流程、品牌评估流程、品牌调整优化流程等。

二级流程根据需要可以进一步分解为三级流程、四级流程（见表 3.3）。

表 3.3   某公司供应链管理流程的两级分解

一级管理流程	二级管理流程	三级管理流程
供应链管理	管理供应过程	供应网络的计划、设计和实施
		计划库存策略和库存水平
		发展和评估供应商
		整合、确保供货网络能力
		实施短期和长期综合生产计划
		备件网络的计划、设计和实施
	生产满足顾客需求的产品	设计和提供产品的性能和能力
		安排生产活动
		向供应网络发出配送信息
		使材料在各生产环节上流转
		启动制造和装配活动
		实施增值的加工步骤
		向顾客发货前对成品进行整合
		维护生产设施
	管理物流活动	物流活动的管理和实施
		接受和处理材料
		仓库及材料中转实施的运营
		包装和装运
		管理整个供应网络中的运输活动

③流程分级中的一些注意事项。

第一，对一级流程的分解，应由 BPR 项目经理、咨询顾问和该流程经理一起完成。

第二，对于涉及到整个供应链的流程（比如市场预测、订单、主生产计划、供应商管理、研发等），则尽可能放在一起联动思考。

第三，对于一些细小的流程，比如一些行政事务性的流程，则可以根据需要放在三、四级流程中考虑。

第四，对于某流程是否需要进一步细分，主要看该流程图是否已经比较简单明显，不存在绘制、描述或执行等方面的困难，如果存在这些困难，可以进一步对该流程进行分解。

第五，流程分解并非越细越好，太细往往不容易发现流程活动之间整合的机会。

第六，对于分级后的流程，注意它们之间的层次逻辑关系。

【实训练习3.6】天华电动自行车厂根据企业发展情况，决定组织一些企业赞助活动。为了能够让更多人了解天华电动自行车的爬坡、续航、恶劣天气行进能力，厂部决定成立"天华杯电动自行车远征队"。活动主要分为青年组、中年组、老年组，主要活动内容：一是远行观光，二是同时完成对贫困地区留守儿童的调查（为后期再开展帮扶活动进行摸底工作）。由于该项活动涉及资金到位、配套维修、人员招募与管理、安全与应急、后勤、酒店联系等一系列工作，公司以前也未做过类似活动，遂决定委托某咨询公司来进行流程总体识别与分级工作。请以此为材料，根据你的理解，完成该活动的流程总体识别与流程分级。

【实训练习 3.7】根据你熟知的商业或生产领域，完成该领域某企业的流程总体识别与流程分级工作。

3. 分析流程属性

分析流程属性时，一般会借助于高端流程图（SIPOC 图）。

★小提示：分析流程属性的注意事项

分析流程属性一般需要注意：
- 该流程优化时需要哪些部门参与（由流程的客户和流程流经的部门）？
- 该流程与哪些流程有关？该流程的上级流程是什么？该流程进一步分解的流程是哪些？哪些流程与该流程无关？
- 该流程是否特别复杂？该流程所涉及的内容是否特别广泛？可能需要多长时间？
- 该流程是否对公司经营非常重要？

---

4. 流程问题陈述

分析流程之后，可以进一步以流程问题陈述的方式将问题量化。问题陈述时，应不断地在以下方面进行思考：

- 问题是基于观察（事实）还是假设（猜想）？
- 问题陈述本身是否已蕴含发生原因？
- 团队可以通过搜集数据来验证和分析问题吗？
- 太狭窄或太广泛？
- 是否暗示了结论？
- 客户是否满意？

★小提示：进行完整问题陈述时应注意的四大原则

（1）问题的宏观阐述：应言简意赅地定义问题并使之量化。
（2）输出变量及单位：定义问题的输出（或关键质量点）和测量单位（如何测量）。
（3）数据来源：从哪里获得数据或信息？
（4）对问题具体描述和量化：对问题的描述与量化需要注意五方面。
- 条件：在什么情况下会出现影响输出变量的不利因素？
- 程度：是对目前问题严重程度的定量测量。
- 现状：与客户关键质量点有关的实施活动。
- 时间：数据搜集的时间段。
- 规范：客户关键质量点或期望，即客户希望达到什么程度。

【参考 3.9】流程问题陈述案例

根据这些原则，可以按业务中的某个问题提出相应的流程问题陈述（见表 3.4），为量化工作打下基础。

表 3.4　　　　　　　　　　　一个完整的流程问题陈述案例

问题的宏观阐述	只有 70% 的部件准时发货，造成罚款和丧失销售机会
输出变量及单位	变量 Y，准时发货用延误或提前的天数测量

表3.4(续)

数据来源		装货记录
问题量化	条件	延误交货基本上发生在大客户的大订单上，低价位部件的交货延误远远大于高价位的
	程度	近6个月的罚款总额到达150 000元，还未包括原材料及销售机会丧失的计算
	现状	测量单位以天计算，目前只有延迟发货的数据，将针对延迟发货的单据做回顾并得出交货日期的数据分布
	时间	延迟交货发生在各个阶段，但最近6个月以来按照发货已从90%下降到70%
	规范	货物必须在客户指定的日期内准时抵达

【实训练习3.8】根据你平时工作生活中出现的流程问题，按流程问题陈述的方式，填制相应的流程问题陈述表。

5. 流程现状分析

(1) 绘制过程流程图。

分析过程流程图是我们分析流程现状的重要内容，它具有重要意义。忽略现有流程可能带来高风险，因为未能获取对现有流程及其功能作用所必需的理解，使新流程与实际中所要实施的作业任务没有多大联系，并使得作业人员常常未能将其工作任务与新流程连贯起来，导致流程再造的初始举措因受挫而中止。

★小提示：为什么要分析过程流程图

·为项目小组成员思考问题提供了一个基本框架，可以帮助与会者专注于所讨论的问题而不至于太发散。

·可以使小组成员根据达成一致的流程图来讨论问题，不至因为彼此对流程不同的认知造成纷扰。

·过程流程图还有利于流程小组各节点成员站在整个流程的角度来看问题，而不是只站在部门角度。

·过程流程图是系统分析的重要依据，在未来设计信息系统时，经过优化的过程流程图能有利于系统设计。

---

①绘制过程流程图。

例如，根据某技术开发公司业务流程节点分析，绘制过程流程图为：

机会识别→项目筛选→项目考察→项目洽谈→项目投标→项目签约

---

②分析流程节点主要活动和输入输出因素。

过程流程图描述流程的主要节点，为了深入分析该流程，我们必须分析该流程每个节点的活动、输入输出因素。此时，我们需要不断进行下述提问：

★小提示：如何确定流程节点
·对于每个节点而言，该节点需要做什么活动？ ·这些活动哪些是增值的？哪些不是增值的？ ·这些活动对于满足客户需求而言都是必需的吗？ ·如果缺少这项活动是否会对客户的需要满足造成影响？是否有更好、更简单的活动方式可以替代该活动？ ·为了有效完成该节点的活动，需要输入哪些条件、资源？对于这些条件、资源有哪些具体的要求和标准？这些资源一般包括信息、表格、物料、计划等。 ·该节点活动顺利完成后，应该输出哪些内容才能满足客户需要？这些内容分别是哪些客户在使用？客户对这些内容的要求和标准是什么？ ·该节点与其他节点之间的联系是什么？哪些流程的产出对该节点的活动有重要影响？

在绘制了过程流程图后，流程经理和流程小组成员一起组织研讨，分析得到该流程节点的主要活动，以及这些节点活动的输入输出因素（见表 3.5）。

表 3.5 　　　　　　某技术开发公司各流程节点输入输出因素分析

各流程节点	活动	输入	输出
机会识别	信息搜集	公司投资计划 上级投资计划	投资人确认计划书
项目筛选	设立项目选择标准 根据标准初步筛选	项目选择标准 投资人确认计划书	符合标准的候选项目
项目考察	组织考察小组 调查甲方资信 评估甲方资信	甲方资信调查	拟投标项目
项目洽谈	约谈客户 购买标书 理解标书 准备投资资料 外联工作	向甲方提交公司资料 理解招标文件 编制资格预审 外联工作	
项目投标	标书制作 投标 评标答辩	投标标书 外联工作 项目组织设计	中标通知书
项目签约	合同准备 签约 签订附加协议	银行保函 投标标书 项目组织设计	合同文件

③识别流程关键影响因素。

在分析了流程节点活动和输入输出因素后，接下来需要进一步分析识别流程关键影响因素。关键影响因素是对流程输出因素影响最大的因素的分析。根据 80/20 原则，识别流程关键影响因素，有利于在后期进行流程设计和管理时，对这些关键因素进行重点控制，从而起到事半功倍的效果。

将输入因素与输出因素分别放入一个二维表的行和列中，合并其中同类项，并给出输出重要性权重值，打印出多份表格交给小组成员打分（用 0、1、3、5、7、9 分别打分，如表 3.6）。最后根据打分可以求出影响因素值（某输入因素影响因素值 = ∑某输出因素权重×各对应输入因素分值)。最后,将小组成员的打分进行汇总便可以得到该流程中每个输入因素与输出因素的影响程度,得分高的便是关键影响因素,是我们在进行分析和设计时重点考虑的对象。如果发现有些输入与输出没有任何关系或非常微弱,则可以忽略不计。

表 3.6 **某技术开发公司流程关键影响因素**

输出 权重 输入	投资人确认 计划书 3	符合标准 候选项目 5	拟投标 项目 5	中标 通知书 3	合同 文件 9	影响 因素值
公司投资计划	5	5	3	1	0	58
上级投资计划	10	5	5	1	0	83
项目选择标准	0	10	8	1	1	102
甲方资信调查	0	5	10	5	3	117
向甲方提交公司资料	0	0	5	5	3	67
理解招标文件	0	0	0	8	8	96
编制资格预审	0	0	0	8	5	69
外联工作	0	3	0	8	3	66
投标标书	0	0	0	10	10	120
项目组织设计	0	0	0	8	8	96
银行保函	0	0	0	5	5	60

【实训练习 3.9】根据你熟知的业务领域或商业领域,完成绘制过程流程图、流程节点输入输出因素分析(参照表 3.5)、流程关键因素分析(参照表 3.6)。

(2)定义流程绩效指标。

流程绩效可以从多个角度进行评价,如流程产能、流通效率、时间、质量等,一般而言,从流程顾客需要的满足角度来评价流程的绩效才是最佳的。对流程绩效进行评价有利于我们进一步改进流程管理,不过由于考核需要耗费一定的成本,因而并无必要对所有流程都进行考核。而且,在设置考核指标时,也应该注意该指标数据搜集的难易程度,如果数据搜集成本太高,则完全没有必要将其作为考核指标。

①研究流程绩效标杆。

流程绩效标杆是其他公司在同样或同类流程方面的卓越经验和表现,是公司努力的方向和学习的榜样。研究流程绩效标杆的重要意义在于:能够为公司新流程设计提供管理思路上的指导和参照,使公司节省从头开始的时间和成本;为公司提供流程改进的目标,更容易发现现有流程的缺陷和问题,开阔公司视野,不至于井底观天;以最佳经验为学习和改进目标,是超越自我的基础。其他公司失败经验也可以为本公司提供教训,少走歪路。

研究流程绩效指标,可以按照三个步骤进行:

第一，制定流程绩效标杆搜集计划。这一步主要是回答这样几个问题：准备在该流程的哪些绩效指标方面搜集标杆案例？从哪些地方可以得到这些流程绩效标杆？该如何去搜集这些标杆案例？由谁搜集？

根据设置的流程绩效指标，在深入分析企业流程设计要素基础上，可以列出一个需要搜集标杆案例的清单。例如，培训管理流程，培训内容与业务相关性评价、培训费用控制、培训效果管理、培训时间安排、培训覆盖率、培训学时数、培训内容对自我实用价值等方面，可以分别作为一个潜在的标杆搜集内容。

有些流程的指标可以在一个能够就搜集全，而有些则可能需要在不同公司的不同方面去搜集（见表 3.7）。

表 3.7　　　　　　　　制订标杆搜集计划可能包含的内容

搜集计划项目	搜集计划内容
需要获取经验的流程绩效指标和模块名	
拟获取的标杆企业名	
评估可能的获取途径	
获取该标杆的责任人	
获取的时间计划	
……	

第二，搜集流程绩效标杆。这一步是根据流程标杆搜集范围，流程小组应积极探讨这些标杆可以从哪些企业或个人得到，列出潜在的寻找对象（见表 3.8）。

表 3.8　　　　　　　　　　流程标杆搜集潜在对象

潜在对象	搜集理由
本行业竞争对手	深入研究竞争对手，知己知彼，百战不败
企业客户	越来越多的企业成为跨国公司供应商，这些跨国公司都有几十甚至上百年管理积累
其他有关卓越管理的案例	由于卓越的流程管理往往是该企业的核心竞争力之一，因此很多企业将它们都视为企业机密，要获取这些机密可能比较困难。小组成员应仔细研究各种可以获取的渠道，并选择低成本和方便的渠道去获取。一般而言，标杆案例可以通过如下案例获取： ①各种公开报道，有各种书籍介绍的卓越企业管理模式，从中可以得到部分经验；公司年报、公司发给客户的宣传手册、行业出版杂志等也可得到部分内容 ②供应商渠道，如果公司的某个供应商恰好也是该目标标杆企业的供应商，则可以从供应商那里获取一些关于该企业的某些管理经验 ③客户，如果目标标杆企业和公司有同一个客户，则从这个客户那里获取其管理经验有时也能起到意想不同的效果 ④咨询顾问，咨询顾问由于丰富的经验和案例，特别是他们接触其他企业的机会很多，拥有很多流程的最佳经验

第三，学习标杆流程内容。在搜集到有关流程绩效标杆后，流程小组成员应深入学习这些标杆的内在理念，包括：

- 他们如何定义客户和客户需要的？
- 他们在此流程过程中的输入、输出分别是什么？这些输入、输出分别有何特点？
- 此流程在考核时需要搜集哪些数据、信息？是如何搜集、如何传递的？
- 此标杆流程设计时运用了哪些管理工程学思想？
- 此标杆流程对岗位职责是如何描述的？
- 此标杆流程对计划是如何管理的？
- 此标杆流程有哪些模块可供本流程小组或其他有关流程小组参考和学习？
- 在运行此流程时有哪些支持或有关流程？

第四，分析标杆流程的运行基础。由于不同企业的战略、文化、管理基础是不同的，因此每个企业的流程都有其运行的基础。分析标杆流程运行基础可以帮助公司了解该标杆流程能否学习、学习哪些部分、如何学习和运用等。

①战略基础。例如戴尔公司的战略基础是直销，对供应链的总体协调和管理能力一流。它所追求的反应速度导致它全面介入供应商质量管理过程，但在原材料进入公司时，并不进行质量检测（已在供应商那里进行了检测）。

②组织基础。组织结构不同，对流程各节点的活动职责划分可能不同；这种结构分析可从母子公司、区域分布（销售网点、工厂布局、研发布局）、各部门职责划分等方面。

③信息化基础。一些企业流程运行在各自的信息化平台之中，并形成自己的鲜明特色，如果离开这些工具，该流程运行效率降低甚至无法运行，这些需要充分的考虑。

④员工能力基础。人才是企业最重要的资源，员工是流程设计和运行的主体。有些企业员工素质整体很高，而有些企业员工素质则可能偏低。在分析标杆流程时应注意要求该流程运行需要哪些方面的能力和素质，目前本企业员工是否可以达到。

⑤注意事项。尽可能以自己经过努力可以达到的企业流程为标杆，不能太脱离本企业的实际情况；在搜集流程标杆后，关键是分析此标杆流程的设计及其对公司的指导意义，不要生搬硬套；由于一些卓越企业的很多流程都可能成为标杆流程，在寻找标杆时，注意和其他流程小组合作进行。

（2）设置流程绩效指标。

例如培训管理流程客户需要，包括培训内容与工作业务的相关性、培训费用控制、培训效果、培训时间安排、培训覆盖率、培训学时数、培训内容相对于自我实用的价值、教师授课水平等多个方面。不过，在设置流程绩效指标时，可能将一些考核比较困难又可以采取其他措施进行实际控制的内容不作为绩效考核指标，如培训覆盖率（每个员工年度培训小时数）。

在设置了这些流程绩效指标后，应对每个指标进行定义，即每个指标是表示什么意思？测量的是什么？如何测量？由谁测量？测量周期是多少……。比如，培训费用控制一般以全年预算为准，并以季度为考核周期；而培训内容与工作相关性、培训实施效果等则以单次培训的考核记录为基础，进行综合评价得到。

★小提示：设置流程绩效指标时的注意事项

·在分析流程客户的需要时，可能是该流程在某个时间点或某次活动中产出的需要，但国货为客户关键质量点或流程绩效评价时，可能按某个时间段来计算。
·由于进行流程绩效的测量需要一定的成本和技巧，因此尽可能选择一些简单的指标，如果单个指标能够概括是最好的。
·对于部分非核心流程，无须设置流程绩效指标进行量化分析。此时分析流程客户需要和客户的客户关键质量点即可。此时分析流程客户关键质量点，主要作用在于可以为我们优化流程提供向导。
·在设置了流程绩效指标后，需要对流程绩效指标进行定义，并设置相应的评价标准。

③设置指标权重。

在设置了某个流程的多个绩效指标后，可以进一步对各个绩效指标赋予一定的百分比，组成该流程的考核体系。

【参考 3.10】指标权重案例。

有很多公司的指标权重一般都通过小组成员讨论得到，也可以通过评分来转化（如表 3.9）。

表 3.9　　　　　　　　　　对培训流程的绩效指标模拟评价

流程绩效指标	评分	比重（%）	实际设置权重（%）
培训内容与工作业务相关性	41	19	20
培训费用控制	47	22	25
培训实施效果	43	20	20
培训时间安排	29	14	10
培训覆盖率	21	10	10
培训学时数	21	10	10
培训内容对员工的实用价值	11	5	5
合计	213	100	100

（3）流程优化进度表。

编制流程优化进度表，可以使小组成员明白各项活动的先后顺序和时间要求，可以提前做好有关准备，并增强其责任感。

【参考 3.11】流程优化进度表案例。

该进度表的编制，应该由该流程小组的全体成员一起完成。在编制的过程中，需要列出各流程优化的起止时间和先后顺序，并参考其他关联流程优化进度（如表3.10）。

表 3.10　　　　　　　　　　　流程优化进度表

序号	活动名称	开始时间	结束时间	持续时间	相关任务	责任人	备注
一	分析阶段						
1	识别流程客户与需要					×××	
2	定义流程绩效指标					×××	
3	搜集流程绩效标杆					×××	
4	分析过程流程图					×××	
二	设计新流程						
6	分析流程设计要素					×××	
7	设计新流程					×××	
8	评估新流程风险					×××	
9	控制与验证计划					×××	
三	新流程实施改进						
10	新流程试运行					×××	
11	新流程实施评价					×××	
12	新流程持续改进					×××	

注：该表只列出了部分计划内容的起始顺序，仅供参考。

【参考 3.12】旺达通信公司模具采购流程优化案例

旺达通信公司模具采购流程优化

一、背景

旺达通信公司是一家专业的手机研发、生产、销售为一体的大型企业。该公司根据市场需求不断设计推出新的产品，这些新产品在规模化生产需要采购生产制造所需要的模具。目前存在一个重要问题是模具采购周期太长，严重影响手机新产品上市速度和竞争力，不适应手机市场的变化。由于手机每晚一个月上市，价格平均下降 200 元，这将对公司利润将造成很大损失。

二、问题分析

客户（本流程的客户界定为公司的制造部）的抱怨集中在模具加工周期太长，特别是前期准备时间（如招标、签合同），认为应规定适当的期限。

公司研发部在设计过程中，已经开始考虑到其设计的产品是否需要开模具，但正式开模仍然应该从图纸设计完成并归档、代码申请、模具申请、计划下达开始，然后完成招标、洽谈及合同签订等一系列工作。

> 开始→设计完成→设计师与采购部沟通→确定供应商范围→开模具洽谈组与各供应商洽谈→供应商保价→谈定价格、确认供应商→报主管领导审批→签订开模合同→开模→结束

三、初期优化工作

针对模具采购流程所存在的问题，公司成立了一个专门的流程优化小组，负责对该流程进行优化。

（一）界定关键质量点

搜集客户抱怨并分析，项目小组将此流程客户关键质量点界定为模具采购周期。

项目小组将模具采购周期界定为：从模具申请到合同签订完成所花费的时间，不含模具加工、验收、付款等时间。

项目小组统计分析了 2011 年全年模具采购中每次的采购周期，共采购了 101 次，模具采购周期平均为 50.84 天。项目小组成员经过深入调研分析和多次讨论沟通认为，目前结构件模具的申请、外协、检验和管理流程不明确或不完善，造成各个环节责任不明确，整体流程过长，某些项目从申请到招标下合同长达 160 天以上，严重影响新产品的开发进度。同时，对模具及分摊的管理处于失控状态，需要纳入管理体系。该流程的完善将有利于公司成本的降低。

（二）设定流程优化目标

项目小组将该流程优化的目标设定为：到 2012 年 7 月模具采购周期缩短到 20 天以内。

四、过程流程图绘制

公司采购过程流程图如图 3.15 所示。

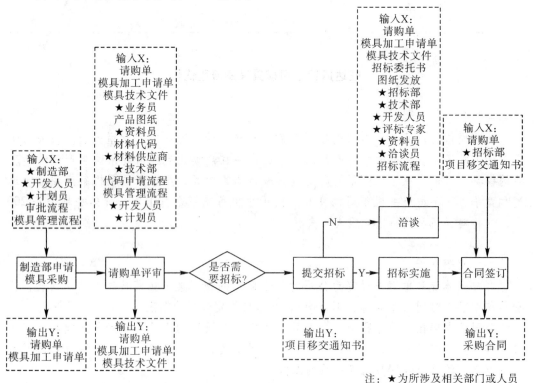

图 3.15　模具采购过程流程图

五、输入输出因素因果矩阵分析

项目小组在充分分析了该过程流程图的输入输出因素后，针对该输入输出因素做了因果矩阵分析（X-Y 分析），组织小组成员进行了一次评分（用 0、1、3、5、7、9 分别打分），并对各个成员的评分结果汇总分析，如表 3.11 所示。

表 3.11　　　　　　　　　　模具采购流程 X-Y 矩阵分析

输入出变量	请购单	模具加工申请单	模具技术文件	招标委托书	项目移交通知书	采购合同	影响因素值
	3	9	9	8	6	3	
制造部	9	9	9	0	0	0	189
开发人员	1	9	9	0	0	0	165
模具加工申请单审批流程	1	7	7	7	7	5	165
模具管理流程	9	1	1	0	0	5	242
请购单	9	1	1	3	0	5	84
模具加工申请单	1	9	1	9	0	0	165
模具技术文件	1	1	9	9	0	3	174
业务员	9	3	3	3	0	3	114
产品图纸	5	3	3	9	0	1	144
资料员	0	0	0	7	0	1	59
材料代码	9	9	9	9	7	9	276
材料供应商	9	0	0	9	7	9	168
技术部	0	1	1	1	1	1	35
代码申请流程	5	1	1	0	0	0	33
计划员	9	1	1	1	0	0	53
洽谈部	3	3	3	9	0	9	162
招标委托书	0	0	0	9	7	5	129
图纸发放	0	0	0	7	0	5	71
招标部	0	0	0	9	9	5	141
评标专家	0	0	0	0	7	0	42
招标流程	0	5	0	9	0	9	198
项目移交通知书	0	0	0	9	0	0	54

六、失效模式分析

从上述 X-Y 矩阵分析结果可知，对模具采购周期有较大影响的因素有 9 项，分别是制造部、开发人员、模具加工申请单审批流程、模具管理流程、模具加工申请单、模具技术文件、材料代码、材料供应商、招标流程。项目小组对这 9 个主要影响因素进行失效模式分析，如表 3.12.

表 3.12　　　　　　　　　模具采购流程 FMEA（失效模式分析）

工序/输入	潜在的失效模式	潜在的失效影响	SEV严重度	潜在的失效原因	OCC发生频率	当前工序的控制	DET检出度	RPN
制造部	制造部内部业务处理时间长	项目推迟	9	模具管理流程不明确	5	修订模具管理流程	5	225
			9	对流程不了解	6	宣传贯彻模具管理流程	3	162
开发人员	提交图纸和技术文件不全	返工导致项目推迟	9	模具管理流程不明确	9	改进模具采购流程	5	405
			9	对流程不了解	8	宣传贯彻模具管理流程	3	216
	技术支持不及时	项目延迟	9	责任不明确	3	修订模具管理流程	5	135
模具加工申请单	提交不及时	项目推迟	9	模具管理流程不明确	3	修订模具管理流程	3	81
			9	对流程不了解	9	宣传贯彻模具管理流程	3	243
	各种需求信息不全	退单或项目推迟	9	模具管理流程不明确	9	修订模具管理流程	5	405
			6	单据设计不合理	8	修订模具管理流程	5	240
模具加工申请单审批流程	模具加工申请单审批时间长	项目推迟	7	模具管理流程不明确	6	修订模具管理流程	1	42
模具管理流程	可操作性不高	无法操作	9	流程无规定	6	修订模具管理流程	5	270
			9	流程无规定	9	修订模具管理流程	5	405
	不按流程操作	项目推迟	9	缺乏培训	5	培训	1	45
模具技术文件	没有及时提交	项目推迟	8	管理规定不明确	6	修订模具管理流程	1	48
	技术文件不全面	退单或项目推迟	8	管理规定不明确	7	修订模具管理流程	5	280

工序/输入	潜在的失效模式	潜在的失效影响	SEV严重度	潜在的失效原因	OCC发生频率	当前工序的控制	DET检出度	RPN
材料代码	材料代码申请过程过长	项目延迟	9	代码申请流程有问题	9	修订代码申请流程，同时代码申请和招标申请并行操作	5	405
			9	代码申请资料不全	3	培训	3	81
材料供应商	缺供应商信息	项目推迟	9	无合适供货	3	认证供应商	1	27
	供货错误	退单	9	责任心不强	3	加强考核	1	27
	供货延误	项目延迟	8	工作效率低	7	加强考核	1	56
招标流程	招标时间过长	项目推迟	9	洽谈员未及时申请招标	2	加强考核	1	18
			7	招标委托书信息不全	4	沟通	1	28
			7	图纸没有及时下发	1	加强考核	1	7
			8	图纸没有及时归档	9	与事业部及时沟通	1	72
			9	组织招标时间过长	9	改进招标流程	5	405

★小提示：FMEA 失效模式分析表中参数说明

· SEV 是严重度，表示事件发生时所造成后果的严重性，后果越严重，分数越高。
· OCC 是发生频率，表示该事件发生的频率，发生频率越高，分数越高。
· DET 是检出度，该事件发生时，是否容易被检测出来，如果发生时越容易被发现，分数越低。

七、改进思路

从上述 FMEA 失效模式分析表中可以看出，影响模具采购周期的关键因素有如下5项：

· 开发人员：提交图纸和技术文件不全。

· 模具加工申请单：各种需求信息不全。

· 模具管理流程：可操作性不高。

· 材料代码：材料代码申请过程过长。

· 招标流程：招标时间过长。

项目小组人员根据分析结果制定了数据搜集计划，并对模具管理流程、招标管理流程设定了大致的标杆调研范围，并搜集了有关案例。

项目小组从 2011 年模具采购的数据中统计分析了模具合同号、模具采购合同、招标委托书、招标移交书等各种信息，研究结果证明，影响模具采购周期的关键因素是上述 5 项。

手机模具的采购申请流程一直存在问题，由于手机研发进度的特殊要求，开发人员往往不能及时提供图纸资料和技术文件。

采用洽谈的方式可以大大缩短采购周期，但是招标是公司采购的最重要手段。因此，要设法对模具的招标过程进行改革，通过细化模具管理流程、框架招标等多种方式进行改进。

正式代码的模具采购周期明显长于临时代码，由于正式代码的申请要求图纸正式归档，往往需要在产品结束时才能进行，因此周期较长。

计划前介入的项目采购周期明显较长，这实际上是该类项目操作不规范造成的。由于图纸资料未及时归档、模具加工申请单未明确、模具采购流程未明确规定等，导致提前介入的结果是不断协调，加长了采购周期；而未提前介入的项目，由于按规范办事，采购周期反而较短。

八、改进措施

（一）优化模具采购流程的主要方法

1. 通过流程的并行操作缩短模具招标时间（如图 3.16 所示）

通过并行操作，使招标过程提前介入，缩短模具采购周期。此并行过程的关键点在于，将时间周期最长的实际招标流程，提前到设计阶段，在整个过程上并行操作。在部分手机机型的模具采购中，根据项目研发进度要求和该手机的特点，考虑到有类似机型做参考，在项目开始阶段即介入，利用模型和效果图作为招标的技术基础，开展招标和洽谈工作，使得招标和开发过程并行操作。当设计图纸出来之时，合同已下到供应商手中。与此同时，避免了代码申请带来的困难（公司规定，取得代码的条件是必须完成图纸归档，并严格按照流程申请代码），某些项目如果按部就班地开展，是不可能实现产品的研发进度的。按照这种操作方式，实际模具招标所花费时间为零。

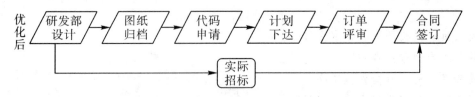

图 3.16 优化前后的模具采购过程流程图

2. 在招标过程中根据手机模具各种类别实施框架招标

通过研发部、招标部、质量部和采购部认真讨论，将手机模具进行分类，并根据各类模具招标要求和技术特点，对模具分门别类进行框架招标。将编制的框架招标有关文件，作为洽谈的依据，今后同类模具采购价格只能在该框架结果上下浮动。

（二）全面修订《模具采购管理办法》

项目小组根据流程优化的结果，重新制定了《模具采购管理办法》，并向全公司有关部门征求意见。修订涉及范围广、内容详细、规定合理、操作明确，将对模具的采购、招标、验收、付款等管理起到较大的作用。

由于模具价值高，而且许多模具付款采用分摊，采购部负责对模具进行登记和管理，第一步采用手工方式进行统计管理，第二步通过系统上网管理。

目前，第一步手工方式登记管理已开始实施，采购部安排专人管理，将责任落实到人，管理工作除登记模具外，还要动态记录相关零件的采购数量，当达到分摊数量时给予关闭。同时，管理中兼管模具付款。

1. 加强对新流程的宣传

重点向制造部和研发部等部门宣传公司的模具采购流程，特别是对模具申请所具备的文件、图纸、技术要求以及审批过程等，减少该环节由于理解不清楚带来的返工。公司模具采购经理负责与这些部门的协调和沟通。

2. 加强对模具供应商管理

供应商认证管理小组加快了对模具供应商的开发和认证，使得供应商具有了一定的稳定性；在与供应商的招标洽谈过程中，也不断宣传公司模具采购流程，使得供应商对公司的模具采购流程有了比较深入的了解，反应速度明显加快。

九、流程优化综合评价

在流程优化半年后，项目小组对 2012 年下半年的模具采购周期全部数据进行了统计分析，发现流程优化后的模具采购周期平均为 18.91 天，比改善前的模具采购周期（取消异常数据）29.74 天快了 10.83 天。

2012 年下半年公司手机产值为 30 亿元，按年 5%的利率，模具采购周期缩短 10.86 天为公司创造的收益为 446.3 万元。

【实训练习 3.10】 选择你熟知的业务领域或商业领域，参照旺达公司模具采购流程的优化过程，尝试进行一次相对全面的流程优化。

6. 新流程设计

（1）分析流程设计要素

分析流程设计要素的目的是以满足客户需要为导向，分析构成该流程的各个要素及其目前表现，以便为这些要素寻找标杆和后期改进做准备。具体而言，就是要将客户关键质量点分解为设计中的流程过程、功能和设计要求。

对流程设计要素的分析，始于对该流程设立的目的和最终实现的功能分析。在充分分析该流程客户的需要基础上，考察每个流程要素是否对满足客户需要有价值，以及如何将这些设计要素整合后最有利于满足客户的需要（见表 3.13）。

表 3.13   分析流程设计要素内容表

流程设计要素	分析具体内容
产品和服务	现在产品和服务是否能满足客户需要？在哪些方面可以满足？ 客户的哪些需要无法满足？ 产品和服务与设定的目标还相差多少？ 如何评价产品和服务对客户需要的满足程度？
原材料	原材料是如何影响客户需要的？在这个过程中，原材料应达到怎样的质量标准才能满足客户需要、同时对公司又有最佳的性价比？ 原材料供应商是否可以满足公司需要和战略？ 是否需要进行供应商队伍的优化？ 对原材料供应商管理需要进行哪些改进？ 如何对原材料的质量好坏进行评价？ 对供应商的绩效考核是如何进行的？
流程过程	该流程目前有哪些主要过程？ 对这些过程有没有相差的监控要点，谁来监控？ 采取哪些监控措施？ 谁对监控要点负责？怎么考核？ 这些活动是手工还是信息系统支持的？效果如何？
组织结构与岗位设置	目前该流程流经哪些部门？ 这些部门的有关岗位做了什么活动？活动间的关系如何？ 该部门与此流程有关岗位的其他职责和这些活动的关联性如何？ 在这个流程中，有没有专门设置某个关键岗位？ 如果有，这个岗位的职责是如何界定的？ 对这些活动成果的好坏是否有评价指标？ 是否将这些指标纳入了岗位绩效指标？
人员	在这个流程的过程中，对人员的能力素质要求是什么？ 目前人员的能力是否适应？ 人员的工作习惯对该流程的运行有何影响？
计划管理	该流程目前有哪些相关计划？ 这些计划管理是如何进行的？ 是谁制定、审批？ 计划的内容是什么？ 谁应该遵照执行这些计划？
报表	这个流程目前输入输出哪些报表？ 这些报表谁来提交？ 提交给谁？ 这些报表的编制是否规范？ 报表的内容是否完整？ 传递方式如何？ 是纸面的报表还是在线查看？ 报表的好坏对客户的哪些关键质量点影响较大？ 接收者能采取哪些措施来保证流程运营？ 还有没有其他相关的报表？

流程设计要素	分析具体内容
制度 （流程说明书）	制度体系是否健全？ 是否有规范的格式？ 流程说明书是否有科学的查询方法？ 是否可以跟踪历次的修改记录？ 流程说明书需要经过哪些部门的会签？ 该流程有哪些相关制度？ 该流程优化后对这些制度有影响吗？
信息系统	目前公司使用了哪些信息系统？ 该流程是否进行了信息化？ 该流程与公司目前哪些信息化的流程紧密相关？ 从哪些信息化的流程提取数据或向哪些信息化流程提供数据？ 目前的信息系统使用方便程度如何？如何评价？
设备与工具	设备与工具是如何在流程过程中影响输出的？ 目前设备与工具的性能是否稳定？ 它们的使用是否对客户的质量、成本等方面构成负面影响？
其他基础设施	还有其他的哪些基础设施影响该流程的运行？ 这些基础设施是如何影响流程运行的？ 能否对这些基础设施运行现状进行量化评价？

（2）分析流程模块。

流程模块是借用了产品设计模块化的思想，将流程分解成数个独立的模块步骤，并且找出可以用在其他流程上或后期进行改进优化的工作步骤、报表、信息等。流程模块实际上是流程要素的一些经典组合，经过统一的规范后，可以在多个相差的流程中使用。

流程模块化要求流程小组合理地将流程步骤进行划分，并对那些可以共享的部分（步骤、报表、信息、职责描述、计划系统等流程设计要素）进行模块化分析。在这个过程中，需要不断和其他有关流程小组进行深入的沟通和分析，找到有关流程对该模块的共同要求。

分析流程通用模块，主要包括两个方面的内容：

一是目前有哪些流程模块可以用在此流程中？这些模块各整合了哪些方面的信息？如何有效地将这些模块应用在该流程中？

二是该流程是否可以进行模块化设计？如果此流程可以形成一个通用模块，该模块要解决的问题是什么？应包括哪些方面的基本信息？应如何进行设计？可以在哪些流程中使用？

对于流程小组的某个模块化设计，是否可以公司流程模块体系的组成部门，由项目经理、咨询顾问和流程经理共同确定。

新流程的设计有三个重要基础：客户关键质量点、标杆流程的绩效表现、公司现有流程能力。其中，公司现有流程能力是我们设计流程的起点，评估流程设计能力的目的是为了设计具有本企业特色的最符合本企业需要的流程。

【参考 3.13】飞鹰速递公司收派件流程优化过程。

飞鹰速递公司收派件流程优化过程

一、公司背景资料

飞鹰速递公司是一家大型速递企业，专门为企业提供速递服务（主要是文件、票据和其他重量较轻的原材料、半成品、成品等）。公司有遍布全国各大中型城市的网络，其竞争优势是迅速、准确性高，在香港和沿海各地树立起良好的品牌形象。

二、公司运作模式

（一）基本运作模式

公司的运作模式是，各分部的干线车负责快件在分部与中转场、航空组和海关关场之间的运输。分部根据各中转班次、航班和进出口清关批次的时间设定收派员（负责从客户手中收取快件、将快件派送至客户手中的员工）在分部集合的时间。

在收件流程中，收派员按规定时间把他们所收的快件交给分部，分部对所收的快件进行归类并装车；在派件的流程当中，快件由干线车拉回分部后，仓管员按收派员所负责的区域分拣快件，再由收派员把快件带回他所负责的区域向客户派送。其中涉及与客户直接接触的部分可分为两个，即收件过程和派件过程（见图 3.17）。

（二）收件运行过程

寄件客户致电公司接单组，接单组以手机短信方式（公司统一为收派员配置的特别手机和公司系统对接）通知该客户对应的收派员，该收派员接到信息后，即前往客户处收件；然后在公司规定的时间内返回分部上交所收快件。

（三）派件运行过程

通过各中转场（包括收件中转场和派件中转场）将快件发送到收件分部，收件分部经过分拣后，将某区域客户的收件一起交给负责该区域的收派员，由该收派员负责向客户派送。大部分收派员以摩托车作为交通工具来收派件。

三、目前存在的问题

收派员与分部直接交接快件的运作模式在某些地区渐渐暴露了它的弊端，具体表现在：

（一）分布范围广

由于某些分部覆盖范围很广，收派员在往返分部所花的时间较长，影响了收件的截单时间和派件时间。这个问题在以自行车为主要运输工具的分部尤为明显。

（二）大件收派成本高

以摩托车为主的收派方式，无法满足大件的收派，分部因此需要组织专门的车辆负责大件的收派，增加了营运成本。

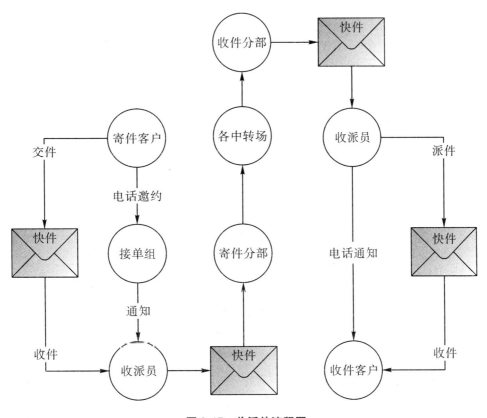

图 3.17　收派件流程图

（三）临时保管的难度高

远离分部的收派员由于无法经常往返分部，小件包裹只能叠加在摩托车的货架上，因此增加了快件保管的难度和收派员驾驶的危险性。

以摩托车为主的运输方式，快件易受天气的影响（如下雨），造成快件的损坏或变质。

（四）快件延误

某些分部在干线车抵达分部，仓管员把快件分拣结束后，收派员来不及在规定的时间返回分部，出现"货等人"的情况，严重影响了快件的派送时间。同样在收件方面，某些收派员由于赶不上规定时间返回分部，其所收的快件只能参与下一班中转批次，延误了派送。

四、优化流程

针对此流程所存在的这些弊端，该公司企划部门和一些分部人员一起进行了深入调研，提出了一个优化方案——以"流动仓库"（接驳车）来接驳收派员的收件和派件。具体而言，在这种流程运作模式下，把离分部较远的区域按收派员数量及其收派件的件数分为几个小片区，分部为每个小片区配备一辆车，由接驳车及车上配备的仓管员负责快件在分部与小片区覆盖的收派员之间的运送。并在每辆车负责的小片区设定固定停靠点，车辆定时在停靠点与分部之间穿行，收派员在约定的时间到停靠点集中交件和取件。这种运作形式类似于公共汽车的定点始发，中途停站并返回终点站的运作模式。

在收件时，收派员把所收取的快件带到接驳车停靠处集中并交与车上的仓管员，再由接驳车统一把快件带回分部；在派件方面，分部的仓管员把按收派员分拣的快件再按小片区分车，由接驳车带到既定的地点，由那里集中的收派员负责派发。接驳车起到了连接分部与收派员之间的桥梁作用（如图 3.18）。

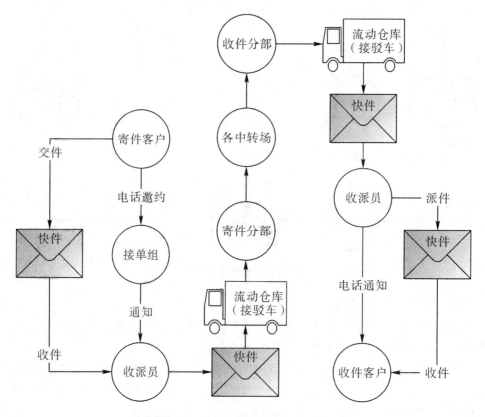

图 3.18　优化后的收派件流程图

五、新旧流程比较

从图 3.18 中可以清楚地看出，新的流程比原流程多了一个节点——流动仓库（图中看起来是两个节点，但实际上是该流动仓库所承担的两个职能），在该节点负责收取收派员的收件并发放应由其派送的快件。新旧两种流程运行模式的比较如表 3.14所示。

表 3.14   新旧两种流程运行模式的比较

序号	比较内容	现有流程运行模式	新流程运行模式
1	收件操作	收派员在规定的时间返回分部交件	收派员在收件的过程中根据收件量可以频繁往返于客户与接驳车之间。不过，在规定的时间内必须返回流动仓库（接驳车）交件，接驳车再把所收快件统一运回分部
2	派件操作	干线车把快件带回分部，由分部仓管员将快件分拣，交给收派员派送	干线车把快件带回分部，由分部仓管员将快件按收派员分拣并装袋，利用流动仓库（接驳车）把小片区的快件运载到约定地点交给收派员
3	收派速度	可能出现"货等人"或来不及交件的现象，快件停滞在仓库，派件速度较慢	减少"货等人"或收派员在分部交件不及时的现象；节省收派员在路上的往返时间，收派速度加快
4	快件存放与保管	仓库固定在分部，路上由收派员自行携带，快件容易丢失，安全性不高并易受天气影响	接驳车相当于一个流动仓库，快件存放在车上，安全性大大提高，快件不受天气影响，受损概率降低
5	人员数量变动	仓管员在分部操作，数量较少。随着分部业务量加大，需要增加收派班次和收派员	在室外流动操作，每辆接驳车均须配备司机和仓管员。由于所有参与二程接驳的收派员工作效率提高，减轻了增加收派员的压力
6	设备数量	固定在仓库操作，设备数量较少（保持现有数量）	在室外流动操作，需要另外配备车辆
7	成本变化	在件量增加的时候，分部须增加收派员的数量，对新增加的收派员有时须补贴其收入	有可能增加运输车辆和司机，增加接驳车仓管员的人数；由于收派员的收派件时间增加，工作效率提高，个人营运成本下降
8	对中转班次变动的适应能力	在中转班次增加时，变动收派员的班次较困难	容易适应中转班次的变化

六、收益分析

综合比较之后，优化后的流程可能带来的收益如下：

从原来收派员各自负责快件在分部与其负责区域的运输转变成由一辆车负责多个收派员的快件的运输，提高了运输效益。

节省收派员往返分部的时间，延长收派员用于收件与派件的时间，从而提高工作效益，因此也减轻增加收派员班次（如增加班次需新增收派员）和公司在件量较少的情况下补贴新收派员收入的压力。

接驳车充当流动仓库的角色，为快件保管提供条件，提高了快件的安全性并降低了快件受损的可能性。

由于接驳车离收派员的活动范围较近，收派员可以频繁往返于客户与接驳车之间，降低了他们各自的营运成本，并提高其收派大件的能力，从而减少对目前利用分部车辆接大件的依赖。

收派员活动范围的减小将减轻"货等人"和收派员来不及回到分部而延迟交件的问题，为实行限时服务提供更有力的保障。

在上述派件过程中，该流程的客户有两个：一个是需要收派员的客户（外部客户），一个是公司（内部客户）。对该流程的外部客户而言，其需要包括安全、迅速、价格合理、服务态度等方面，而公司（内部客户）的需要除外部客户的需要外，还包括收派线路合理、降低运营成本等方面。为了满足客户需要，该流程的设计要素可以有多种组合。

增加分部，使每个分部所服务的区域缩小，这样可以缩短收派员往返分部的时间——但增加分部的成本太高。

增加收派员，使每个收派员面向的客户数量减少，这样会导致单个收派员收派件数量下降。而收派员的收入是根据收派件数量来计算的，数量的减少意味着收入的减少，这样会打击收派员的工作积极性。而收派员的服务态度对公司市场拓展、客户服务至关重要。

升级收派员的交通工具，统一采用机动车辆。由于很多大城市已经禁止摩托车上路，而使用小货车的成本太高，收派员和公司都无法承受。

基于这种分析，在众多设计要素的组合中，增加一个流动仓库是最佳选择。

（3）设计新流程。

在分析流程设计要素和评估新流程设计能力后，便开始设计新流程。在这个过程中的输出是设计好的新流程和流程说明书。

①制定新流程设计思想。

新流程设计思想是我们在设计新流程时应该贯彻的基本原则和要求。这些思想是该流程各种要素的最优组合方式，是实现流程绩效目标的基础。

新流程设计思想需要考虑的内容：

· 流程客户以及客户关键质量点；确定公司对客户需要满足的优先原则。

· 流程绩效指标，进行流程绩效指标的定义和权重分配。

· 实现客户需要所必需的过程和功能，通过质量功能展开将客户需要转化为流程过程。

· 流程的关键控制点和控制要求、方法。

· 流程各节点并行、串行方式。

· 需要清除的非增值业务和活动内容清单。

· 需要简化的活动内容清单。

· 需要新增加的活动内容清单。

· 流程对有关设备、工具的要求和改进计划、建议。

· 流程的输入、输出因素及其有关要求。

· 流程的关键岗位及其职责定位。

· 流程对组织结构的调整要求。

· 流程中信息的传递方式。

　・流程对计划、报表的要求及其传递方式。

　・需要实施信息化内容和步骤。

　・标杆流程中可供借鉴的原理和方法。

　・该流程在设计时应注意的关联流程，包括这些流程的优化时间、优化思想，以及这些流程对该流程的影响。

　②研究备选方案。

在进行流程要素分析时会发现，有不同的过程和活动方式组合可以满足客户需要。不过，不同过程或活动对有关资源，如时间、成本、产出、信息系统等方面的满足情况可能是不同的。对于流程小组而言，并不一定要求设计一个与标杆流程完全相同的流程，而是要求设计在公司现有资源约束下的最佳流程。这要求流程小组在进行流程设计时，在充分分析流程设计要素的基础上，研究各类备选方案。

【参考3.14】流星科技公司合理化建议方案。

流星科技公司合理化建议方案

一、背景

流星科技公司在公司办公自动化系统上设计了一个合理化建议管理系统，使建议的新建、提交、责任范围与合理性判断、实施监控、反馈等过程全部在系统上完成（如图3.19），并可以实现对公司所有提案不同阶段的统计分析，并对没有及时处理、实施的建议进行催办。对于公司每年10万条以上的合理化建议而言，该系统具有巨大的意义。

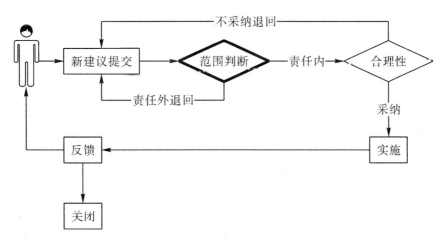

图3.19　公司合理化建议管理方案一

二、问题提出及新方案提出

流星科技公司在其建议管理过程中发现，由于很多员工对建议内容属于哪个部门职责范围内并不太了解，导致转交的建议数量一直居高不下。公司专门成立的合理化建议流程优化小组对该流程运行过程各种方案的成本、时间进行了如下对比分析。

在这个方案中，提案直接由提案人提交给他自认为的责任部门（人），这个接收部门收到提案后进行分析，如果确实是本部门（人）职责范围内，他就会处理；否则，他将不得不转交给他自认为的责任部门（人）或退回。

流程优化小组对公司全年建议被转交（一条建议多次转交的计算多次）的次数统计发现，每年有被转交 13 000 条。也就是说，每年有 13 000 条建议处理时间是被白白浪费的，而且，由于大量错误转交的建议，影响了很多员工正常的工作，导致部分员工的不满，同时这些建议也经常得不到及时的处理。项目小组对该过程进行了成本分析：按处理建议平均每小时工资为 40 元，每处理一条错误转交的建议 5 分钟（包括打开系统、阅读其中内容，分析下一个该正确转交的部门或退回），这样发现公司每年由于这种错误提交而浪费的成本高达 43 333 元。作为一家大型高科技公司，部门众多，员工不可能都知道别的部门在干什么，对全体员工进行培训使他们知道别的部门职责也没有必要而且成本高昂、各部分的职责也经常在变动。相对于这么高的成本，项目小组决定在新的流程中增加一个环节，所有提案先提交到这个节点，在这个节点集中判断各建议应该提交的部门（如图 3.20）。

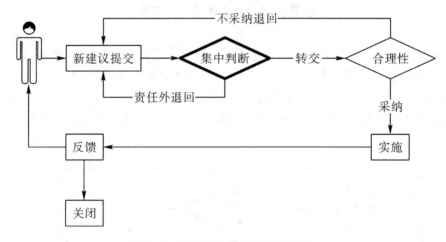

图 3.20　公司合理化建议管理方案二

三、方案判断

在方案一中，菱形粗线框中的"范围判断"是由各个建议处理人的。

在方案二中，将这部分工作统一集中处理，公司只要在这个节点安排一到两个专职文员并对其进行专门的培训即可。在方案一中，处理人进行范围判断时，因为对其他部门工作可能不太了解，不仅判断困难，可能还会错误转交给另外的员工。

在方案二中，专职文员所进行的判断除了范围外，还需要初步判断该建议是否合理、是否重复提交等。如果是，可能直接退回给提交人，如果不是则判断该建议应转交部门。由于该专职文件受过专门培训，其错误转交的概率大大降低。

对于两种设计方案，流程优化小组进行充分的比较分析后，决定采纳方案二。

③选择新的流程。

选择新的流程是对各种备选方案进行分析确认，设计新的过程流程图和流程配套设施的过程。过程流程图是表达新设计思想、完成流程配套设施的重要基础，具有直观、信息量大等优点；而流程配套设施是保证流程正常运行的必要条件。

企业资源管理研究中心提出了流程的七方落实方案，都是关于流程配套设施的（如表 3.15）。

表 3.15   流程配套设施设计事项

序号	七方配套设施	具体要求
1	组织结构	一些范围和规模很大的流程变革可能涉及公司组织结构的较大变化，可能会撤销或成立一些新部门，或者部门的职责需要进行较大的调整。此时，应深入分析现有组织结构是否支持该流程的运行，有没有必要对现有组织结构进行较大调整。在进行流程优化后，应对组织结构及其职责进行调整
2	岗位和职责	在设计新流程时，可能会对该流程的一些关键岗位或部分职责进行调整，有的流程专门设置了流程经理，有的需要对现有岗位的职责进行拓展和增加，如上例合理化建议流程优化时，需要对流程节点文员的岗位职责进行明确界定和说明
3	计划	在设计新流程时，应注意新流程所涉及的计划的重新规范。例如，某公司的市场预测与订单管理流程都优化后，提出按周来进行滚动预测，从而原按月进行的计划管理模式需要做重大变革
4	关键输入、输出变量	流程的输入、输出关键变量可能包括设备、工作计划、标准、表单、总结报告等，在这里主要是指一些管理标准、表单等文件格式规定（设备的具体规定在其他文件中体现）。在分析设计流程配套设施时，应分析有哪些关键变量，这些关键变量该如何规定和细化，并完成具体设计
5	流程绩效考核方式	设计流程时应分析其客户和客户需要，以及流程绩效指标的设置。在设置了这些指标后，应具体说明这些指标是如何进行考核的？由谁执行？考核对象是谁？是否需要纳入公司绩效指标体系中？
6	信息化支撑系统	在进行流程设计时，应深入分析新流程操作方式是否可以在现有信息化系统中运行？需要进行哪些调整？是否需要在现有系统上开发一个新的流程甚至设计一个新的系统来支持该流程及相关流程的运作？如果需要开发新的系统，可能需要耗费多长时间？投入多少人力物力？新的系统能否和现有系统兼容？
7	流程说明书（制度）	在完成了流程图和配套设施的设置后，为了进一步系统地整合新流程的设计思想，方便流程执行者的具体操作。需要编制流程说明书

④编制流程说明书。

流程说明书是流程设计思想的集成，它是流程操作者在实施该流程时的指导和规范。流程说明书一般以制度的方式正式下发，通过公司制度的约束力，将流程的设计思想固化，并使执行部门形成规范和习惯。

第一，封面部分。流程书的封面一般包括以下几方面。

公司名称：可以用全称或简称。

文件名称：一般用"××流程管理办法""××流程说明""××流程手册"来表示。

流程编号：流程文件是公司文件体系的重要组成部分，因此流程的编码也应在公司文件体系编码架构之下。流程编号是该流程在公司流程体系中的编号，可以用"2-4-4"编码方法，即"××-××××-××××+版本号"。各阶编号含义如表 3.16 中所示。

表 3.16　　　　　　　　　　　　流程编号含义

×	×	—	×	×	×	×	—	×	×	×	×
流程适用范围	文件体系代码	—	部门或有关资讯代码				—	流程文件特性分类	流程流水号		

版本号：可以用"V00""V01""V02"……来表达（初始发布为 V00）。例如：A3-C235-D012V01 表示 A 分公司 3 文件体系，C235 部门，D 类流程 012 号流程第 01 版。

流程主要内容概述：简要说明此流程文件所规定的内容。

发布日期：此流程文件正式发布的日期（一般发布日期为正式实施日期；有些企业可能规定正式实施前有三个或半年的试运行期）。

制定者：该流程文件的编制者及其所在部门和联系方式，以便在遇到问题时可以找其咨询。

审批者：该流程具体是谁审批的。

版本号：说明此流程版本号，一般版本号在流程编号中体现出来。

历次修改变动部分内容和变动原因：说明该流程历次版本变动的时间、主要变动内容、变动原因，以便使流程说明文件有追溯性。

第二，正文

目的：正文开头先说明编制此流程说明文件的目的，一般以"为了规范（或实现）×××，特制定此管理办法"。

流程的客户及需要：很多公司在流程说明中都没有这一项，有这部分内容可以增加对流程说明文件的理解。

范围：说明此流程文件适用的范围，是在整个集团，还是某子公司，或者在某个或几个部门。

流程编制原则：简要说明在设计流程时遵循的一些基本准则（满足客户需要是首要原则，这里主要指有关的管理原则）。

名词定义：对该流程中出现的一些关键名词进行界定，以便阅读者能在一些关键定义上达成共识，不至于因对一些概念的理解差异而导致误解。

关联文件：说明此流程文件的关联文件名称和编号（也可以放在附件中说明）。

权责：对流程中一些关键部门的职责进行界定，也可以在具体的节点活动过程中进行描述。

流程节点活动：具体说明流程的各个节点包括哪些活动，是谁承担，这些活动应

该如何操作及注意事项；这些节点的主要输入、输出报表（这些报表可以参见附件"×
××"的形式出现）。

记录保存：该流程文件的制定部门、解释部门、存档部门、发布与实施日期。

第三，附件。在附件中，主要包括以下部分内容。

过程流程图：过程流程图是该文件的核心内容，该文件以围绕过程流程来编写。
由于在阅读时的习惯，将其作为附件。

该过程流程图各节点输入输出的各种重要报表。

★小提示：新流程设计后续工作

　　新流程设计完毕后，一般需要进行一段时间的试运行，目的是为了检验该流程优化后是否真
正有效满足客户需要，从而可以根据新出现的情况和始料未及的问题对设计方案进行修订。在试
运行阶段，对于流程优化小组（流程设计者）和流程执行者（包括流程操作者和流程考核者，流
程执行者中的很多人可能本身也是流程设计小组中的一员）都非常重要。
　　对设计者而言，是发现设计缺陷继续改进的大好机会；对操作者而言，是尽快熟悉新的流程、
改变现有操作方式的有利时机；对流程考核者而言，是发现考核指标设计是否合理、如何科学收
集数据的过程。

【实训练习3.11】根据你熟知的业务领域或商业领域，分析流程设计要素和流程模
块、设计新流程并编制出相应的流程说明书。

3.3　实训思考题

1. 如何进行需求获取？
2. 需求建模方法有哪些？
3. 如何通过需求建模形成需求规格？
4. 业务流程优化的意义何在？
5. 业务流程优化与再造分为哪些工作？
6. 流程再造的关键工作有哪些？
7. 如何进行流程现状分析？
8. 如何进行新流程设计？

4 企业信息系统
业务功能设计实训

企业信息化规划与需求分析、业务流程优化与再造之后，如果将理想的业务形式变成可执行的程序代码，还必须经过功能设计与代码编写工作。本章将介绍企业信息系统业务功能设计的方法、原则，并通过一个实例来演示如何进行这些工作。

4.1 实训要求

通过本章的实训，让学生通过学会企业信息系统业务流程图的绘制技法、企业系统业务功能概要设计、企业系统业务功能详细设计。

本章内容更强调与软件编程接轨，有了企业信息化规划的基础，学生将能够更容易理解本章实训内容。在完成本章实训之后，要能够独立完成相关设计工作。

4.2 实训内容

流行的企业业务系统设计有结构化设计与面向对象设计等方法，在这些方法中，并没有某一种方法更"先进"或更"落后"，而是看是否更适用于当前的系统现状。从物料管理与 ERP 应用的角度，企业信息系统业务模块设计更适用于"概要设计+详细设计"。

为了能更好地适应信息系统开发的习惯，在已有信息资源规划与需求工程的基础之上，进行业务流程图绘制、概要设计与详细设计的实训，将有助于设计的进一步规范，使之直接能够被程序员理解，并最终由程序员实现为信息系统。

4.2.1 企业系统业务流程图绘制技法实训

企业系统业务流程图的绘制工具首推微软公司的 Visio。虽然 Visio 是绘制流程图使用率最高的软件之一，但也有自己的一些不足。所以，结合实际情况选择合适的替代工具不失为一种明智的选择。Visio 的替代工具主要有 Axure、Mindjet MindManager、Photoshop、OmniGraffle 等，其中 OmniGraffle 是评价最高的流程图工具，但仅限于苹果系统使用。SAM 是业务流程梳理工具软件，为流程从业者梳理流程业务提供了便捷、标准化的建模工具，为开展流程梳理、固化、发布工作提供最佳工具支持。

Visio 一开始出现，就非常方便地被用于各类业务流程图、地图、网络图、规划图等设计，其易学易用，便于研讨。Visio 不以华丽的绘制手法取胜，它的方便性与实用性使它成为流程类软件中的翘楚。掌握基本的绘制技法，在正式绘制图形时将会更加得心应手。Visio 软件版本众多，但 Microsoft Office Visio 2003 版覆盖面最广，也容易搜集，更新的版本也是在此基础之上的拓展。因此，本书将以 Microsoft Office Visio 2003 版为实训软件，培训学生正确的绘图观念。

4.2.1.1 Visio 软件概貌

1. Visio 起源

Visio 最初属于 Visio 公司，该公司成立于 1990 年 9 月，起初名为 Axon。原始创始人杰瑞米（Jeremy Jaech）、戴夫（Dave Walter）和泰德·约翰逊均来自 Aldus 公司，其中杰瑞米（Jeremy Jaech）、戴夫（Dave Walter）是 Aldus 的原始创始人，而泰德是 Aldus 公司的 PageMaker for Windows 开发团队领袖。

1992 年，公司更名为 Shapeware。同年 11 月，它发布了公司的第一个产品：Visio。

1995 年 8 月 18 日，Shapeware 发布 Visio 4，这是专门为 Windows95 开发的第一个应用程序。

1995 年 11 月，Shapeware 将公司名字更改为 Visiol。

2000 年 1 月 7 日，微软公司以 15 亿美元股票交换收购 Visio。此后 Visio 并入 Microsoft Office 一起发行。

2. Visio 版本发展

Visio 1.0（标准版，Lite，家庭版）

Visio 2.0

Visio 3.0

Visio 4.0（标准版，科技版）

Visio 4.1（标准版，科技版）

Visio 4.5（标准版，专业版，科技版）

Visio 5.0（标准版，专业版，科技版）

Visio 2000（6.0；标准版，专业版，科技版，企业版），随后在微软收购 Visio 后升级至 SP1

Visio 2002（10.0；标准版，专业版）

Visio 企业网络版，Visio 网络中心版

Visio 企业框架版 2003（VEA 2003）（基于 Visio 2002 并包含 Visual Studio . NET 2003 企业框架版）

Office Visio 2003（11.0；标准版，专业版）

Office Visio for 企业框架版 2005（VEA 2005）（基于 Visio 2003 并包含 Visual Studio 2005 Team Suite 及 Team Architect）

Office Visio 2007（12.0；标准版，专业版）

Office Visio 2010（14.0；标准版，专业版，白金版）

Office Visio 2013（15.0）

Office Visio 2016（16.0）

3. Visio 简介

使用 Office Visio 2003，可以通过多种图表，包括业务流程图、软件界面、网络图、工作流图表、数据库模型和软件图表等直观地记录、设计和完全了解业务流程和系统的状态。通过使用 Office Visio Professional 2003 可将图表链接至基础数据，以提供更完整的画面，从而使图表更智能、更有用。

4.2.1.2　Visio 基本操作

进入 Visio 后显示的主界面如图 4.1 所示，顶部为菜单栏，其下为工具栏。左侧为"选择绘图类型"对话框，右侧为各任务空格（可点击向下的黑色三角形切换）。

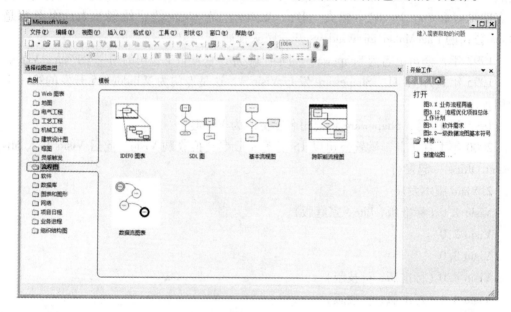

图 4.1　Microsoft Visio 主界面

1. 进入绘图界面

点击"选择绘图类型"中的各个类型，这里先选择"流程图"，然后在中间展开的流程图类型中点击"基本流程图"（也可以点击主菜单"文件—新建—流程图—基本流程图"），然后将进入基本流程图绘制界面（如图 4.2 所示）。

此时，左侧显示出"基本流程图形状""边框和标题""背景""箭头形状"等滑动窗口。尝试点击不同的滑动窗口，将显示不同的形状。

★小提示：增加更多的图形到当前界面中

Microsoft Visio 默认打开的界面中，左侧的滑窗显示的形状通常有限。有时我们希望能够在当前界面中增加更多的滑窗及形状，可以点击工具栏中的"形状"按钮，从中选择其他的内容加入当前界面中。

这种方式加入的形状与菜单"文件—新建"的不同在于，这种方式是"添加到当前界面中"，而"文件—新建"将会创建一个全新的界面，并不能添加到当前界面中。

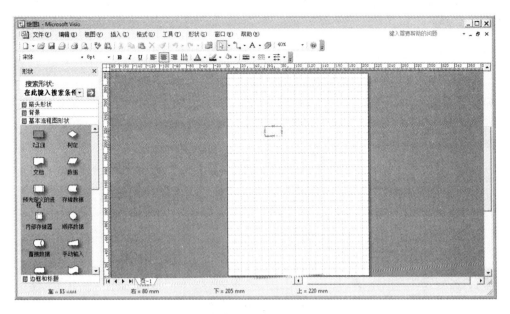

图 4.2　基本流程图操作界面

2. 绘制简单的图形

这里用鼠标点击"基本流程图形状"中的某个形状，然后拖拽到右侧的空白页面处，形状将置于空白页面之上；这里先拖曳任意 4 个形状（如进程、文档、数据、存储数据），自由排列。

为了能够更好地显示编辑的对象，点击工具栏上面的百分比对话框，选择 100% 显示。

当形状处于选中状态时，每个形状上面有八个绿色小方框和一个绿色小圆圈。其中的八个绿色小方框通常可以拖拽不同的大小、长宽，而绿色小圆圈则是旋转手柄，可以拖拽绿色小圆圈将该对象进行旋转；当形状处于未选中状态时，上面通常有 4 个（有时更多个）浅蓝色的小叉，这些小叉名为"连接点"。

拖曳"基本流程图形状"滑动窗口右侧的垂直滚动条，直到出现"动态连接线"，拖曳其中的"动态连接线"到右侧，将其中两个形状进行连接；然后再拖曳一次"动态连接线"将剩余的另外两个形状进行连接。调连接的形状位置，使连接线交叉。

★小提示：两种连接方式

连接有两种方式，一种是固定连接方式，即让动态连接线的一端停靠在形状的连接点上，使该连接点变成中间有黑点的红色小方框；另一种是动态连接方式，即让动态连接线的一端停靠在形状中心位置后放手，此时的连接点将会变成中间无黑点的红色小框。通常我们在绘制需要经常研讨的复杂草图时使用动态连接，而正式确定的或者非常简单的图形会使用固定连接。

无论动态连接方式还是固定连接方式，一旦连接好形状，拖曳形状时连接线会跟着调整。固定连接方式的连接点固定不变，动态连接方式的连接点会自动根据当前位置的关系进行调整。

使用连接线连接后，连接线会跟随元件的移动而移动，这样有利于多人进行研讨。

连接如果正常，那么交叉的两条动态连接线中的其中一条上面将会出现一个小弯，

这个小弯叫"跨线"（见图 4.3）。跨线是为了正常显示复杂的交叉线的一种智能举措。

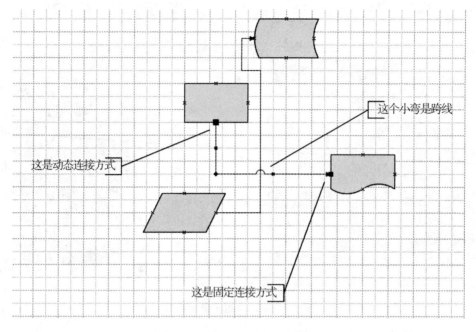

图 4.3　不同的连接方式与跨线

3. 保存与插入到 Word 文本中

绘制完成后，点击主菜单"文件—保存"（此时将会弹出"另存为"对话框）保存文件到桌面上，命名为"交叉四元件"，默认保存的文件类型为"绘图"（如图 4.4）。

"绘图"文件类型为 Visio 特有的格式，其后缀名为"VSD"，这种格式可以在以后重新进入 Visio 时再次进行编辑。

图 4.4　Visio 保存界面

Visio 的图形绘制通常是了为插入到 Word 文档之中进行图文混排的。当图形绘制完成后，通常是希望通过简单复制、粘贴插到 Word 文档之中。也许不少人也是这样操作的，并且认为这样做很正常。不过，这样做有明显的弊端：由于最终成文的含图 Word 文档不一定在当前装有 Visio 的电脑上打印，所以在其他未装有 Visio 的电脑上打印时可能会显示异常。为了能够正确地在其他未装有 Visio 的电脑上正常显示、打印，应按如下方法操作：

保存为正常的"绘图"类型之后，再次点击主菜单"文件—另存为"进入"另存为"对话框，点击其中"保存类型"为"JPEG 文件交换格式"（可能需要拖曳下拉列表框的垂直滚动条来找寻），然后点击"保存"按钮进入"JPG 输出选项"对话框，将其中的"质量"选项改为 95%、"分辨率"和"大小"均选择"源"（见图 4.5），然后点击确定保存 JPG 文件。

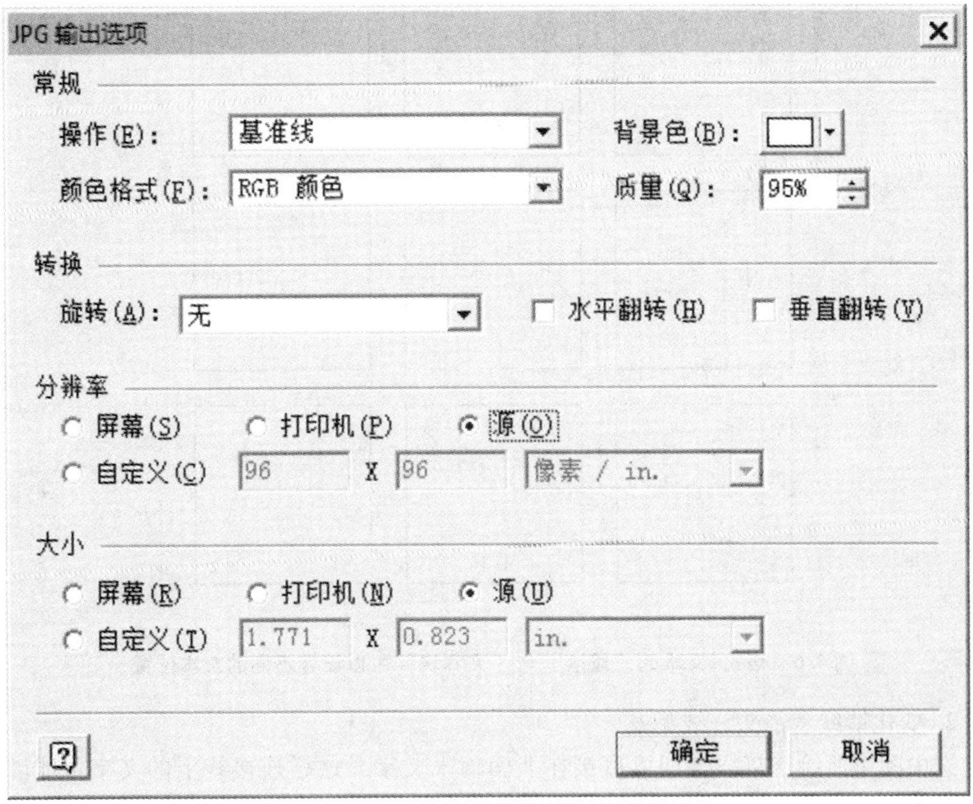

图 4.5　JPG 输出选项

进入 Word 后，点击菜单"插入—图片—来自文件"，然后选择刚才保存的那个 JPG 文件，即可插入到 Word 中。有时在 Word 中图形显示不完整时，可以点击图片，然后点击 Word 的"图片"工具栏，从中选择"文字环绕"，再选择"上下型环绕"即可完整显示（这里以 Micorsoft Word 2003 版为例）。

【实训练习 4.1】尝试自己绘制简单流程图，并按上述方法插入到 Word 中。

4.2.1.3 修饰 Viso 图形形状

1. 调整文本的字体、字号和位置

在基本的形状上点击或双击，可以输入文字，不过默认的字体字号一般是宋体 8 号，字体细小，如果作为流程图导入到文本中通常显示不清晰。为了能够清晰，建议使用黑体 10 号比较合适，当然如果图形简单设置为 12 号也可以。

文本默认的位置一般是形状的正中，有时为了流程设计的需要，需要将文本的位置进行调整。点击菜单"格式—文本"将弹出一个对话框，里面可以进行更复杂的设置。比如"段落"中的水平对齐方式和"文本块"中的垂直对齐方式可以将文本自由定位于框的左、中、右等位置（如图 4.6），有兴趣的读者也可以尝试一下。

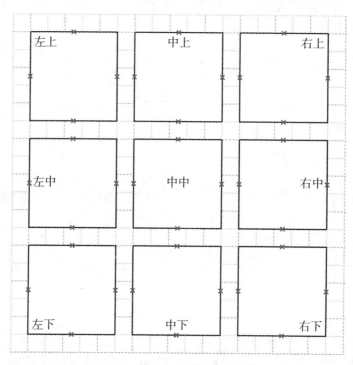

图 4.6　格式-文本的"段落"与"文本块"可以设置不同的文本位置

2. 变化箭线、箭头、线型

选中图中所绘连接线，即可直接在上面输入文字，这样连接线上的文字更能够丰富相关信息。

选中图中所绘连接线，再点击工具栏上的"线条粗细""线型""线端"等按钮，可以设置不同粗细、线型（比如实线与虚线）、线端（比如箭头类型或方向）。这样设置之后，连接线的变化非常之多（如图 4.7）。在"基本流程图形状"滑窗里还有一个"直线-曲线连接线"可以用来绘制弧形连接线。

3. 设置文字、线条或形状的颜色

颜色有文字颜色、线条颜色、填充颜色三类。选中形状后，点击工具栏上的"文字颜色""线条颜色""填充颜色"可以设置选中形状里的文字、边框（或连接线）、

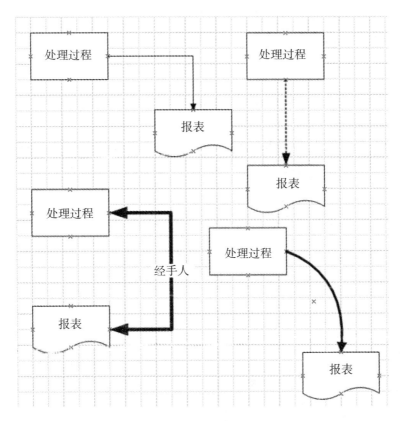

图 4.7　不同的箭头箭线

形状自身的颜色。

　　工具栏上的颜色设置非常方便，不过如果使用"格式"菜单中的"文本""线条"和"填充"将会有更多的颜色设置功能。

　　4. 移动文本块的位置

　　文本块是指与某个形状相关联的文本区域。文本块一般默认在形状的正中或下方。有时需要将文本块位置进行调整，那么就需要用到工具栏中的"文本块"工具了。选中某个输入有文字的形状，点击工具栏的文本工具右侧的黑色小三角形，可以从中选择文本块工具（如图 4.8）。

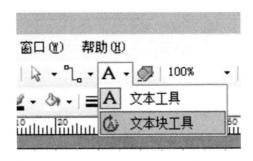

图 4.8　文本块工具

将鼠标移到形状中的文本位置，鼠标箭头将发生变化，并出现"移动文本块"的提示框，此时可以拖曳文本块到不同的位置。这样便于在流程设计时，将文本块自由移动到不同的位置。移动完毕后，点击工具栏上的指针工具恢复选择状态。

5. 增加更多的连接点

一个常见的形状上面一般只有 4 个连接点，绘制复杂的流程图时，多条连接线挤在一起，再加上箭头密密麻麻根本看不清，这时就需要在形状上增加更多的连接点。

首先选中需要增加连接点的形状，然后点击工具栏上的连接线工具右侧的黑色三角形选择"连接点工具"（如图 4.9）。

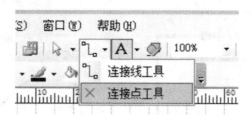

图 4.9　连接点工具

然后，按住 Ctrl 键不放，将鼠标移动到选中形状的边框上，可以发现出现了一个小十字点，此时点击将会新建一个连接点；如果选中某个连接点按键盘上的 Delete 键，将会删除选中的连接点。形状上绘制多个连接点后，可以与多条连接线进行连接。

最后，重新点击工具栏上的指针工具，以完成连接点编辑。

6. 填充变化

选中形状后，点击工具栏上的"填充颜色"只能填充单色，对于一些图形效果要求较好的设计而言显然不够。其实，填充可以有更多变化：选中形状后，点击菜单"格式—填充"，你可以填充不同的图案和调整透明度，同时可以设置阴影及透明度（如图 4.10）。

为了在今后的设计中体现更好的图形效果，读者可以操作熟悉一下各种填充的变化效果。

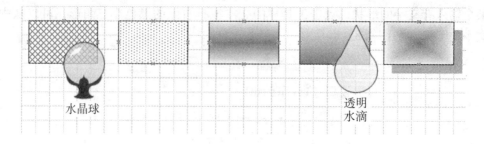

图 4.10　各种填充的效果变化

7. 圆角和阴影

有时为了让矩形等生硬的边角形状或者转折的连接线变化为有一点圆角效果，可以点击菜单"格式—圆角"和"格式—阴影"对形状或连接线进行调整（如图 4.11）。

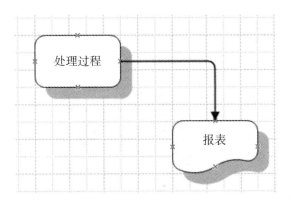

图 4.11　经过圆角和阴影处理的图形

★ 小提示：格式刷
如果你定义好了某一个形状（包括字体字号、阴影圆角）等，选中这个形状后点击工具栏上的格式刷，再点击其他未定义的形状，那么前一个形状的格式（包括字体字号、阴影圆角）将会立即套用到后一个形状中去。 　　通过格式刷，可以快捷地对图中的形状、连接线等进行格式定义。

【实训练习 4.2】尝试自己绘制各类形状，并按上述方法进行修饰。

4.2.1.4　形状操作

1. 对齐与排放

虽然 Micorsoft Visio 提供了水平和垂直参考线、背景的对齐框等方式辅助操作者进行对齐工作。不过，有时为了提高工效，可以选中若干个形状后，点击菜单"形状—对齐形状"就可按水平（左中右）或垂直（上中下）进行对齐操作，使图形看起来工整。

2. 自定义形状

有时为了设计工作所需，Visio 自带的形状未必够用。这时，我们需要自己创建一些图形。

【实训练习 4.3】绘制自己的形状。

第一，绘制月亮。在 Visio 页面中拖曳入两个部分重叠的正圆形，选中这两个正圆形（可以按 Ctrl 键分别点选，也可以通过鼠标拖曳一个选区选择）。点击菜单"形状—操作—拆分"，此时原来交叠的两个正圆形被拆成了三个形状，其中有两个月亮形状。

第二，利用月亮绘制人脸。再拖曳入一个新的正圆形（用鼠标右键点击新拖入的正圆形，从右键弹出菜单中选择"形状—置于底层"）。将两个月亮填充为黑色，并移动、旋转、缩放两个月亮，使之形态类似于人的头发。然后，将两片黑色的月亮当作人的左右对分的发型，移到正圆形的上方，那么一个基本的人脸就基本完成了（如图 4.12 所示）。

第三，群组形状。现在三个形状虽然摆在一起像一个人脸，但一起移动显得不方便。全部选中这几个组成人脸的形状，再点击菜单"形状—组合—组合"，就可以将这三个形状变成一个形状了。

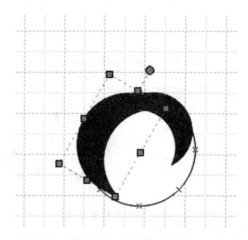

图 4.12　利用拆分工具完成人脸绘制

第四，定义文本。由于是群组的形状，因此双击输入文本无效。只能选中这个群组形状后直接输入文字，然后利用文本块工具将文字移到图形下方。

★ 小提示：如何在高版本 Microsoft Visio 中打开自定义形状来新建模具

从 2007 版开始，Microsoft Visio 与 Microsoft Office 进一步整合，操作界面发生了重大的改变。在基本的工具栏中，进行拆分、合并、剪切等形状操作的菜单消失了，这时如何完成相关的形状操作呢？答案是"开发人员模式"。

在高版本 Microsoft Visio 中（如 2007、2010、2013、2016 等），点击主菜单"文件—选项"，在弹出对话框中点击左侧的"高级"，然后拖拽右侧的垂直滚动条到对话框底部，在右侧的"常规"组中勾选"以开发人员模式运行"，确定后顶部工具栏将多出一项"开发工具"的标签页，这样就可以进行形状操作了。

【实训练习 4.4】绘制单代号网络图框。

单代号网络图框是项目管理中单代号网络图法所使用的形状，它由 5 个矩形框和 1 个文本对象组成。

第一，拖曳一个矩形框并绽放成小正方形。

第二，选中这个小正方形，按三次 Ctrl+D 键克隆形状，这样共有 4 个同等大小的正方形。

第三，拖曳一个矩形框，其高度等于两个小正方形的高度。

第四，点击工具栏上的"文本"工具，然后输入大写英文字母 D。

第五，将 4 个正方形和一个矩形框、字母 D 排列到一起，全部选中后按 Ctrl+G 群组为一个形状。

第六，现在，一个单代号网络图框形状已经绘制完成（如图 4.13 所示）。

第七，在选中这个单代号网络图框的前提下，再缓慢点击一至两下其中左上角的那个正方形（保证这个正方形正好被选中），输入字母 ES；同样方法，再将其他的框中分别输入文字（见图 4.13）。

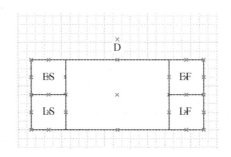

图 4.13　单代号网络图框绘制

4.2.1.5　自定义模具实训

有时候，当我们绘制完一些自定义形状后，在今后仍然可能再次使用。这时，就需要自定义模具。

【实训练习 4.5】定义"我的流程模具"。

第一，点击主菜单"文件—形状—新建模具"。这时，左侧滑窗处将会出现一个新的滑窗，名为"模具 1"。

第二，将刚才绘制的人脸形状拖曳到左侧的"模具 1"滑窗中，这时滑窗中出现了人脸形状的图标，系统自动为其命名为"主控形状. 0"。

第三，选中滑窗中这个人脸图标，点击鼠标右键，在弹出菜单中选择"重命名主控形状"，将"主控形状. 0"更名为"操作员"。

第三，将刚才绘制和单代号网络图框拖曳到左侧的"模具 1"滑窗中，按 F2 键后更名为"单代号网络图框"（见图 4.14）。

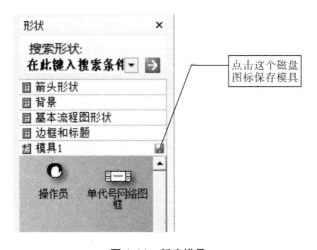

图 4.14　新建模具

第四，点击"模具 1"滑窗中的磁盘图标，保存模具名为"我的流程模具"。此时，滑窗"模具 1"变成了"我的流程模具"，并且滑窗上的磁盘图标将会消失。

★小提示：如何复用自定义模具
默认模具名保存在"我的文档—我的形状"文件夹中，后缀名为"VSS"，将自定义的模具文件备份。   以后需要复用时，只需要在安装有 Microsoft Visio 的电脑中，将此模具备份文件再次拷贝到"我的文档—我的形状"文件夹中。然后，进入 Micorsoft Visio，点击菜单工具栏"形状—我的形状"，就可以再次找到自定义形状加以复用。

【实训练习4.6】参考图 4.15，尝试自定义更多的形状，再分别定义不同类别的模具，将这些形状分类放入保存、复用。

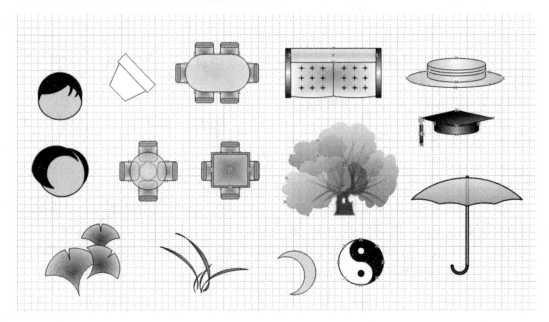

图 4.15　尝试自由创作一些自定义形状

4.2.2　企业信息系统业务功能设计实训

企业信息系统业务功能概要设计是在需求分析工作完成之后，形成了《需要规格说明书》的基础上进行的；而详细设计又在需求分析、概要设计的基础上进行的。

4.2.2.1　从需求规格到概要设计

为了能够更好地理解概要设计的内容，以下以一个相对独立、完整的案例来介绍。

【参考4.1】某图书馆借阅系统概要设计。

为了能够更好地理解如果开始概要设计工作，以下的案例中假设已经完成了信息资源规划（包括研制职能域与业务过程、用户视图分析、数据结构规范化、数据流分析）、需求工程（需求获取、需求建模与需求规格形成）、业务流程优化与再造（流程规划、流程现状分析、新流程设计）等工作，并形成了一份相对完整的《图书馆借阅系统需求规格说明书》。

图书馆借阅系统需求规格说明书

一、引言

一个软件系统从立项到实际使用，大致需要经过软件计划、需求分析、系统设计（包括概要设计、详细设计）、编程、测试以及维护等几个阶段，在这几个阶段中，工作量最大的是系统设计，这一个阶段也是保证一个软件系统成败的关键。

经过前阶段的工作，根据相关研究，我们对整个系统有了一个共同的理解，系统目的是为了达成一个实用、高效、低成本的图书馆借阅功能管理系统解决方案，能够为图书馆工作提供依据与方便。

二、系统架构与主要功能模块设计

（一）业务流程分析

图书馆的业务分为创建图书证、借书业务、还书业务几大块。为避免业务复杂导致理解困难，将业务流程图按业务分为多幅图以便于理解。

1. 图书证办理业务流程图

该图书证主要根据学生证进行办理，程序自动生成图书证档案和图书证，并打印塑封后交给学生。（如图 4.16）。

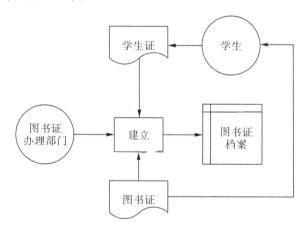

图 4.16　图书证办理业务流程图

2. 图书证借书业务流程图

学生自行到书库查找到图书并带到借还书处，同时将图书证交上办理。借还书处通过扫描图书证判断是否可以借书，可以后再扫描图书上的条码标签并办理借书手续。扫描后电脑将相关数据自动记录入数据库中（如图 4.17）。

图书上的条码是重要的数据来源，汇同图书证上的图书证号，能够在图书证档案上记录图书证号与书号。注意：学生借完书后就带走了书，图上并未反映出来，原因是此业务反映的是物流而非信息流；此图上只显示信息流。

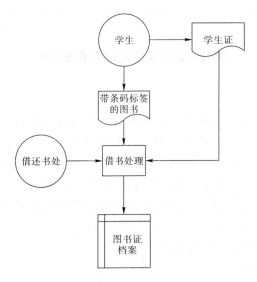

图 4.17 借书业务流程图

3. 图书证还书业务流程图

学生将带条码标签的图书交到借还书处，借还书处扫描图书上的条码标签，系统自动判断是否超期并处理相关还书手续（如图 4.18）。

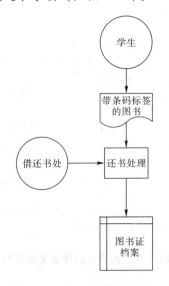

图 4.18 还书业务流程图

图书上的条码标签是重要的数据来源，扫描还书后电脑自动在图书证档案中销掉相关借书记录。图书证本身只能提供一个身份识别，上面并不存储数据。借还书的相关数据仍然保存在图书证档案库中。

（二）概要设计

接下来，就是系统概要设计阶段。概要设计主要分为两大版块：一是数据流分析（形成二级数据流图）和数据库概念设计，二是功能模块划分与简要的功能模块设计。

1. 二级数据流图与数据库概念模型

根据系统分析与数据流分析，最终设定二级数据流图，如图 4.19 所示。然后，根据需求规格说明书，设计数据库模型，在概要设计阶段，只设计出概念模型即可。

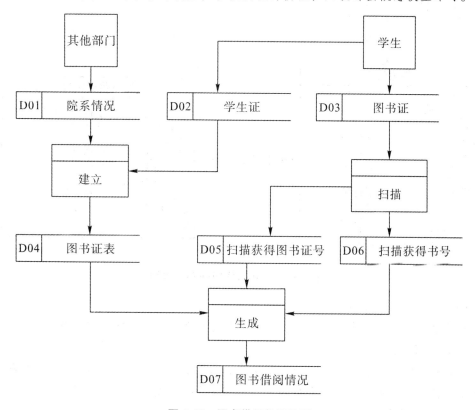

图 4.19 图书借阅数据流图

在需求分析阶段，分析人员在分析数据流图、实体关系图的基础之上，进一步细化，完成了图书馆借阅数据库概念模型（如图 4.20）。

数据库模型表示本系统所需要涉及的数据表。为了让数据统一，数据表中某些字段并不记录具体的文字内容，而是记录了该文字内容的代码。因此，为了在当前表中显示该字段的文字内容，必须使用外键。

"图书证表"中有一个叫"院系"的字段，计划使用 20 字节长度，只能够记录院系的代码，但在屏幕显示的时候并不显示院系代码而直接显示院系名称。因此，这里建立了一个名为"院系情况"的外键"FK"指向名为"院系情况"的表，表示当前"院系"字段的代码将显示"院系情况表"中的该代码对应的"院系名称"。

2. 功能模块功能描述

根据职能域与业务过程、业务活动分析，最终确定图书馆借阅功能业务分为三个功能模块。

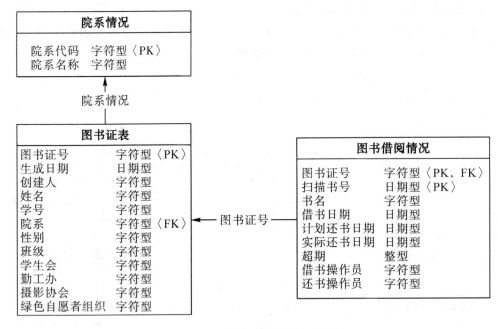

图 4.20 图书借阅数据库概念模型

（1）图书证办理功能。

根据学生出示的学生证进行办理，程序自动要生成图书证档案和图书证。

（2）图书证借书业务。

通过扫描学生图书证判断是否可以借书，如果符合条件再扫描图书（学生将书库中查找到图书）上的条码标签并办理借书。扫描后将相关数据自动记录入数据库中。

（3）图书证还书业务。

扫描学生归还的图书上的条码标签，自动判断是否超期并进行相关还书处理。

【实训练习4.7】请根据你在前面撰写完成的需求规格说明书，完成一份概要设计。

【实训练习4.8】参阅需求规格说明书的实例，以你熟知原某个领域的信息系统开发或者天华电动自行车厂的某管理领域为对象，撰写一份概要设计。

4.2.2.2 企业信息系统业务功能详细设计实训

1. 详细设计的要求

在概要设计工作完成之后，为了能够使程序员实现的程序代码与设计人员、需要分析人员以及客户的要求相符，还需要完成详细设计报告。设计人员完成详细设计报告后，应首先对比需求规格说明书和概要设计报告，看是否与之不符；如果没有问题，再交由需求分析人员和概要设计人员研讨，确认无误后才能将详细设计报告交给程序员编写代码。

★小提示：测试用例编写时间
在完成设计报告的同时，测试用例也同期开始编写了。这项工作一般也是由设计人员完成的。

　　企业信息系统业务功能详细设计主要有两个方面：一是详细的数据库设计，细化到数据字典；二是按功能细化的设计，包括人机交互界面、功能详细分解等。详细设计对细化的要求较高，通常要求细化到功能不可再分割的程度，并且使程序员只看设计报告而不与设计人员交流讨论就能理解设计人员的想法（程序员与设计人员交流人工成本非常高，并且影响后续设计进度）。

　　2. 详细设计内容

　　以下接着前述图书借阅功能概要设计，展示详细设计的内容。

　　（1）数据字典设计。

　　【参考4.2】某图书馆借阅系统数字字典详细设计。

　　根据需求分析与概要设计，将概要设计中的数据类型进一步细化成具体的数据类型，并明确其长度。中文描述与引用说明与同时标注清楚（如表4.1、表4.2、表4.3）。

表4.1　　　　　　　　　　　　　图书证表（TSZB）

列名	数据类型	中文描述	主键	非空	引用与说明
TSZH	varchar（8）	图书证号	√	√	
SCRQ	datetime	生成日期		√	
CJR	varchar（8）	创建人		√	
XM	varchar（10）	姓名		√	
XH	varchar（10）	学号		√	
YX	varchar（20）	院系			YXQK·YXDM
YB	varchar（1）	性别			1—男　　0—女
BJ	varchar（1）	班级			
XSH	varchar（1）	学生会			1—是　　0—否
QGB	varchar（1）	勤工办			1—是　　0—否
SYXH	varchar（1）	摄影协会			1—是　　0—否
LSZYZZZ	varchar（1）	绿色表愿者组织			1—是　　0—否

★小提示：引用与说明
表中的"YXQK·YXDM"（中间用圆点符隔开），表示将引用 YXQK 表中的 YXDM 字段中的值为当前表中当前字段的值，即当前表当前字段值不能随意创造，来源是有依据的。 　　"1—是　　0—否"或者"1—男　　0—女"表示当前字段的值不能随意创造，是枚举类型。必须是 1 或者 0，例如当值为 1 时，界面显示为"是"，当值为 0 时，界面显示为"否"。

表 4.2   院系情况（YXQK）

列名	数据类型	中文描述	主键	非空	引用与说明
YXDM	varchar（20）	院系代码	√	√	
YXMC	varchar（30）	院系名称			

表 4.3   图书借阅情况（TSJYQK）

列名	数据类型	中文描述	主键	非空	引用与说明
TSZH	varchar（8）	图书证号	√	√	TSZB·TSZH
SMSH	varchar（12）	扫描书号	√	√	
SM	varchar（50）	书名			
JSRQ	datetime	借书日期		√	
JHGHRQ	datetime	计划归还日期			
SJGHRQ	datetime	实际归还日期			
CQ	integer	超期			
JSCZY	varchar（10）	借书操作员		√	
HSCZY	varchar（10）	还书操作员			

★小提示：详细设计中常用的数据类型

数据类型的选择是有讲究的，常用的数据类型有如下几种：

（1）varchar 类型，这是一种变长字符型，一般用于短文本输入或编码（无须进行加减乘除运算）的输入；如果某条记录未输入值，则长度为 0。

（2）char 类型，这是一种定长字符型，与 varchar 不同的是，即使没有输入，它也占一定的长度（定义的长度）。

（3）text 类型，表示大文本对象类型，比前两种类型能够输入更多的类型。

（4）int 或 integer 类型，这是整型，表示整数数字。

（5）dec 或 decimal 类型，这是常用的可以带小数位的数字型，如 decimal（12，2）表示总长为 12，小数位为 2，则整体部分长度为 9，小数点占一位（正负号不占位）。

（6）double 类型，这是双精度类型，如果你需要很高的小数位精度和很大的数，就可以采用这种类型，能够表示比 decimal 更大的数。

（7）float 类型，这是浮点类型，如果你要表示很长的小数位（整数部分表示不多），那么就该选它了。

（8）datatime 类型，日期时间形，格式有多种表示，如 2015-11-30 12：59：33

（9）image 类型，镜像类型，可以保存图像、压缩文件等非常大的文件。

由于数据库的多种多样，还有许多类型没有介绍，不过上述几种已经基本够用了，可以在各大流行数据库之间方便移植。

（2）业务功能模块详细设计。

本部分设计是全文的核心部分，主要是通过界面设计、功能详述、关键代码设计来组成。无论是涉及界面、功能、还是关键代码的设计，均需要理解为该部分内容为系统设计师写出来给程序员看的。对于大家通用的东西可以不用描述出来，而个性化的内容则必须描述清晰，以免出现理解偏差（无论是界面、功能的文字描述还是关键代码或者伪代码）。

比如：某 Web 页面，可以只画出 Web 页面打开后显示的部分（个性化部分），而不必画出整个浏览器基本界面，因为浏览器的基本界面每台电脑都是相同的，不是个性化的。

【参考 4.3】某图书馆借阅系统业务功能模块详细设计

1. 图书证档案建立

进入该界面后会自动新增一条记录，即自动生成一个图书证号，并自动将当前操作员的姓名（工号）和生成日期生成（不可修改），如图 4.21 所示。

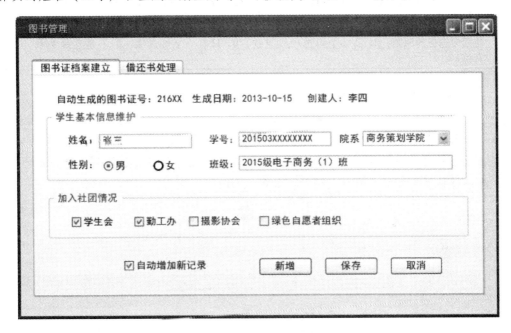

图 4.21 图书证档案建立界面

由图书证档案建立人员手工录入学生姓名、学号、班级；通过下拉列表框选择录入院系，选择录入性别与加入社团的情况。

默认"自动增加新记录"为已选项，用户如果选择了此选项，则点击保存按钮保存数据后自动将新增一条记录；否则不新增记录。

点击"新增"后自动新增一条记录，同进入该界面时的功能一样。

（备注：这里没提供"删除"功能，这个功能暂时省略，由另一个维护模块来完成。在另一个维护模块中，将用表格方式显示图书证的情况，一个人一行记录；维护人员可以通过多选一次删除一批记录，也可以双击某条记录查询不可编辑的如上图的详细情况）。

点击"保存"按钮将自动保存当前信息，并同时打印出一份新的图书证。

点击"取消"按钮将取消当前信息的编辑，关闭当前窗口，并返回到上一级功能。

★小提示：人机交互界面设计要点

·绘制人机交互界面的缘由

图中的个性化元素非常丰富，有下拉列表框、单选钮、复选框、页标、文本框、按钮、分组框等内容，虽然显得比较复杂，但清晰明了。如果不画图的话，无法想象设计师怎么才能够通过不见面的方式把设计意图准确无误地告诉程序员——这就是绘制人机交互界面图的意义所在。

画图不能通过系统运行截图来实现，因为画图是设计的一部分工作，此时程序员还没有开始编程工作，因此根本就没有可以用于截图的系统（图 4.21 是用 Micorsoft Visio 工具栏中的"形状—软件—窗口和对话框"、"形状—软件—工具栏和菜单"、"形状—软件—公共控件"来绘制的，并没有利用其他编程软件工具）。如果此处显示的是系统截图，那么就意味着该系统跳过了设计过程而直接开始编程工作了——违背了软件工程中先分析、再设计、再编码、再测试的循环原则（系统原型法中的先做一个粗糙系统，再根据客户意见修订、精化并不适用于本设计）。

·功能控件选用原则

使用编辑框的原则：没法选择，只能通过手工录入。

使用下拉列表框的原则：可以通过其他地方预先进行录入，以供更多的地方选择，减少手工录入工作量。

使用单选钮的原则：只能进行多选一，且几者有明显的互斥关系（如：男、女）。

使用多选钮的原则：A. 有多个可选项供复选；B. 只有一个可选项，但不是互斥关系（如：是否党员）。

由于业务很简单，可以通过活动图即描述清楚，因此文字暂省略。如果业务复杂，通过活动图不易描述清楚，则可能需要通过伪代码、用例数据（提供输入数据和正确的输出数据，能够明确理解的处理方法）、文字描述等共同完成。关键算法设计不一定是必需的。在某些不容易讲清楚的地方也许就需要，或者程序特别复杂时就需要。

图书证档案建立的关键算法设计，如图 4.20 所示。

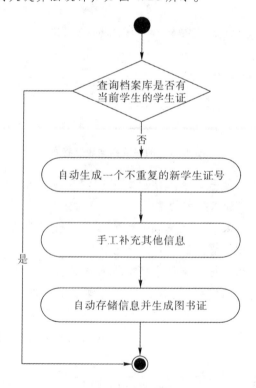

图 4.22　建立图书证档案活动图

★小提示：伪代码设计示例

有时，关键算法用活动图并不一定能够很好地被程序员所理解，这时需要用到伪代码来进行设计。伪代码类似于程序代码，但却用大家更易理解的形式来表达。以下给出一个伪代码的示例供参考：

首先由用户选择左边的树状结构中的某一条，系统自动在右边的数据窗口中滚动到该编号记录处。如果用户不做选择，系统进入时选择左边为根项目（编号），并自动在右边滚动到根项目（编号）记录处。

当用户选择该树状结构时，读出该级品相等级的当前品相等级号。

当用户点击"修改"按钮后，系统根据当前读取的品相等级号。

IF：当前品相等级号是末级（通过父子链判断）THEN

IF：当前品相等级号已被外键表引用 THEN

　　弹出禁止修改的警告框

ELSE：//当前品相等级号未被外键表引用

　　读取品相等级（Qualitygrade）表中该品相等级号的所有字段信息并显示在弹出的 Form 格式的表单中（注意：可以修改所有可编辑列，窗口编号：qualitygrade_ 02）；

END IF

ELSE //当前品相等级号是非末级（通过父子链判断）

FOR 递归查找当前品相等级号及其下级所有品相等级号是否已被引用

NEXT　 //结束递归循环

　　IF 已被引用 THEN

　　　　读取品相等级（qualitygrade）表中该品相等级号的所有字段信息并显示在弹出的 Form 格式的表单中（注意：禁止修改品相等级号和父级号码，窗口编号：qualitygrade_ 02）；

　　ELSE //未被引用

　　　　读取品相等级（qualitygrade）表中该品相等级号的所有字段信息并显示在弹出的 Form 格式的表单中（注意：可以修改所有可编辑列，窗口编号：qualitygrade_ 02）；

　　END IF

END IF

用户录入完毕后，点击"确定"按钮，系统将提交保存当前记录，如果不成功将给出警告提示。

如果提交成功，系统将关闭当前窗口（qualitygrade_ 02），返回原 Grid 格式的窗口（qualitygrade_ 00）。

如果用户点击"重置"按钮，系统将清空当前记录的所有项。

如果点击"取消"按钮，系统将自动对当前是否进行过编辑进行判断，如果未进行过编辑就直接关闭当前菜单返回 Grid 格式的窗口；如果已进行过编辑就弹出提示窗口，让用户选择操作：

如果用户点击"保存"按钮，系统将保存当前记录内容，并关闭窗口 qualitygrade_ 02，返回到原 Grid 格式的窗口（qualitygrade_ 00）。

如果用户点击"放弃"按钮，系统将不保存当前记录内容，并关闭窗口 qualitygrade_ 02，返回到原 Grid 格式的窗口（qualitygrade_ 00）。这时的 Grid 格式窗口和左边的树状结构将不作任何变化。

如果用户点击"取消"按钮，系统将关闭提示窗口，返回到 qualitygrade_ 02 窗口界面。

手工录入品相等级号、中文名称、英文名称、备注，系统将前面读取的当前级品相等级号码自动录入到"父级号码"字段中，并显示在屏幕上；对于生效标记采用复选框格式，选中时值为 1，未选中时值为 0，检测标记采用下拉列表框枚举（枚举类型详见字段说明和数据校验）。

系统自动根据当前情况录入输入者号、输入者名、输入日期。

---

2. 图书借阅功能设计

通过手持条码扫描仪自动识别、建立相关数据。借书限额数由另一系统模块提供，这里只读取出来，进入该界面自动读取（通过扫描条码）当前图书证号、当前借书情况（如图 4.23）。

这个系统中的借还书全部是通过扫描仪处理的，而另一些比较复杂的系统中进行计算时，要有一个计算按钮，如果计算时间较长，要提供一个进度条来完成。并且计

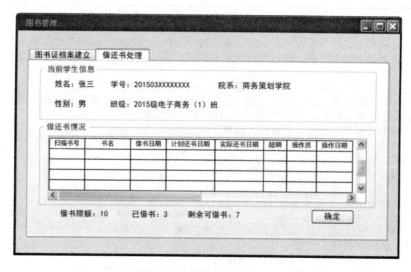

图 4.23 借还书显示界面

算的过程描述一定要详细而准确、不使读者产生歧义（如提供图表、数据、计算公式、算法文字描述等），借书处理活动，如图 4.24 所示。

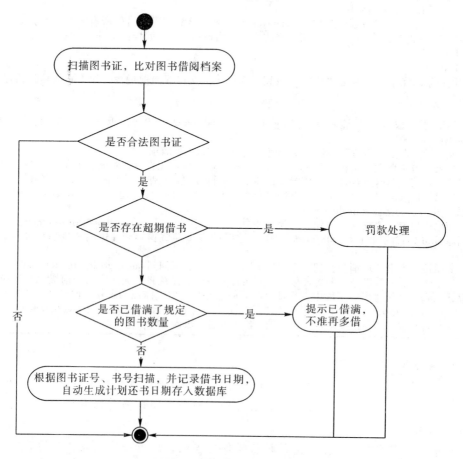

图 4.24 借书处理活动图

3. 图书归还功能设计

图书归还所使用的人机界面与图书借阅的人机界面一样，如图 4.23 所示。通过手持条码扫描仪自动识别、建立相关数据。借书限额数由另一系统模块提供，这里只读取出来，进入该界面自动读取（通过扫描条码）当前还书情况和剩余借书情况，还书活动如图 4.25。

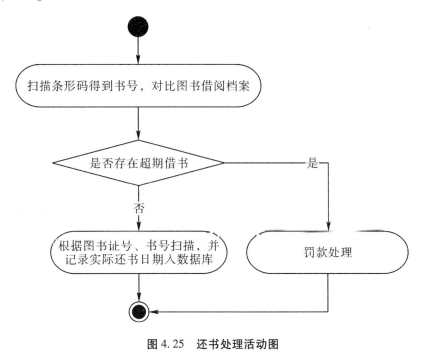

图 4.25　还书处理活动图

【实训练习 4.9】请根据你在前面撰写的概要设计，撰写一份详细设计文档。

4.3　实训思考题

1. 流程图绘制应该是复杂华丽好，还是简单明确好？

2. 为什么需求工程、信息资源规划等阶段做过的数据流设计等工作，在概要设计阶段还要做？

3. 需求分析阶段与概要设计、详细设计阶段在数据设计上有什么细节上的差别？

4. 详细设计要详细到哪个程度？

5. 为什么要细致地绘制人机界面图？

6. 必须使用伪代码或者关键业务的活动图吗？

7. 需求规格说明书、概要设计文档、详细设计文档的读者是哪些人？

8. 企业信息化规划、需求分析、业务流程优化与再造、企业信息系统业务功能设计是同一批人做的吗？

5 生产排程计划编制实训

企业资源计划（ERP）是以计划为驱动的计算机信息系统，计划也是企业管理的首要职能。只有具备强有力的计划功能，企业才能指导各项生产经营活动顺利进行。当前，企业所面临的市场竞争越来越激烈。在这种情况下，企业要生存和发展，就必须面对市场很好地计划自己的资源和各项生产经营活动。生产排程计划是企业资源计划（ERP）中最核心的动态计划工作，包括生产计划、主生产计划、粗能力计划、物料需求计划、能力需求计划、车间作业计划等内容。

这里的计划不同于计划经济中的"计划"，这里的计划是指预先进行的行动安排，包括对事项的叙述、目标和指标的排列、所采用手段的选择以及进度的安排等。制造业的生产管理核心在计划，并以计划为龙头配置相关资源。计划也是企业组织生产、管理营运的基本手段。纵观世界级企业，它们的显著特点就是都有一个以计算机系统为工具的有效生产计划控制系统。所以，ERP 系统也是一个以计算机系统为工具的有效的生产计划控制系统。

5.1 实训要求

为了能够更好地理解和掌握企业资源计划中的各种生产管理计划，仅仅依赖于某些软件是不够的。必须通过自己身体力行的按理论方法填制、实践操作才能真正透彻理解和融会贯通 ERP 计划的原理、思想与方法。

通过本章实训，认真按要求进行分析、计算、填制，并不断对比案例中的差别，掌握 ERP 计划编制的精髓。

5.2 实训内容

ERP 是计划主导型的生产计划与控制系统。ERP 的计划管理中包括两个方面的计划，一方面是需求计划，另一方面是供给计划。两方面的计划相辅相成，从而实现企业对整个生产经营活动的计划与控制。

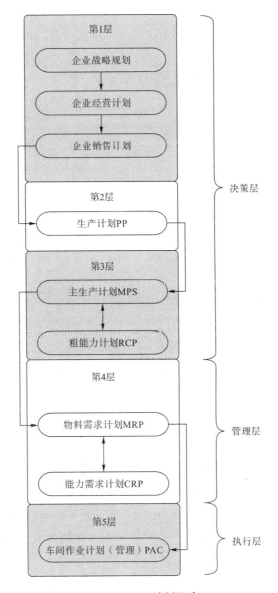

图 5.1　ERP 计划层次

在 ERP 中，计划也是系统的核心，主要包括决策层、管理层、执行层的计划，每个层次又各有划分（见图 5.1）。这些层次计划实现了由宏观到微观、由战略到战术，由粗到细的深化过程。越接近顶层的计划，对需求的预测成分越大，计划内容也越粗略和概括，计划展望期也越长；越接近底层的计划，需求由估计变为现实，计划的内容也越具体详细，计划展望期也越短。

本章实训主要针对生产计划大纲、主生产计划、物料需求计划、粗能力计划、能力需求计划等，各计划之间有相当高的关联度和承接性。

5.2.1 生产计划编制实训

生产计划（Production Planning, PP）是根据经营计划的市场目标制定的，是对企业经营计划的细化，用以描述企业在可用资源的条件下，在一定时期（一般为 1~3 年）中的计划，包括"每类产品的月产量""所有产品类的月汇总量""每一产品类的年汇总量""所有产品的年汇总量"。

生产计划是 ERP 系统中第二个计划层次，是为了使企业的产品系列生产大纲能够体现第一层次的要求。

5.2.1.1 生产计划的概述

1. 生产计划的含义

生产计划把战略级的经营和财务规划与主生产计划连接起来，通过该计划过程协调高层计划以及销售、财务、工程、生产、采购等部门。销售和生产规划如果能够有效协调，可以为企业管理提供更大清晰度，同时提高客户服务水平。

在大多数企业中，生产计划是用于指导更明细的主生产计划，是市场需求与生产能力之间做的平衡。可以生成与工厂的生产能力一致的销售计划，也可以制定支持库存目标和未来客户订单目标的生产规划。

所有产品年汇总量应与销售计划中的市场目标相适应，最终成果表现为生产计划，主要包括如下内容：

· 每类产品在未来一段时间内需要制造多少？
· 需要何种资源、多少数量来制造上述产品？
· 采取哪些措施来协调总生产需求与可用资源之间的差距？

2. 生产计划的内容

生产计划是对企业未来一段时间内预计资源可用量和市场需求量之间的平衡所制定的概括性设想，是根据企业所拥有的生产能力和需求预测，对企业未来较长一段时间内的产品、产出量等问题所做的概括性描述。主要包括以下内容：

（1）品种。

按照产品的需求特征、加工特性、所需人力和设备的相似性等，将产品分为几大系列，根据产品系列来制订综合生产计划（见表 5.1）。

表 5.1　　　　　　　　　天华电动自行车厂 2015 年生产计划

产品类别	计划周期（月）												合计
	1	2	3	4	5	6	7	8	9	10	11	12	
折叠车	1 500	1 500	1 600	1 600	1 600	1 500	1 500	1 500	1 600	1 600	1 600	1 500	18 600
爬坡王	800	800	800	800	800	900	900	900	1 000	1 000	1 000	1 000	10 700
山地车	1 000	1 000	1 000	1 200	1 200	1 200	1 200	1 000	1 000	1 000	1 200	1 200	13 200
汇总	3 300	3 300	3 400	3 600	3 600	3 600	3 600	3 400	3 600	3 600	3 800	3 700	42 500

（2）时间。

生产计划的计划展望期通常是 1 年，因此有些企业也把生产计划称为综合生产计划或年度生产计划。在该计划展望期内，使用的计划时间单位是月、双月或季。在滚动计划中，还有可能近期 3 个月的执行计划时间单位是月，而其他未来 9 个月的计划时间单位是季等。

（3）人员。

生产规划可用几种不同方式来考虑人员安排问题，例如，将人员按照产品系列分成相应的组，分别考虑所需人员的水平或将人员按产品的工艺特点和人员所需的技能水平分组。生产计划还需要考虑需求变化引起的所需人员数量的变动，决定是采取加班方式，还是聘用更多人员等。

3. 生产计划的作用

生产计划是对应于销售计划的，同属于销售与运作规划。销售与运作规划的目的是要得到一个协调一致的单一运作计划，使得所有关键资源，如人力、能力、材料、时间和资金都能够有效地利用，用能够获利的方式满足市场的需要。生产计划的主要目标是建立一个集成和一致的运营规划，是在较高计划层次上解决各个核心业务之间的协调，也就是市场、销售、产品研发、生产、供应、财务、能力资源、库存等各项业务的供需平衡，其核心还是处理需求与供应的矛盾。

由于企业的预算和计划往往是由几个部门来制订的，每个部门都知道其他部门的制约因素，同时又要千方百计地减少本部门的制约因素。其中，最关键的是生产部门和销售部门，对于这样的生产企业，销售要向生产部门提供准确的需求信息，而生产部门要满足订单的要求。生产计划就是要提出一个唯一、协调和集成的计划来作为企业各部门行动的依据。因此，生产计划一般由企业最高层领导主持，会同各级经理一起协调计划以满足企业的经营计划。

对 MTO（订货生产）类型的生产企业，销售部门要保证生产部门有足够的提前期，而生产部门要保证产品在提前期内完成并交付。对 MTS（备货生产）类型的生产企业，销售部门要保证预测的准确性，而生产部门要在保证供应的前提下尽量控制库存。生产规划的主要作用包括：

（1）确定品种和销量。

把经营计划中用货币表达的目标转变为用产品系列的产量来表达，制定出每个月生产哪些产品？销售多少？

（2）制定一个均衡的月产率。

制定一个均衡的月产率，以便均衡地利用资源，保证稳定生产。让起伏的需求与相对稳定和有限的生产能力相协调，结合库存消耗量来保持生产稳定、同时又能满足变动的需求量。

（3）控制拖欠量和库存量。

控制拖欠量（对于 MTO 订货生产类型企业）或控制库存量（对于 MTS 备货生产类型企业）。

（4）编制 MPS 依据。

生产计划中所有产品年汇总量反映了经营计划中市场目标的要求，确定了未来时间内各产品类的制造数量和资源需求，更早地预见了生产总需求和可用资源之间的矛盾，为主生产计划的制订提供了先期的基础，保证了主生产计划制订的合理性和可行性。生产规划还能起到"调节器"的作用，它通过调节生产率来调节未来库存量和未完成订单量。由于生产计划是所有企业经营活动的调节器，因而它也调节现金流，从而为企业管理者提供可信的控制手段。

5.2.1.2 生产计划的编制准备

1. 搜集信息

为了能够让计划做到既现实又灵活，所有支持生产规划的信息必须可靠、可信。为了编制生产计划，需要从许多需求数据源中搜集具体数据，这些数据源包括经营计划、市场部门、工程部门、生产部门和财务部门。

（1）经营计划。

经营计划提出了企业未来的销售目标和利润目标，通常以金额为单位，例如天华电动自行车厂来年的销售额目标为 3 800 万元。

（2）市场部门。

根据对产品类分时间段的销售预测，得到客户对某类产品或零件的未来需求的数量估计，例如天华电动自行车厂折叠电动自行车一年为 18 600 辆。

（3）工程部门。

主要提供资源清单，即每单位产品类所需要的人力、设备和材料清单等，例如每生产一辆电动自行车所需要的钢材数量。

（4）生产部门。

主要提供资源可用性方面的数据，如可用的劳力工时、可用的设备工时、工作中心小时、当前库存水平、未完成订单数量等实时数据。

（5）财务部门。

主要提供经过核算确定的单位产品成本和收入、增加资源的财务预算、可用资金限制等。

表 5.2 形象地给出了编制生产计划时搜集需求数据来源的例子。经营计划、市场部门和工程部门提出的是需求方面的数据，这些需求来自市场、客户，也来自企业自身发展的需要。需求数据的表现形式可以是销售额、产品数量、所需人力、设备材料。生产部门和财务部门提供的主要是能力方面的数据，以及关于人力、设备、库存及资金方面的可用性。

表 5.2　　　　　　　　　生产计划编制中搜集信息数据案例

数据来源	数据	案例
经营计划	销售目标：人民币元	某摩托车厂当年销售额为 85 000 000 元
	库存目标：人民币元	库存占用为 8 500 000 元

数据来源	数据	案例
市场部门	产品类分时间段的销售预测数量	产品类的定义是可变的，如某摩托厂决定： 二轮类产品，预测是 5 000 辆； 三轮类产品，预测是 2 000 辆； 四轮类产品，预测是 500 辆
	分销与运输要求	分销是 3 星期，占用资金 5 000 000 元
工程部门	资源清单——每单位产品类所需的人力与设备、材料清单	①每生产 1 辆两轮车、三轮车、四轮车所需要用到的材料数量； ②每一类产品所需要的人力与装配工时
	专用设备需求	工具、模具、装具
	特殊说明	材料管理的国家规定
	影响资源计划的产品设计、材料或生产方式的改变	从金属铸造到塑料铸造的变更
生产部门	资源可用性，如： ①可用人力； ②可用设备/工作中心时数； ③企业当前库存水平； ④企业当前未交付订货	每年工时：6 000 小时； 每月工时：500 小时； 铸造中心：150 小时； 装配中心：350 小时； 二轮车当前库存：230 辆； 二轮车期初未交付订货：200 辆
财务部门	①单位产品收入； ②单位产品成本； ③增加资源的财务能力； ④资金的可用性	①销售一辆摩托车收入为 5 000 元； ②生产一辆摩托车成本为 3 500 元； ③流动资金约束为 50 000 000 元； ④信贷资金约束为 600 000 000 元

生产计划的编制是一个需求和能力平衡的过程，而需求和能力数据的正确与否直接影响生产计划的编制与实现的可能性。

2. 选择所适用的企业生产特征

ERP 中计划的制定，归根到底是来自于市场的需求。而市场的需求主要有两方面，一个是用户订单（当前市场），另一个是企业对市场的预测结果（未来市场）。

生产计划的编制，也必须考虑企业生产特征的不同。根据市场需求，企业的生产特征主要有四种：备货生产（MTS）、订货生产（MTO）、订货组装（ATO）、定制生产（ETO）。其中，备货生产、订货生产是最基本的生产特征，而订货组装、定制生产则是前两种基本生产特征的组合和混合。

（1）备货生产（Make To Stock，MTS）。

备货生产，又称库存生存或现货生产，是指产品的计划主要根据预测，并在接到用户订单之前已经生产产品，比如我们常见的电视机、香皂、药品、烟酒、数码相机等基本上都是采用备货生产方式。

备货生产型企业主要有四个特征：

·产品需求一般比较稳定并可以预见；

·产品规格及品种较少，产品允许保留较长时间；

·产品存储在仓库中，根据需要随时提取；

·生产计划的主动权较大，计划制定后，一般修改较少。

备货生产要求生产部门重点抓好生产进度控制、车间投入产出控制，协调和平衡各生产服务部门的能力与计划，抓好生产效率、质量控制与成本控制；库存部门要不断反映产品库存信息，在下达车间生产订单时应考虑产品的库存控制，对预测与销售出入较大的时候要及时进行调整、延后或提前安排生产。

（2）订货生产（Make To Order，MTO）。

订货生产，又称为订单生产或订货生产，是指产品的计划主要根据用户的订单，一般在接到用户的订单后才开始生产产品。订货生产的最终对象是最终产品，比如飞机、大型邮轮、城市雕塑等。

订货生产型企业主要有四个特征：

·具有一些可供选择的产品品种和规格；

·生产和存储这些产品的费用较大，产品是为专门的用户而生产的；

·市场需求允许在一段时间后交货；

·可以减少产品库存量甚至实现"零库存"。

订货生产型最重要的要求是保证订单的交货期。因此，必须保证生产的各种数据准确可靠，抓好生产能力平衡，解决关键资源约束；做好设备、仪器的维护与保养，合理安排维修计划；同时，做好生产工艺优化、车间作业控制等工作。

（3）订货组装（Assemble To Order，ATO）。

订货组装，又称订单装配或装配生产，是指根据 MTS 方式先生产和储存定型的零部件，在接到订单后再根据订单要求装配成各种产品，以缩短产品的交货期，增强市场竞争力。适用于订货组装的产品有精密机床、计算机等。

订货组装型企业主要有两个特征：

·产品的生产周期一般很长，若接到用户订单后才开始生产产品，则交货期太长，不能满足用户的要求。

·产品的市场需求量通常比较大。

订货组装要求科学合理地安排总装计划，严格控制产品的产出进度。

（4）定制生产（Engineer To Order，ETO）。

定制生产，又称工程生产或专项生产，是指在接到客户订单后，按客户订单的要求进行专门设计和组织生产。整个过程的管理是按工程管理的方法进行的，其计划的对象是最终产品。

定制生产适用于复杂结构的产品生产，如造船、电梯、专用测试设备、发电机组、锅炉等。

其实，多数企业的市场环境既有订单生产，也有预测备货，在进行产品的最终组装时，有时又会接到客户专门的设计订单。因此，企业的生产类型特征是多种形式的组合，产品的结构可能是单层，也可能是多层，企业应该适应这种生产特征的变化。

5.2.1.3 生产计划的编制案例

1. 备货生产（MTS）环境下的生产计划编制方法

备货生产环境下编制生产计划，其目标是使生产满足预测需求量和保持一定的库存量及平稳的生产率，以此来确定月生产量和年生产量。其具体编制步骤如下：

· 预测颁布在计划展望期上。

· 计算期初库存（期初库存＝当前库存水平－拖欠订单量）。

· 计算库存水平变化（库存水平变化＝目标库存－期初库存）。

· 计算总生产量（总生产量＝预测数量+库存改变量）

· 把总生产需求量按时间段分配在整个计划展望期内，分配时通常要求按均衡生产率原则。

【参考5.1】MTS 环境下生产计划编制案例一。

天华电动自行车厂生产折叠型电动自行车，年预测量为4 200辆，月预测量350辆，当前库存为1 750辆，拖欠订货数为1 050辆，目标库存为350辆，请编制其生产计划大纲初稿并填入表5.3中。

表5.3　天华电动自行车厂生产折叠型电动白行车生产计划表（MTS 环境未填）

月份	1	2	3	4	5	6	7	8	9	10	11	12	全年
销售预测													
期初库存:													
预计库存													
生产计划													

解：根据题意，按照 MTS 环境下生产计划的编制方法，分析该表的填制方法：

复制表5.3为表5.4，然后在表5.4中填写。

① 预测分布在计划展望期上（表5.4中第2行）。

② 计算期初库存＝当前库存水平－拖欠订货数

$$= 1\ 750 - 1\ 050$$

$$= 700\ （辆）$$

③ 计算库存水平变化＝目标库存－期初库存

$$= 350 - 700 = -350\ （辆）$$

④ 计算总生产量＝预测数量+库存改变量

$$= 4\ 200 + （-350）$$

$$= 3\ 850\ （辆）$$

（5）把总生产量和库存量改变按时间段分布在整个展望期上，分配时通常要求按均衡生产率原则。

① 把3 850辆产量（按均衡生产率）分布到12个月，其中1~10月均为315辆，11~12月为350辆（见表5.4"生产计划"所在行）。

②根据生产计划大纲和销售预测值按时间段计算库存改变量，即按公式：本月库存量=上月库存量+本月产量-本月销售量，并将其值填入表5.4中"预计库存"所在行。

例如：

1月份库存量=上月库存（期初库存）+本月产量（1月产量）-本月销量（1月销量）

$$= 700 + 315 - 350$$

$$= 665 （辆）$$

2月份库存量=上月库存（1月库存）+本月产量（2月产量）-本月销量（2月销量）

$$= 665 + 315 - 350$$

$$= 630 （辆）$$

……以此类推，最后算到第12月份的库存量应该正好等于年末目标库存。

表5.4　　天华电动自行车厂生产折叠型电动自行车生产计划表（MTS 环境已填）

月份	1	2	3	4	5	6	7	8	9	10	11	12	全年
销售预测	350	350	350	350	350	350	350	350	350	350	350	350	4200
期初库存：700													
预计库存	665	630	595	560	525	490	455	420	385	350	350	350	350
生产计划	315	315	315	315	315	315	315	315	315	315	350	350	3850

【参考5.2】MTS 环境下生产计划编制案例二。

某儿童推车厂计划展望期一年，按月划分时区，年末目标库存是100辆，当前实际库存量是500辆，拖欠订单数量是300辆，年销售预测量是1 200辆。

解：根据题意，按照 MTS 环境下生产计划的编制方法，分析该表的填制方法：

复制表5.3为表5.5，然后在表5.5中填写。

①预测分布在计划展望期上（表5.5中第2行）。

②计算期初库存=当前库存水平-拖欠订货数

$$= 500 - 300$$

$$= 200 （辆）$$

③计算库存水平变化=目标库存-期初库存

$$= 100 - 200$$

$$= -200 （辆）$$

④计算总生产量=预测数量+库存改变量

$$= 1200 + （-200）$$

$$= 1 100 （辆）$$

⑤把总生产量和库存改变按时间段分布在整个展望期上，分配时通常要求按均衡生产率原则。

·把1 100辆产量（按均衡生产率）分布到12个月，其中1~10月均为900辆，11~12月为100辆（见表5.5"生产计划"所在行）。

·根据生产计划大纲和销售预测值按时间段计算库存改变量，即按公式：本月库存量=上月库存量+本月产量−本月销售量，并将其值填入表 5.5 中"预计库存"所在行。

例如：

1 月份库存量=上月库存（期初库存）+本月产量（1 月产量）−本月销量（1 月销量）

$$= 200+90-100$$

$$=190 \text{（辆）}$$

2 月份库存量=上月库存（1 月库存）+本月产量（2 月产量）−本月销量（2 月销量）

$$= 190+90-100$$

$$=180 \text{（辆）}$$

……以此类推，最后算到第 12 月份的库存量应该正好等于年末目标库存。

表 5.5   天华电动自行车厂生产折叠型电动自行车生产计划表（MTS 环境已填）

月份	1	2	3	4	5	6	7	8	9	10	11	12	全年
销售预测	100	100	100	100	100	100	100	100	100	100	100	100	1200
期初库存：200													
预计库存	190	180	170	160	150	140	130	120	110	100	100	100	100
生产计划	90	90	90	90	90	90	90	90	90	90	100	100	1100

2. 订货生产（MTO）环境下生产计划的编制方法

订货生产环境下，生产计划大纲的编制，其目标是使生产满足预测需求量和拖欠订货量。其具体编制步骤如下：

·把预测分布到展望期上。

·把未完成的订单分布在计划展望期上。

·计算拖欠量变化（拖欠量变化=期末拖欠量−期初拖欠量）。

·计算总产量（总产量=预测量−拖欠量变化）。

·把总产量和预计未完成的订单按时间段分布在整个展望期上，分配时通常要求按均衡生产率的原则，且月生产量应保证满足月末完成订单的数据。

【参考 5.3】MTO 环境下生产计划编制案例一。

西亚医疗设备厂生产的医疗设备，其年预测量为 4 200 台，月预测量为 350 台，期初未完成的拖欠预计为 1 470 台，其数量为 1 月 315 台，2 月 315 台，月 245 台，4 月 210 台，5 月 175 台，6 月 105 台，7 月 105 台，期末拖欠量为 1 050 台，请编制其生产大纲。

表 5.6   西亚医疗设备厂生产医疗设备生产计划表（MTO 环境未填）

月份	1	2	3	4	5	6	7	8	9	10	11	12	全年
销售预测													
期初拖欠订单													

月份	1	2	3	4	5	6	7	8	9	10	11	12	全年
预计拖欠订单													
生产计划													

解：根据题意，按照 MTS 环境下生产计划的编制方法，分析该表的填制方法：

复制表 5.6 为表 5.7，然后在表 5.7 中填写。

①把预测分布在计划展望期上（表 5.7 中第 2 行）。

②把未完成的订单分布在计划展望期上（表 5.7 第 3 行）

③计算拖欠量变化＝期末拖欠量－期初拖欠量

$$= 1\,050 - 1\,470$$

$$= -420 \text{（辆）}$$

④计算总生产量＝预测数量－拖欠量变化

$$= 4\,200 - (-420)$$

$$= 4\,620 \text{（辆）}$$

⑤把总生产量和预计未完成订单按时间段分布在计划展望期上，分配时通常要求按均衡生产率原则，且月生产量应保持满足月末完成订单的数据。

· 把 4 620 辆产量（按均衡生产率）分布到 12 个月，其中 1～12 月均为 385 辆（见表 5.7 第 5 行）。

· 根据生产计划大纲和销售预测值按时间段计算预计未完成的订单量，即按公式：本月未完成订单量＝上月未完成订单＋本月计划销售量－本月计划产量，并将其值填入表 5.7 中第 4 行。

表 5.7　　　西亚医疗设备厂生产医疗设备生产计划表（MTO 环境已填）

月份	1	2	3	4	5	6	7	8	9	10	11	12	全年
销售预测	350	350	350	350	350	350	350	350	350	350	350	350	4 200
期初拖欠订单 1 470	315	315	245	210	175	105	105						
预计拖欠订单	1 435	1 400	1 365	1 330	1 295	1 260	1 225	1 190	1 155	1 120	1 085	1 050	目标库存 1 050
生产计划	385	385	385	385	385	385	385	385	385	385	385	385	4 620

3. 根据资源清单和生产计划确定资源需求

一个企业在制订生产计划过程中，确定了各产品系列的生产计划后，还需要分析资源是否满足要求。

企业为满足生产计划所需要的资源，具体包括人工、物料、机器设备、资金、加工场地、库存场地等。根据企业生产的产品和生产过程的不同，还可以有许多其他的资源，如电能。分析资源需求的过程如下：

· 建立资源清单；

· 计算资源需求；

· 比较可用资源和资源需求；

· 协调可用资源和资源需求之间的差距；

· 撰写生产计划大纲。

一旦确定了生产所需要的所有资源，就可以检查是否有足够的资源来满足生产要求，资源清单也是面向产品系列的。编制资源需求计划常采用资源清单法和能力需求计划系数法。

（1）资源清单法。

①建立资源清单。

资源清单是生产单位产品系列所必需的材料、标准工时和设备的记录，并标明材料、人力和设备工时的数量。资源清单的具体形式随不同的产品和不同企业而不同。如表5.8是制造手推车、自行车、四轮车的资源清单，资源清单上的数值是产品系列中所有产品的平均值。

表5.8　　　　　　　　　　　　　某厂资源清单表

产品系列	钢（吨）	标准工时（小时）
手推车	0.005	0.54
自行车	0.004 3	0.48
四轮车	0.005 6	0.67

②计算资源需求。

确定资源的单位需求量，就可计算出生产计划中产品所需的资源总数：

· 每类产品的计划生产量与单位需求资源量相乘。

· 如果资源由几类产品共享，则汇总所有产品系列的资源需求。

如表5.9是手推车、自行车、四轮车所需的资源数量。

表5.9　　　　　　　　　　　　　某厂资源数量需求量

产品系列	生产计划量	钢材需求量（吨）		工时需求量（标准工时）	
		单位需求量	批需求量	单位需求量	批需求量
手推车	1 000	0 005	5	0.54	540
自行车	500	0.004 3	2.15	0.48	240
四轮车	1 000	0.005 6	5.6	0.67	670
资源需求量	—	—	12.75	—	1 450

这里只考虑了两种资源的需求量，对具体企业来说，可能还会涉及更多关键资源的需求。

③比较可用资源与资源需求。

在企业经常会有某个工作中心被认为是"瓶颈"，在制订资源计划时应当对其特别关注，因为瓶颈工作中心的能力限制了企业的最大生产量。

确定资源的可用性时，不同的资源应该采取不同方式。在计算钢的需求量时，应把钢的库存、各时段的可采购量与钢的需求量进行比较。对于工时的可用性，则需按不同工序、不同工作中心来分别考虑。

④协调可用资源与资源需求之间的差距。

如果资源计划表明某些资源存在短缺，那么在批准生产计划之前，要么增加资源、要么缩减产量。如果必须调整生产计划以协调资源短缺，那么这种调整一定要反映在最后的生产计划中，必须满足经营计划的目标。

对于资源需求超过可用资源时，协调可用资源与资源需求的方案可采取：

· 物料短缺：增加物料购买，减少生产问题，用其他供给源，用替换物料。

· 人力短缺：安排加班，转包，减少产量，调整生产线。

· 设备短缺：购买或租用设备，升级设备，转包，改变工艺，减少产量等。

⑤撰写生产计划大纲。

将上述生产计划及中间所做的调整反映在最终的生产计划大纲中，以满足经营计划的目标。通过生产计划，可以提前发现问题，提早做出反应和处置。经过相关上级部门批准的生产计划大纲将是下一步主生产计划的基础。

【参考 5.4】根据资源清单和生产计划确定资源需求。

银谷摩托车厂的资源清单如表 5.10，生产计划如表 5.11，请确定其资源需求计划。

表 5.10 银谷摩托车厂的资源清单

产品系列	钢（吨）	劳动工时（小时）	收入（元）	利润（元）
二轮车类	0.005 2	0.87	200	50
三轮车类	0.009 5	0.96	280	40
四轮车类	0.011 3	1.54	60	45

表 5.11 银谷摩托车厂的生产计划

产品系列	产量（台）
二轮车类	1 500
三轮车类	1 000
四轮车类	200

解：根据题意，用简单的"乘法"（即每类产品的计划生产量和资源清单中的资源需求量相乘）便得到资源需求计划，如表 5.12 所示。

表 5.12　　　　　　　　　　　银谷摩托车厂的资源需求计划

产品系列	计划产量	劳动工时需求（小时）	钢材需求量（吨）
二轮车类	1 500	1 305	7.8
三轮车类	1 000	960	9.6
四轮车类	200	308	2.26
合计	2 700	2 573	19.66

（2）能力需求计划系数法。

能力需求计划系数法是通过能力需求计划系数（Capacity Planning Factor，CPF）来制订资源需求计划的，能力需求计划系数是表示单位生产量占用的制造过程中的某种资源数，是利用产量与消耗资源的历史数据进行大致的经验估算，编制过程如下：

· 利用过去一段时间的经验数据计算 CPF。

· 根据 CPF 和计划产量计算能力需求。

【参考 5.5】根据能力需求计划系数法计算资源需求。

天工电器厂的生产过程可分为 4 个部分——基本工序、辅助工序、精加工和装配。在过去 6 个月中，这 4 个部分共用 47 000 个直接工时（小时），其中基本工序为 12 000 工时、辅助工序为 21 000 工时、精加工为 5 000 工时、装配为 9 000 工时。在一条生产线上，有 9 个不同的产品型号使用上述生产制造设备。此时，工厂的生产计划大纲是以综合单位量给出的，综合单位量泛指某个产品系列的单位产品。在过去 6 个月完成了这种系列产品 5 800 个综合单位。生产计划大纲下达的下两个季度的计划为 7 000 个综合单位。请确定其资源需求计划。

解：根据题意，在过去 6 个月生产了 5 800 个综合单位产品，共用 47 000 个工时，由此可得到该厂的资源清单（见表 5.13）。

生产计划大纲的计划是下两个季度生产 7 000 个综合单位，由此并结合表 5.13 按照上述"乘法"，即得到该厂的资源需求计划（见表 5.14）。

表 5.13　　　　　　　　　　　天工电器厂资源清单

工序名称	工时（小时）	所占比例（%）	单位产品工时（CPF）
基本工序	12 000	25.53	2.069
辅助工序	21 000	44.68	3.621
精加工	5 000	1.64	0.862
装配	9 000	19.15	1.552
合计	47 000	100	8.104

表 5.14　　　　　　　　　　　天工电器厂资源需求计划　　　　　　　　　（单位：小时）

工序名称	计划量	CPF	资源需求
基本工序	7 000	2.069	14 483
辅助工序	7 000	3.621	25 347

表5.14(续)

工序名称	计划量	CPF	资源需求
精加工	7 000	0.862	6 034
装配	7 000	1.552	10 864
合计	–	8.104	56 728

【实训练习 5.1】利用已知数据，做一个 MTS 下的生产计划。

某公司的经营计划目标为：完成全年录像机市场销售额的 10%。据预测，全部市场的年销售额为 4 800 万元。要做到全年均衡销售，预计关键部件每月可满足 900 台设备的装配需求；现有能力工时为每月 800 小时，初始库存为 1 500 台，未完成订单为 100 台，期末所需库存为 800 台。资源清单如表 5.15 所示。

表 5.15　　　　　　　　　　　　资源清单（MTS）

产品	关键部件（个）	单台关键部件劳力（小时）	单台录像机收入（元）
录像机	10	1	500

要求：①按月编制生产计划大纲初稿，填相应表格；②分析资源清单，计算并列出资源需求；③比较可用资源与需求。

【实训练习 5.2】利用已知数据，做一个 MTO 下的生产计划。

某公司的经营计划目标为：完成全年激光切割机市场的销售额的 10%。据预测，全部市场的年销售额为 4800 万元。要做到全年均衡销售；预计关键部件每月可满足 900 台设备的装配需求；现有能力工时为每月 800 小时。期初未交货数量为 800 台，交货日期为：1 月 150 台，2 月 400 台，3 月 200 台，4 月 50 台。期末未交货数量：1400 台。资源清单如表 5.16 所示。

表 5.16　　　　　　　　　　　　资源清单（MTO）

产品	关键部件（个）	劳力（小时/关键部件）	单台收入（元）
激光切割机	10	1	500

要求：①按月编制生产计划大纲初稿，填写相应表格；②分析资源清单，计算并列出资源需求；③比较可用资源与需求。

5.2.2 主生产计划编制实训

5.2.2.1 主生产计划概述

1. 主生产计划的含义

主生产计划（Master Production Schedule，MPS）是对企业生产计划大纲的细化，确定每一个具体产品在每一个具体时间段的生产计划。计划的对象一般是最终产品，即企业的销售产品，但有时也可能先考虑组件 MPS 计划，然后再下达最终的装配计划。具体来说，就是在一定时期内（3~18 个月）回答如下问题：生产什么、生产多少、何时交货？

2. 主生产计划的作用

主生产计划在 ERP 系统中起着承上启下的作用，实现从宏观计划到微观计划的过渡与连接；同时，主生产计划又是联系客户与企业销售部门的桥梁，所处的位置非常重要。

通过主生产计划的计划工作，再加上一些人工干预和均衡安排，使得一段时间内主生产计划量和预测及客户订单在问题上相匹配；这样，即使需求发生较大变化，但只要总需求量不变，就可以保持主生产计划不变，从而得到一份相对稳定和均衡的生产计划。由于独立需求项目的主生产计划是稳定和均衡的，因此所得到的非独立需求的物料需求计划也将是稳定和均衡的。

主生产计划在企业生产中将会有不可替代的作用：

（1）主生产计划周期的合理性。

主生产计划以周或天作为计划周期，从而可以及时地对多变的市场和不准确的预测做出反应，由于使用计划时区和需求时区，主生产计划将适应不同时区的需求变化，便于维护也便于满足客户需求。

（2）易于进行成本管理。

以物料单位表示的主生产计划很容易转换为以货币为单位的成本信息，易于进行成本管理。

（3）提高工作效率。

极大提高管理人员的工作效率，使数据采集、计算工作自动化的效率更高、准确度更高。

（4）确定资源的可用性。

通过主生产计划的计算与验证，最终将确定资源的可用性，为后期的管理层计划做好准备。

5.2.2.2 确定主生产计划需求数据

1. 需求数据与主生产计划的关系

在 ERP 中，需求是指对特定产品需要的数量和时间。需求可分为两种：独立需求和相关需求。独立需求是由主生产计划来确定的，相关需求由物料需求计划来确定的。

主生产计划安排指导生产以满足来自独立需求的需要，独立需求通常是指最终项目，但有时也指一些备件，一般通过预测得知。

2. 主生产计划的主要需求数据

主生产计划的主要数据来源包括未交付的订单、最终项目的预测、工厂内部需求、备件、客户可选件等。

（1）未交付订单。

未交付订单指那些未发货的订单项目，可以是上期没完成拖欠下来的或是新的指定要在本期内要求供货的项目。

（2）最终项目的预测。

最终项目的预测是用现有的和历史的资料来估计将来的可能需求。

（3）工厂内部的需求。

工厂内部的需求是将一个大的部件或成品作为最终项目产品来对待，以满足工厂内其他部门的需要。

（4）备件

备件指销售给使用部门的一些零部件，以满足维修更换的需要。

（5）客户可选件

客户可选件根据客户需求独立配置的部件。

5.2.2.3 主生产计划编制案例

1. 编制主生产计划初步计划

在收集整理需求数据之后，编制主生产计划主要包括确定展望期和计划周期并划分时区、计算毛需求、计算净需求、产生 MPS 初步计划等（如图 5.2 所示）。

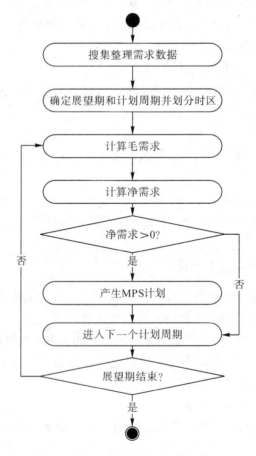

图 5.2　主生产计划编制步骤

（1）编制主生产计划的基本步骤。

①确定展望期和计划周期并划分时区。

多数企业以 12 个月作为计划展望期，主生产计划的时段（即计划的最小时间单位）不应大于周，以便使得低层物料有比较好的相对优先级。

在 ERP 系统中，一般根据需要将计划展望期按顺序分为三个时区（Time Zone）：需求时区、计划时区、预测时区；时区之间的分界称为时界。

·需求时区内：订单已经确定，此时区内产品生产数量和交货期一般不能变动。

·计划时区内：已经安排了生产，产品生产数量和交货期一般也不能改变。

预测时区内：由于对客户的需求知道得很少，只能预测，此时区内的产品数量和交货期可由系统任意变更。

②毛需求量。

毛需求量（Gross Requirement）是任意给定的计划周期内，项目的总需求量。项目的毛需求量的计算，与该项目需求类别有关。主生产计划仅考虑具有独立需求项目的毛需求量，而相关需求项目的毛需求量则需要在物料需求计划中考虑。毛需求量的一般计算方法为：

·需求时区：毛需求 = 订单量。

·计划时区：毛需求 = MAX（预测量，订单量）——即取两者最大值。

·预测时区：毛需求 = 预测量。

③计划接收量。

计划接收量也称为预计入库量，指前期已经下达的正在执行中的订单，将在某个时段（时间）的产出数量，即任意给定计划周期内，项目预计完成的总数。

④预计或用库存量。

预计可用库存量是指某个时段的期末库存量，要扣除用于需求的数量，平衡库存与计划。其计算公式为：

预计可用库存量 = 前一周期期末可用库存量 + 本周期计划接收量 − 本周期毛需求量 + 本周期计划产出量

⑤净需求量。

净需求量（Net Requirement）是指在任意给定计划周期内，某项目实际需求数量，是从毛需求量中减去库存可用量和预计入库量之后的差。其计算公式为：

净需求量 = 本周期毛需求量 − 前一周期期末可用库存量 − 本周期计划接收量 + 安全库存量

⑥计划产出量。

当需求不能满足时，系统根据设置的批量策略计算得到的供应数量。

⑦计划投入量。

根据计划产出量、物料的提前期及物料的成品率等计算出的投入数量和投入比例。

⑧可供销售量。

在某一期间内，物品的产出数量可能会大于订单数量，这个差值就是可供销售量。可供销售量可以用于销售的物品数量，不会影响其他订单的交货，计算公式如下：

可供销售量=某期间的计划产出量+该期间的计划接收量-该期间订单量总和

⑨批量规则。

主生产计划的计划量并非等于实际的净需求量，这是由于在实际生产或订货中，准备加工、订货、运输、包装等都必须是按照"一定数量"进行的，因此实际净需求量必须要以某种数量来实现，这"一定数量"称为生产批量，确定该数量的规则称为主生产计划的批量规则。

批量规则是库存管理人员根据库存管理的要求和目标权衡利弊后选择的。批量过大，占用的流动资金过多，但加工或采购的费用减少；批量过小，占用流动资金减少，但增加了加工或采购费用。常用的方法有：直接批量法、固定批量法、固定周期法、固定周期批量法、经济批量法等。

直接批量法。完全根据实际需求量来确定主生产计划的计划量，即主生产计划的生产批量等于实际需求量。这种批量规则往往适用于生产或订购数量和时间基本上能够给予保证的物料，并且所需要的物料的价值较高，不允许过多地生产或保存物料。

固定批量法。每次确定的主生产计划的生产批量是相同的或者是某常量的倍数，但下达的间隔期不一定相同。

该规则一般用于订货费用较大的物料，如表 5.17 所示。该表中以 60 为固定批量的常量，第 1 周净需求 50，批量为 60，剩余 10；第 2 周净需求 30，上一周剩余的 10 件无法满足需求，于是再设定一批 60，结果剩余 40；第 3 周无净需求，剩余仍为 40；第 4 周净需求 120，剩余的 40 无法满足需求，而 120 正好是 60 的两倍，于是设定一批，数量为 120，结果仍剩余 40；第 5 周净需求 40，上一周剩余的 40 刚好可以用于交货，于是这周无须设定生产计划；第 6 周净需求 10，上一周没有剩余，于是设定一批，数量为 60，剩余 50；第 7 周净需求 5，使用上周剩余数量交货后，还剩余 45；第 8 周净需求 0，生产计划 0，剩余仍为 45，第 9 周净需求 40，上一周期剩余 45，用上一周期剩余量交货后还剩余 5。

表 5.17　　　　　　　　　　　固定批量法案例

计划周期	1	2	3	4	5	6	7	8	9
净需求量	50	30	0	120	40	10	5	0	40
MPS 计划量	60	60	0	120	0	60	0	0	0
剩余量	10	40	40	40	0	50	45	45	5

固定周期法。每次加工或订货间隔周期相同，但加工或订货的数量不一定相同的批量计算方法。该批量法一般用于内部加工自制品的生产计划，以便于进行管理和控制。

如表 5.18 所示，在 1、2、3、4 周净需求量总和为 200，批量为 200，间隔 3 周（固定周期为 4 周）；再在第 5 周设定批量为 55，以满足 5、6、7、8 周的净需求量要求；再间隔 3 周，在第 9 周设定批量为 60，以满足 9、10、11、12 周的净需求量要求。

表 5.18   固定周期法案例

计划周期	1	2	3	4	5	6	7	8	9	10	11	12
净需求量	50	30	0	120	40	10	5	0	40	0	10	10
MPS 计划量	200				55				60			

固定周期批量法。这种批量计算方法是将固定周期法与固定批量法结合起来，既要设定周期、又要考虑每个周期中的固定批量。

如表 5.19，固定周期为 4 周，批量常量为 60。则第 1 周需要满足 1~4 周的需求（1~4 周合计为 50+30+0+120=200），并同时要求为 60 的倍数 240（大于 200 并且同时是 60 的倍数的最小数即为 240），剩余 40；第 5 周需要满足 5~8 周的需求（5~8 周合计为 40+10+5+0=55），上周的剩余 40 不够，于是新设定一批，数量为 60，剩余 45；第 9 周满足 9~12 周的需求（9~12 周合计为 20+20+55+5=100），上周剩余 45 无法满足，要求满足 9~12 周的需求 100，于是同时考虑剩余数与 60 的倍数（100-45=55，为大于 55 的并且同时是 60 的倍数的最小数即 60），于是新设定一批，数量为 60，最后剩余为 5。

表 5.19   固定周期批量法案例

计划周期	1	2	3	4	5	6	7	8	9	10	11	12
净需求量	50	30	0	120	40	10	5	0	20	20	55	5
MPS 计划量	240				60				60			
剩余量	40				45				5			

经济批量法。经济批量法是指某种物料的订购费用和保管费用之和为最低时的最佳主生产计划批量法。订购费用是指从订购至入库所需要的差旅费用、运输费用等。保管费用是指物料储备费、验收费、仓库管理费所占用的流动资金利息费、物料储存消耗费。

经济批量法一般用于需求是常量和已知的，成本和提前期也是常量和已知的，库存能立即补充的情况下、库存消耗稳定的场合，通常用于连接需求。因此，对于需求是离散的物料需求计划来说，库存消费是变动的，此时经济批量法的效率不高。

（2）编制主生产计划案例。

【参考 5.6】编制主生产计划案例。

已知某项目的期初库存为 160，安全库存为 20，MPS 批量为 200，销售预测，第 3~12 周均为 80，实际需求为，第 1 周到第 12 周依次为 72、100、92、40、64、112、0、8、0、60、0、0。其中 1~2 周为需求时区，3~6 周为计划时区，7~12 周为预测时区。

解：首先按前述方法计算出毛需求量，然后计算净需求量。

净需求量=本周期毛需求量-前一周期期末可用库存量-本周期计划接收量+安全库存量

预计可用库存量=前一周期期末可用库存量+本周期计划接收量-本周期毛需求量+

本周期计划产出量

所以，第 1 周净需求量为 72-160-0+20=-68，由于-68<0，第 1 周净需求量为 0，MPS 计划也为 0；第 1 周预计可用库存量=160+0-72+0=88

第 2 周净需求量为 100-88-0+20=32，由于 32>0，则应按计划完成一批 200 台的 MPS 初步计划；同理，第 4 周净需求量为 4>0，第 7 周净需求量为 76>0 的净需求量，第 9 周净需求量为 36>0，第 12 周净需求量为 76>0，均需要产生 200 台的 MPS 计划。依次类推，可算出全部时区的净需求量、MPS 计划和预计库存量（如表 5.20 所示）。

表 5.20　　　　　　　　　　　　编制 MPS 计划案例

周次	需求时区		计划时区				预测时区					
	1	2	3	4	5	6	7	8	9	10	11	12
预测	90	85	80	80	80	80	80	80	80	80	80	80
实际需求	72	100	92	40	64	112	0	8	0	60	0	0
毛需求量	72	100	92	80	80	112	80	80	80	80	80	80
净需求量		32		4			76		36			76
MPS 计划		200		200			200		200			200
预计库存	88	188	96	216	136	24	144	64	184	104	24	144

【实训练习 5.3】编制主生产计划。

编制一个 MPS 项目的初步计划。要求决定毛需求量、净需求量、MPS 计划量和预计库存量。

已知：

期初库存 475；

安全库存 20；

MPS 批量 400；

销售预测第 1 周到第 8 周均为 200；

实际需求第 1 周到第 8 周依次为 180、230、110、230、60、275、30、30。

需求时区：1~3 周；

计划时区：4~6 周；

预测时区：7~8 周。

请参考相关案例编制，并用表格表现出来。

2. 粗能力平衡

主生产计划的可行性主要通过粗能力计划（Rough Capacity Planning，简称 RCP）来进行验证。粗能力计划是对关键工作中心的能力进行运算而产生的一种能力需求计划，它的计划对象只针对设置为"关键工作中心"的工作能力，计算量比能力需求计划小得多，计算过程即"粗能力平衡"。

根据约束理论（Theory of Constraints，简称 TOC）的观点，关键资源（即瓶颈资源）约束了企业的产能，所以粗能力计划的运算与平衡是确认主生产计划的重要过程，未进行粗能力平衡的主生产计划是不可靠的。主生产计划的对象主要是最终产品（BOM 中的 0 层物料），但也必须对下层的物料所用到的关键资源和工作中心进行确定与平衡。

（1）使用资源清单法编制粗能力计划的基础步骤。

①定义关键资源（关键工作中心）。

②从主生产计划中的每种产品系列中选出代表产品。

③对每个代表产品，确定生产单位产品对关键资源的总需求量。

④分析各个关键工作中心的能力情况，并提出平衡能力建议。

（2）用资源清单法编制粗能力计划案例。

【参考 5.7】编制粗能力计划案例。

已知条件：某产品 A 对应的物料清单、主生产计划、工艺路线及工时定额信息、关键资源额定能力分别见图 5.3、表 5.21、表 5.22、表 5.23。

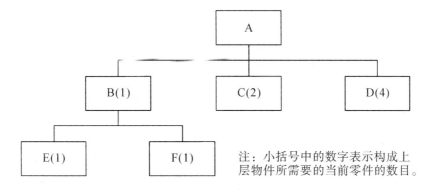

注：小括号中的数字表示构成上层物件所需要的当前零件的数目。

图 5.3　产品 A 的 BOM 结构图

表 5.21　　　　　　　　　　　　产品 A 的主生产计划

计划周期	1	2	3	4	5	6	7	8	9	10
主生产计划	25	25	20	20	20	20	30	30	30	25

表 5.22　　　　　　　　　　　　产品 A 的工艺路线及工时定额

项目	结构比例	工序号	关键工作中心	单件加工时间（小时）	生产准备时间（小时）	平均批量	单件准备时间（小时）	单件总时间（小时）
A	1	N10	W30	0.09	0.40	20	0.02	0.11
B	1	N10	W25	0.06	0.28	40	0.07	0.067
C	2	N10	W15	0.14	1.60	80	0.02	0.16
		N20	W20	0.07	1.10	80	0.013 8	0.083 8

表5.22(续)

项目	结构比例	工序号	关键工作中心	单件加工时间（小时）	生产准备时间（小时）	平均批量	单件准备时间（小时）	单件总时间（小时）
E	1	N10	W10	0.11	0.85	100	0.008 5	0.118 8
		N20	W15	0.26	0.96	100	0.009 6	0.239 6
F	1	N10	W10	0.11	0.85	80	0.010 6	0.120 6

表 5.23　　　　　　　　　　关键资源（关键工作中心）额定能力

关键工作中心	额定能力（小时/周期）
W30	3.0
W25	2.0
W20	5.5
W15	14.0
W10	5.5

解：

①计算各工作中心能力需求。

根据题中给出的信息，分别计算单件产品 A 对各工作中心的能力需求。例如，对工作中心 W15 而言，生产单件产品 A 需要 2 件 C 和 1 件 E，且项目 C 的工序 N10 和项目 E 的工序 N20 在工作中心 W15 上加工，因此：

生产单件产品 A 对工作中心 W15 的单件加工时间为：$2 \times 0.14 + 1 \times 0.26 = 0.54$（小时）

生产单件产品 A 对工作中心 W15 的单件生产准备时间为：$2 \times 0.02 + 0.009\ 6 = 0.049\ 6$（小时）

生产单件产品 A 对工作中心 W15 的单件总时间为：$0.54 + 0.049\ 6 = 0.589\ 6$（小时）

依照上述方法，将生产产品 A 对所有工作中心的需求分别计算出来，得到产品 A 的能力清单，如表 5.24 所示。

表 5.24　　　　　　　　　　产品 A 能力清单

工作中心	单件加工时间	单件生产准备时间（h）	单件总时间（h）
W10	0.22	0.0191	0.2391
W15	0.54	0.0496	0.5896
W20	0.14	0.0276	0.1676
W25	0.06	0.007	0.067

表5.24(续)

工作中心	单件加工时间	单件生产准备时间（h）	单件总时间（h）
W30	0.09	0.02	0.11
合计	1.05	0.1233	1.1733

②计算粗能力需求计划。

根据产品 A 的能力清单和主生产计划，计算出产品 A 的粗能力需求，其中：

总工时＝当前周计划量×当前工作中心单件总时间

如表5.25所示（其中的主生产计划数据来源于前面的表5.21，单件总时间的数据来源于表5.24）。

表5.25　　　　　　　　　　　产品 A 的粗能力需求计划

工作中心	单件总时间（小时）	计划周期及其对应的主生产计划									
		1	2	3	4	5	6	7	8	9	10
		25	25	20	20	20	20	30	30	30	25
W30	0.11	2.75	2.75	2.2	2.2	2.2	2.2	3.3	3.3	3.3	2.75
W25	0.067	1.675	1.675	1.34	1.34	1.34	1.34	2.01	2.01	2.01	1.675
W20	0.167 6	4.19	4.19	3.352	3.352	3.352	3.352	5.028	5.028	5.028	4.19
W15	0.589 6	14.74	14.74	11.792	11.792	11.792	11.792	17.688	17.688	17.688	14.74
W10	0.239 1	5.977 5	5.977 5	4.782	4.782	4.782	4.782	7.173	7.173	7.173	5.977 5

③进行关键工作中心能力负荷分析。

根据关键资源（关键工作中心）额定能力（见表5.23）和产品 A 的粗能力需求计划（见表5.25），对产品 A 在关键工作中心上的负荷和能力进行分析，以表格形式给出分析结果（见表5.26）。

表5.26　　　　　　　　　　　产品 A 的粗能力分析

工作中心	能力分析	计划周期及其对应的主生产计划									
		1	2	3	4	5	6	7	8	9	10
W30	负荷	2.75	2.75	2.2	2.2	2.2	2.2	3.3	3.3	3.3	2.75
	能力	3	3	3	3	3	3	3	3	3	3
	超欠	0.25	0.25	0.8	0.8	0.8	0.8	−0.3	−0.3	−0.3	0.25
	比率	92%	92%	73%	73%	73%	73%	110%	110%	110%	92%
W25	负荷	1.675	1.675	1.34	1.34	1.34	1.34	2.01	2.01	2.01	1.675
	能力	2	2	2	2	2	2	2	2	2	2
	超欠	0.325	0.325	0.66	0.66	0.66	0.66	−0.01	−0.01	−0.01	0.325
	比率	84%	84%	67%	67%	67%	67%	101%	101%	101%	84%

表5.26(续)

工作中心	能力分析	计划周期及其对应的主生产计划									
		1	2	3	4	5	6	7	8	9	10
W20	负荷	4.19	4.19	3.352	3.352	3.352	3.352	5.028	5.028	5.028	4.19
	能力	5.5	5.5	5.5	5.5	5.5	5.5	5.5	5.5	5.5	5.5
	超欠	1.31	1.31	2.148	2.148	2.148	2.148	0.472	0.472	0.472	1.31
	比率	76%	76%	61%	61%	61%	61%	91%	91%	91%	76%
W15	负荷	14.74	14.74	11.792	11.792	11.792	11.792	17.688	17.688	17.688	14.74
	能力	14	14	14	14	14	14	14	14	14	14
	超欠	-0.74	-0.74	2.208	2.208	2.208	2.208	-3.688	-3.688	-3.688	-0.74
	比率	105%	105%	84%	84%	84%	84%	126%	126%	126%	105%
W10	负荷	5.977 5	5.977 5	4.782	4.782	4.782	4.782	7.173	7.173	7.173	5.977 5
	能力	5.5	5.5	5.5	5.5	5.5	5.5	5.5	5.5	5.5	5.5
	超欠	-0.477 5	-0.477 5	0.718	0.718	0.718	0.718	-1.673	-1.673	-1.673	-0.477 5
	比率	109%	109%	87%	87%	87%	87%	130%	130%	130%	109%

其中，超欠是指能力超过或欠缺，由当前工作中心当前计划周期的能力减去负荷得到；比率是指负荷百分比（即负荷率），由当前工作中心当前计划周期的负荷除以能力得到，并以百分比展示出来。

3. 评估主生产计划

只要制定出主生产计划并进行粗能力平衡，应向有关决策部门提交主生产计划及粗能力计划分析结果。由企业高层负责，组织销售、生产、设计、采购等部门参与审核，经过协商后做出相应的评估决策。

对主生产计划的审核评估有两个结果，同意或否定。

（1）同意主生产计划。

同意可能有两种方案，一是完全按照计划执行，二是市场需求与企业生产能力基本平衡。

（2）否定主生产计划。

否定后可能改变预计的生产量，采取重新安排订单、推迟订单、终止部分订单、改变产品组合、订单拆零等措施；否定后也可能改变生产能力，采取改变产品工艺、加班、外协、增加设备和工人等办法。

5.2.3 物料需求计划编制实训

在生产制造过程中，企业为满足不断波动的市场需求，要对各种物料进行适当的储备，以使生产连续不断地按一定节拍有序进行；然而过多的库存占用又会对企业资金周转产生影响，物料需求计划（Material Requirement Planning，简称MRP）正是为了解决这一矛盾而提出来的。MRP 是一种有效的物料控制系统和较精确的生产计划系统，能够保证在满足物料需求的同时，使物料的库存水平保持在最小值范围。

MRP 是 ERP 管理层的计划，MRP 计划的运行是在 ERP 决策层的主生产计划（MPS）审核通过并下达后驱动编制的。

5.2.3.1 物料需求计划概述

1. 物料需求计划的含义

物料需求计划的基本思想是围绕物料转化组织制造资源，实现按需要准时生产。对于加工装配式生产而言，如果确定了产出数量和产出时间，就可按产品的结构确定产品的所有零件和部件的数量，并可按各种零件和部件的生产周期，反推出它们的产出时间和投入时间。物料转化过程中有了各种物料的投入时间和数量，就可以确定生产中各种制造资源的需求数量和需求时间，实现按需要准时生产。

MRP 是对 MPS 的各个项目所需全部制造件和全部采购件的网络支持计划和时间进度计划。MRP 根据主生产计划对最终产品的需求数量和交货期，推导出构成产品的零部件及材料的需求数量、需求时间，再导出自制零部件的制造订单下达日期和采购件的采购订单发放日期，并进行需求资源和可用能力的进一步平衡。

MRP 是在计算机系统支持下的生产与库存计划管理系统，管理方法主要用于单件小批量或多品种小批量的制造企业，每种产品需要一系列加工步骤完成。

2. 物料需求计划的作用

利用有关输入信息、实现各计划时段的采购计划和制造计划，即 MRP 的作用。通常来说，MRP 要回答以下问题（见表 5.27）。

表 5.27 MRP 需要回答的问题

问题	数据来源
生产（或采购）什么，生产（或采购）多少？	从主生产计划（MPS）获得
要用到什么？	从物料清单（BOM）获得构成比率
已经有什么？	实时库存信息，从库存 IO 获得
还缺什么？	从主生产计划（MPS）获得
何时安排生产或采购以满足交货期要求？	从物料清单（BOM）获得提前期

3. 物料需求计划的工作原理

根据主生产计划、独立需求、物料清单、库存信息等，经过物料需求计划计算，生成采购计划和制造计划。

5.2.3.2 物料需求计划的编制准备

1. 物料需求计划的两种基本运行方式

（1）全重排式 MRP（也叫再生式 MRP）。

这种 MRP 生成后会对库存信息重新计算，同时覆盖原来计算的 MRP 数据，生成的是全新的 MRP，此类 MRP 的生成一般是周期进行的，如每周运行一次 MRP。现行的 ERP 系统多采用此方式。

全重排式 MPR 处理内容：

·主生产计划中列出来的每一个最终项目的需求都要加以分解。

·每一个 BOM 文件都被访问到。

·每一个库存状态记录都要经过重新处理。

（2）净改变式 MRP。

这种 MRP 只有在制定、生成 MRP 的条件（如主生产计划 MPS 的变化、提前期变化）发生变化时，才相应地更新 MRP 有关部分的记录。

净改变式 MRP 一般适用于环境变化较大、计算复杂和更新 MRP 系统时间较长的企业。

净改变式 MRP 的内容。

·每次运行系统时，都只需要分解主生产计划中的一部分内容；

·由库存事务处理引起的分解只局限在所分解的那个项目的下属层次上。

2. 低位码概念

低位码（Low Level Code，简称 LLC）又称低层码，物料的低位码是系统分配给物料清单上的每个物品一个从 0 至 N 的数字码。在产品结构中，最上层的层级码为 0，下一层部件的层级码则为 1，依此类推。

一个物品只能有一个 MRP 低位码，当一个物品在多个产品中所处的产品结构层次不同或者即使处于同一产品结构中但却处于不同产品结构层次时，则取处在最低层的层级码作为该物品的低位码，即取数字最大的层级码。

在展开 MPS 进行物料需求计算时，计算的顺序是从上而下进行的，即从产品 0 层开始计算，按照低位码顺序从低层码数字小的物料往低位码数字高的物料进行计算。

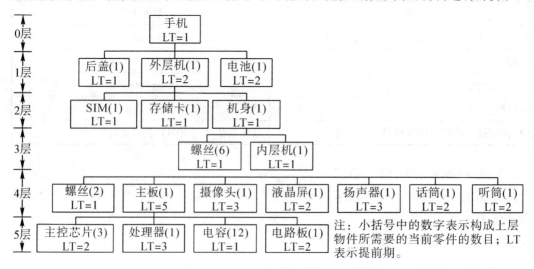

图 5.4　具备低位码的产品结构图

如图 5.4 共有 6 层的产品结构图，根项目为第 0 层，其余项目分布在 1~5 层。这个层次结构表中，小括号中的数字表示构成比例，而 LT 则表示准备当前物料的提前期。

图 5.4 中，螺丝这种物料分别在第 3 层和第 4 层都有需求，按低位码取最大层数的原则，螺丝的低位码为 4。每种物料有且仅有一个低位码，该码的作用在于指出各种物料最早使用的时间，在 MRP 运算中，使用低位码能简化运算，同时避免相对上层的物料在计算时将数量耗尽影响下层的计算。

3. 物料需求计划的处理过程

物料需求计划的计算是一个逐层逐项计算的过程，通过将 MPS 导入的需求按物料清单（BOM）进行相关需求计算生成订单计划（如图 5.5）。

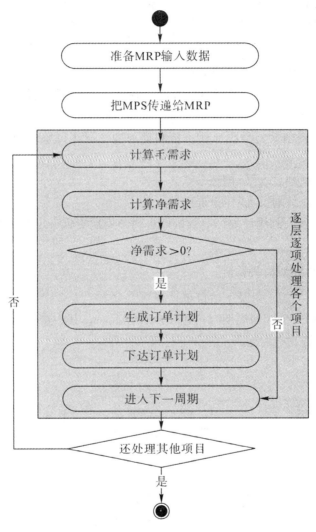

图 5.5 MRP 计算流程

整个计算过程需要计算毛需求量、相关需求、预计库存等，公式如下：

（1）计算毛需求量。

项目毛需求＝项目独立需求＋父项的相关需求

父项的相关需求＝父项的计划订单数量×项目用量因子

（2）计算净需求量。

①计算各个时段的预计库存量。

预计库存量（现有库存的计算）＝前期库存+计划接收量−毛需求量−已分配量

②确定净需求量。

净需求量＝预计库存的相反数+安全库存

＝毛需求−前期库存−本期计划接收+已分配量+安全库存

★小提示：净需求与已分配量计算原则

如果在某个时间段上的预计库存量小于等于零，则产生净需求，否则，净需求就为零。已分配物料是指已向库房发出提货单，但尚未由库房发货的物料。已分配量是尚未兑现的库存需求。因此，已分配量仅用于第 1 周期，以后不必再算。

（3）生成订单计划和下达订单计划。

①生成订单计划。利用批量规则，生成订单计划（又称计划订单入库），即计划产出量和产出的时间。

②考虑损耗与提前期。考虑损耗系统和提前期，下达订单计划，即计划投入量和投入时间。

计划产出量＝计划投入量×损耗系数

计划产出时间＝计划投入时间+提前期

③进入下一循环。利用计划订单数量计算同一周期更低一层相关项目的毛需求量，进入下一循环。

5.2.3.3 物料需求计划编制案例

【参考 5.8】求毛需求量及下达订单计划。

已知 MPS 在第 8 个计划周期时产出 100 件产品 A，其中产品 A 的 BOM 结构如图 5.6 所示。试计算各物料的毛需求量和下达订单计划。

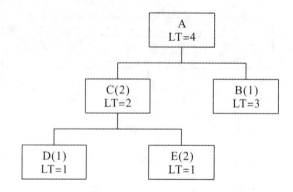

图 5.6　产品 A 的 BOM 结构图（求毛需求及订单下达）

解：根据图 5.6 所示的产品结构，结合物料需求计划的处理过程，得到计算结果如表 5.28。

表 5.28　　　　　　　产品 A、B、C、D、E 的毛需求量及其下达的订单计划

提前期	物料项目	MRP数据项	计划周期							
			1	2	3	4	5	6	7	8
4	A	毛需求量								100
		下达订单计划				100				
3	B	毛需求量				100				
		下达订单计划	100							
2	C	毛需求量				200				
		下达订单计划		200						
1	D	毛需求量		200						
		下达订单计划	200							
1	E	毛需求量		400						
		下达订单计划	400							

根据表 5.26 的计算过程，可以看出：

· 各物料的需求量是由上层往下层进行分解的。

· 下达订单的时间为该物料毛需求量时间减去提前期得到。

· 上一层物料的"下达订单计划"时间即为下一层物料的"毛需求时间"。

【参考 5.9】当独立需求与相关需求同时存在时，物料需求的计算。

物料 A 既是产品 X 的组件又是产品 Y 的组件，其 BOM 结构如图 5.7 所示。所以 A 的需求为相关需求；此外，A 作为配件又有独立需求。已知 MPS 计划为：在第 6，第 8，第 11 个计划周期产出的产品 X 分别为 25、30、15 件；在第 9，第 11，第 13 个计划周期时产出的产品 Y 分别为 40、15、30 件；在第 1，第 2 周期产出的 A 产品为 15 件。试计算产品 A 的毛需求量。

解：根据 MRP 计算流程图可知，物料 A 的总的毛需求量应为其独立需求和相关需求之和。物料 A 的毛需求计算如表 5.29 所示。

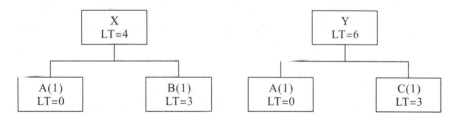

图 5.7　物料 A 的需求关系 BOM 结构图

表 5.29　　　　　　　　　　　　物料 A 的毛需求量计算

MRP 项目	计划周期												
	1	2	3	4	5	6	7	8	9	10	11	12	13
X（LT=4）						25		30			15		
Y（LT=6）									40		15		30
相关需求 X→A		25		30			15						
相关需求 Y→A			40		15		30						
独立需求 A	15	15											
A 的毛需求量	15	40	40	30	15		45						

【参考 5.10】应用低位码计算物料的净需求量。

产品 A 的 BOM 结构如图 5.8 所示。已知：MPS 在第 8 个计划周期时产出 200 件 A 产品，各物料的计划接收量和已分配量均为零；物料 A、B、C、D 批量规则为直接批量法。求物料 A、B、C、D 的净需求量。

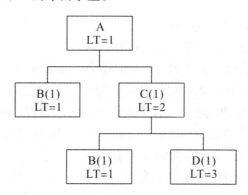

图 5.8　具有低位码的产品 A 的 BOM 结构图

解：由 BOM 图可知，A、B、C、D 的低位码分别为 0、2、1、2，由此不难得出净需求量。则物料 B 的净需求量是第 5 周 20 件，第 7 周 200 件。

对于物料 B，若不按低位码计算，则计算结果将有偏差；因此，当某个物料存在低位码时，在计算分解至该零件时即使其有毛需求量，也不要急于计算净需求量，而要逐层分解直至该零件的最低层，此时再一并计算其净需求量。最终计算结果如表 5.30 所示。

表 5.30　　　　　　　　　　物料 A、B、C、D 的净需求计算

提前期	物料项	现库存	MRP 数据项	计划周期							
				1	2	3	4	5	6	7	8
1	A	0	毛需求量								200
			净需求量								200

表5.30(续)

提前期	物料项	现库存	MRP 数据项	计划周期							
				1	2	3	4	5	6	7	8
2	C	60	毛需求量							200	
			净需求量							140	
3	D	70	毛需求量					140			
			净需求量					70			
低位码	B	120	毛需求量					140		200	
			净需求量					20		200	

【参考5.11】利用批量规则编制 MRP 计划。

已知：某产品的毛需求计划见表5.31，该产品的已分配量为零，提前期为2周，第2周计划接收量为20件，现有库存量为20。请分别采用直接批量法和固定批量法（批量为15）编制 MRP 计划。

表 5.31　　　　　　　　　　某产品毛需求量

计划周期	1	2	3	4	5	6	7	8
毛需求量	5	10	18	0	10	6	0	14

解一：采用直接批量法编制 MRP 计划。

表 5.32 中第 2 周期的现有库存为 25，其计算依据为：

上期库存（15）+本期计划接收（20）-本期毛需求（10）-已分配量（0）= 25

则，净需求=现在库存的相反数（-25）+安全库存（0）= -25（小于0可以不标出）

表 5.32 中第 5 周期的现在库存为 0，其计算依据为：

上期库存（7）+本期计划接收（0）-本期毛需求（10）-已分配量（0）= -3

因为-3<0，则库存数不够分配，这里就标为0，按直接批量法的方法，那么就需要在第5周期生产3件，所以第5周期的计划订单入库为3；再考虑提前期2周，那么第3周的计划订单下达就是3。同理，求出其他周的 MRP 计划。

表 5.32　　　　　　　　采用直接批量法确定 MRP 计划

计划周期	1	2	3	4	5	6	7	8
毛需求量	5	10	18	0	10	6	0	14
计划接收量		20						
现在库存：20	15	25	7	7	0	0	0	0
净需求量					3	6		14
计划订单入库					3	6		14
计划订单下达			3	6		14		

解二：采用固定批量法编制 MRP 计划。

表 5.33 中第 2 周期的现有库存为 25，其计算依据为：

上期库存（15）+本期计划接收（20）-本期毛需求（10）-已分配量（0）= 25

则，净需求=现在库存的相反数（-25）+安全库存（0）= -25（小于 0 不标出）

表 5.33 中第 5 周期的现在库存为 12，其计算依据为：

上期库存（7）+本期计划接收（0）-本期毛需求（10）-已分配量（0）= -3

因为-3<0，则库存数不够分配，需要生产一个批量 15，即计划订单入库所以取该周期批量（即计划订单入库）15 件，但因为有-3 件的耗损，所以 15-3 = 12

同理，求出第 8 周期现在库存为 7，再考虑 2 周的提前期，分别在第 3 和第 6 周给出批量为 15 的计划订单下达数。

表 5.33　　　　　　　　采用固定批量法确定 MRP 计划

计划周期	1	2	3	4	5	6	7	8
毛需求量	5	10	18	0	10	6	0	14
计划接收量		20						
现在库存：20	15	25	7	7	12	6	6	7
净需求量					3			8
计划订单入库					15			15
计划订单下达			15			15		

【参考 5.12】根据有关输入信息编制 MRP 计划。

已知产品 A 的 BOM 结构如图 5.9，主要输入数据项分别见表 5.34、5.35、5.36，请编制项目 B、C 的物料需求计划。

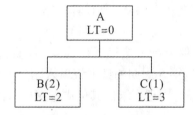

图 5.9　产品 A 的 BOM 结构

表 5.34　　　　　　　　项目 A 主生产计划清单

周期	1	2	3	4	5	6	7	8
项目 A	10	10	10	10	10	10	10	10

表 5.35　　　　　　　　项目 C 的独立需求

周期	1	2	3	4	5	6	7	8
项目 C	5	5	5	5	5	5	5	5

表 5. 36　　　　　　　　　　　　　　　　库存信息

项目	计划接收量（计划周期）								现有库存	已分配量	提前期	固定批量
	1	2	3	4	5	6	7	8				
B				40					65	0	2	40
C			30						30	0	3	30

解：因为 1 件 A 需要 2 件 B，所以第 1~8 周 B 的毛需求量均为 20（＝10×2）件；又因为 1 件 A 需要 1 件 C，且每周有独立需求 5 件，所以第 1~8 周 C 的毛需求量均为 15（＝10×1+5）件。

由此结合其他信息，便可以得到项目 B 第 6，8 周均需要生产一批（40 件）产品，项目 C 第 5，第 7 周均需要生产一批（30 件）产品，并根据其提前期得到订单下达日期，详见表 5.37 和表 5.38。

表 5. 37　　　　　　　　　　　　项目 B 的物料需求计划

计划周期	1	2	3	4	5	6	7	8
毛需求量	20	20	20	20	20	20	20	20
计划接收量				40				
现在库存：65	45	25	5	25	5	25	5	25
净需求量						15		15
计划订单入库						40		40
计划订单下达				40		40		

表 5. 38　　　　　　　　　　　　项目 C 的物料需求计划

计划周期	1	2	3	4	5	6	7	8
毛需求量	15	15	15	15	15	15	15	15
计划接收量			30					
现在库存：30	15	0	15	0	15	0	15	0
净需求量					15		15	
计划订单入库					30		30	
计划订单下达		30		30				

【实训练习 5.4】编制物料需求计划。

已知：某产品 W 的 BOM 如图 5.10 所示，MRP 的有关输入见表 5.39、5.40、5.41，请编制项目 X、Y、A、B、C 的 MRP 计划。

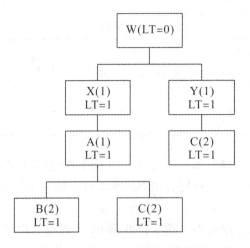

图 5.10　产品 W 的 BOM 结构图

表 5.39　　　　　　　　　　　　产品 W 主生产计划清单

周期	1	2	3	4	5	6	7	8
产品 W				20	20	20	20	20

表 5.40　　　　　　　　　　　　项目 C 的独立需求

周期	1	2	3	4	5	6	7	8
项目 C	5	5	5	5	5	5	5	5

表 5.41　　　　　　　　　　　　库存信息

项目	计划接收量（计划周期）								现有库存	已分配量	提前期	固定批量
	1	2	3	4	5	6	7	8				
X				40					45	10	1	40
Y			30						45	20	1	30
A					50				50	10	1	50
B							50		65	5	1	50
C		35							95	15	1	35

5.2.4　能力需求计划编制实训

5.2.4.1　能力需求计划概述

1. 能力需求计划的含义

能力需求计划（Capacity Requirements Planning，简称 CRP）也就是所谓的细能力需求计划，是对生产过程中（这里指物料需求计划）所需要的能力进行核算的计划管理方法，以确定是否有足够的生产能力来满足生产的需求。能力需求计划用于分析和检验物料需求计划的可靠性，将生产需求转换成相应的能力需求，评估可用的能力并确定应采取的措施，以协调生产能力和生产负荷的差距。具体来说，能力需求计划就是对各生产阶段和工作中心所需的各种资源进行精确计算，得出人力负荷、设备负荷等资源负荷情况，并做好生产能力与生产负荷的平衡工作。

物料需求计划的对象是物料，物料是具体的、形象的；能力需求计划的对象是能力，能力是抽象的、变化的。能力需求计划把物料需求转换为能力需求，估计可用的能力并确定应采取的措施。

能力需求计划把 MRP 计划下达的订单转换为负荷小时，按工厂日历转换为每个工作中心各时区的能力需求。运行能力需求计划，是根据物料需求计划中加工件的数量和需求时段、它们在各自工艺路线中使用的工作中心及占用时间，对比工作中心在该时段的可用能力，生成能力需求报表的。

2. 能力需求计划作用

能力需求计划（CRP）主要在于通过分析比较 MRP 的需求和企业现有生产能力，及早发现能力的瓶颈所在，从而为实现企业的生产任务而提供能力方面的保障。

能力需求计划是在确认下达的 MRP 基础上，分析加工工艺路线、各工作中心能力而进行计算的，其目的是要回答以下问题：

①MRP 涉及的物料经过哪些工作中心加工？

②这些工作中心的可用能力是多少？在计划展望期中，各工作中心在各计划周期的可能能力是多少？

③MRP 涉及的物料在各工作中心的负荷是多少？这些物料在各工作中心、各计划周期的负荷又是多少？

对于 MRP 包含的产品结构中每一级项目，MRP 分时间将制造订单的排产计划转换成能力需求，并考虑制造过程中排队、准备、搬运等时间消耗，使生产需求切实成为可控制的因素。此外，能力需求计划（CRP）还考虑了现有库存和在制品库存，使主生产计划所需的总能力数量更准确。由于订单计划是 MRP 产生的，其中考虑了维修件、废品和安全库存等因素，与之对应的能力需求计划（CRP）也相应考虑了这些因素，使能力估计更加切实可行。

3. 能力需求计划与粗能力计划的区别

能力需求计划（CRP）与粗能力计划（RCP）的功能相似，都是为了平衡工作中心的能力与负荷，从而保证计划的可靠与可行性。不过，两者之间又有明显的区别，如表 5.42 所示。

表 5.42　能力需求计划（CRP）与粗能力计划（RCP）之间的区别

对比项目	粗能力计划（RCP）	能力需求计划（CRP）
计划阶段	主生产计划（MPS）	物料需求计划（MRP）
计划对象	独立需求物料	相关需求物料
主要面向	主生产计划（MPS）	车间作业控制（SFC）

对比项目	粗能力计划（RCP）	能力需求计划（CRP）
计算参照	资源清单	工艺路线
能力对象	关键工作中心	全部工作中心
订单范围	计划及确定的需求	全部
现有库存量	不扣除	扣除
提前期	以计划周期为最小单位	物料完成的开始与完工时间，精确到天或小时
批量计算	因需定量	批量规则
工作日历	企业通用工厂日历	工作中心日历

5.2.4.2 能力需求计划的编制准备

1. 能力需求计划的分类

ERP 的能力需求计划按照编制方法可分为无限能力计划和有限能力计划两种方式。

（1）无限能力计划。

无限能力计划是指不考虑能力的限制，对各工作中心的能力和负荷进行计算，产生出工作中心能力与负荷报告。在负荷工时大于能力工时的情况下，称为超负荷，此时对超过的部分进行调整，如延长工作时间、转移工作中心负荷、外协加工等；采取以上措施无效的情况下，只能选择延期交货或者取消订单。

（2）有限能力计划。

有限能力计划是指工作中心能力是不变的或有限的，计划的安排按照优先级进行（数字越小优先级越高）。优先级计划是按优先级分配给工作中心负荷，当满负荷时优先级低的项目被推迟，这种方法不会产生超负荷，可以不做负荷调整。

2. 工作中心能力数据建立

建立工作中心能力数据通常包括选择计量单位、计算定额能力和计算实际能力几个步骤。

（1）选择计量单位。

通常用于表示工作中心能力的单位有：工时、公斤（一公斤＝1 千克）或吨、米、件数等，不过为了统一起见，用工时的情况居多。在离散型生产中多用加工单件所需要的标准时间：小时/件。在重复式生产中多用单位小时的产量作为计量单位，即件/小时。在流程企业中，多用是产量或日产量作为计量单位，比如吨/日。

（2）计算定额能力。

定额能力是在正常的生产条件下工作中心的计划能力。定额能力不一定为最大能力，而是根据工作中心文件和车间日历有关信息计算而得。计算定额能力所需要的主要信息有每班可用操作人员数、可用的机器数、单机的额定工时、工作中心利用率、工作中心效率、该工作中心每天排产小时数、每天开动班次、每周工作天数。

工作中心利用率＝实际直接工作工时数/计划工作工时数

工作中心效率=完成的标准定额工时数/实际直接工作工时数

完成定额工时=生产的产品数量×按工艺路线计算的定额工时

工作中心的定额能力=可用机器数或人数×每班工时×每天的开班数×每周的工作天数×工作中心利用率×工作中心效率

（3）计算实际能力。

实际能力是通过记录某工作中心在某一生产周期内的产出而决定的，也称历史能力。

工作中心实际能力=工作中心在数周期内的定额工时/周期数

3. 能力需求计划（CRP）编制步骤

（1）搜集数据。

能力需求计划（CRP）编制的第一步是搜集数据，用于 CRP 输入的数据包括：

· 已下达的车间订单；

· MRP 计划订单；

· 工作中心能力数据；

· 工艺路线文件；

· 工厂生产日历；

· 工作中心的工序间隔等。

（2）计算负荷。

将所有的订单分派到工作中心上，然后确定有关工作中心的负荷，并从订单的工艺路线记录中计算出每个有关工作中心的负荷。当不同的订单使用同一个工作中心时，将按时间段合并计算。最后，将每个工作中心的负荷与工作中心记录中存储的定额能力数据进行比较，得出工作中心负荷能力对比及工作中心利用率。

（3）分析负荷情况。

能力需求计划将指出工作中心的能力负荷情况（不足、刚好、超过）及程度，分析负荷产生的原因，以便于正确地解决问题。

（4）能力负荷调整。

根据分析负荷情况，对能力和负荷进行调整：增加或降低能力、增加或降低负荷或者两者同时调整。

· 调整能力的方法：加班、增加人员和设备、提高工效、更改工艺路线、增加外协处理等。

· 调整负荷的方法：修改计划、调整生产批量、推迟交货期、撤销订单、交叉作业等。

5.2.4.3 能力需求计划编制案例

1. 计算设备能力与人员能力

【参考 5.13】计算设备能力与人员能力。

假设某企业共有 30 人，共有 5 台设备，设备有效工作时间为 1 000 小时/台，设备利用率为 45%，有效工作时间为 176 小时，单位产品工时定额为 8 小时/个，求设备能力和人员能力。

解：

设备能力=设备数量×设备有效工作时间×设备利用率

$$=5 \times 1\,000 \times 0.45$$

$$=2\,250（小时）$$

人员能力=人员数量×有效工作时间/单位产品工时定额

$$=30 \times 176/8$$

$$=660（小时）$$

2. 完整的能力需求计划（CRP）编制

【参考 5.14】编制 CRP 计划。

某产品 A 的物料清单如图 5.11 所示，其主生产计划、库存信息、工艺路线及工作中心工时定额信息和工序间隔时间见表 5.43、表 5.44、表 5.45、表 5.46。

其中，零件 B、C 的批量规则均是 2 周净需求，零件 E 的批量规则是 3 周净需求，零件 F 的批量规则是固定批量 80；每周工作 5 天，每天工作 8 小时，每个工作中心有一位操作工，所有的工作中心利用率和效率均为 95%。

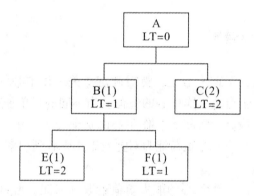

图 5.11 产品 A 物料清单

表 5.43 项目 A 主生产计划清单

周期	1	2	3	4	5	6	7	8	9	10
项目 A	25	25	20	20	20	20	30	30	30	25

表 5.44 库存信息

项目	计划接收日期（计划周期）								现有库存	已分配量	提前期	固定批量
	1	2	3	4	5	6	7	8				
A												
B	38								14		1	2 周
E		76							5		2	3 周
F									22		1	80
C	72								33		2	2 周

表 5.45　　　　　　　　　　　工艺路线及工作中心工时定额

项目	工序号	工作中心	单件加工时间（小时）	生产准备时间（小时）	平均批量	单件准备时间（小时）	单件总时间（小时）
A	N10	W30	0.09	0.40	20	0.020 0	0.110 0
B	N10	W25	0.06	0.28	40	0.007 0	0.067 0
C	N10	W15	0.14	1.60	80	0.020 0	0.160 0
	N20	W20	0.07	1.10	80	0.013 8	0.083 8
E	N10	W10	0.11	0.85	100	0.008 5	0.118 5
	N20	W15	0.26	0.96	100	0.009 6	0.269 6
F	N10	W10	0.11	0.85	80	0.010 6	0.120 6

表 5.46　　　　　　　　　　　工作中心工序间隔时间

工作中心	工序间隔时间（天）	
	排队时间	运输时间
W30	2	1
W25	2	1
W20	1	1
W15	1	1
W10	1	1
库房	–	1

解：能力需求计划（CRP）是在物料需求计划 MRP 编制之后，对 MRP 进行验证的处理过程。为此，我们必须先编制 MRP 计划，再编制能力需求计划，而能力需求计划的编制包括工作中心能力、用倒序排产法计算每道工序的开工日期、完工日期和编制负荷图 3 个步骤。

（1）编制 MRP 计划。

根据前述方法和已知条件，可以编制产品 A 的 MRP 计划（如表 5.47）。

表 5.47　　　　　　　　　　　产品 A 的 MRP 计划

零部件	计算项目	计划周期									
		1	2	3	4	5	6	7	8	9	10
A	主生产计划	25	25	20	20	20	20	30	30	30	25

表5.47(续)

零部件	计算项目	计划周期									
		1	2	3	4	5	6	7	8	9	10
B LT=1	毛需求量	25	25	20	20	20	20	30	30	30	25
	计划接收量	38									
	现有库存：14	27	2								
	净需求量			18	20	20	20	30	30	30	25
	计划订单入库		38		40		60		55		
	计划订单下达		38		40		60		55		
E LT=2	毛需求量		38		40		60		55		
	计划接收量		76								
	现有库存：5	5	43	43	3	3					
	净需求量						57		55		
	计划订单入库						112				
	计划订单下达				112						
F LT=1	毛需求量		38		40		60		55		
	计划接收量										
	现有库存：22	22									
	净需求量		16		40		60		55		
	计划订单入库		80				80		80		
	计划订单下达	80				80		80			
C LT=2	毛需求量	50	50	40	40	40	40	60	60	60	50
	计划接收量	72									
	现有库存：33	55	5								
	净需求量			35	40	40	40	60	60	60	50
	计划订单入库			75		80		120		110	
	计划订单下达	75		80		120		110			

（2）编制能力需求计划（CRP）。

①计算工作中心能力。

工作负荷能力＝件数×单件加工时间＋准备时间

例如，工作中心 W30，由于最终产品 A 在工作中心 W30 加工，单件加工时间和生产准备时间分别为 0.09 小时和 0.4 小时，因此：

工作中心 W30 在第 1 周期的负荷能力＝25×0.09+0.4＝2.65；

工作中心 W30 在第 3 周期的负荷能力＝20×0.09+0.4＝2.20；

工作中心 W30 在第 7 周期的负荷能力 = 30×0.09+0.4 = 3.10。

再如，工作中心 W15，零件 C 的第 1 道工序 N10 和零件 E 的最后一道工序均要在该工作中心加工。零件 C 的单件加工时间和生产准备时间分别为 0.14 小时和 1.6 小时，因此：

零件 C 工作中心 W15 第 1 周的负荷能力 = 75×0.14+1.6 = 12.1；

零件 C 工作中心 W15 第 3 周的负荷能力 = 80×0.14+1.6 = 12.8；

零件 C 工作中心 W15 第 5 周的负荷能力 = 120×0.14+1.6 = 18.4；

零件 C 工作中心 W15 第 7 周的负荷能力 = 110×0.14+1.6 = 17。

最终计算结果如表 5.48 所示。

表 5.48　　　　　　　　　　　工作中心能力需求计划（CRP）

零件	工序	工作中心	计划周期									
			1	2	3	4	5	6	7	8	9	10
A	N10	W30	2.65	2.65	2.2	2.2	2.2	2.2	3.1	3.1	3.1	2.65
B	N10	W25	0	2.56	0	2.68	0	3.88	0	3.58	0	0
C	N10	W15	12.1	0	12.8	0	18.4	0	17	0	0	0
	N20	W20	6.35	0	6.7	0	9.5	0	8.8	0	0	0
E	N10	W10	0	0	0	13.17	0	0	0	0	0	0
	N20	W15	0	0	0	30.08	0	0	0	0	0	0
F	N10	W10	9.65	0	0	0	9.65	0	9.65	0	0	0

②用倒序排产法计算每道工序的开工日期和完工日期。

在项目的提前期（需求时间和下达日期），需要合理分配有关工序所需的工时定额，通常采用倒序排产法。

倒序排产法是指将 MRP 确定的订单完成时间作为起点，然后安排各道工序，找出各工序的开工日期，进而得到 MRP 订单的最晚开工日期。

以零件 C 为例，说明如何用倒序排产法计算每一批订单、每道工序的形式日期和完工日期。

根据前述资料可知，零件 C 有两道工序：工序 N10 和 N20，分别在工作中心 W15 和 W20 上完成。根据已知条件：每周工作 5 天，每天工作 8 小时，每个工作中心有一位操作工，所有的工作中心利用率和效率均为 95%，则可以得到各工作中心每天的可用能力为：8×1×0.95×0.95 = 7.22 小时；

每周的最大可用能力为 7.22×5 = 36.1 小时。

根据表 5.48 可知：

零件 C 工序 N20 第 1 周的生产时间为 6.35 小时（计划负荷工时），则生产时间转化为天数为：6.35 / 7.22 = 0.879 501 385 天。

零件 C 工序 N10 第 1 周的生产时间为 12.1 小时（计划负荷工时），则生产时间转化为天数为：12.1/7.22 = 1.675 900 277 天以此类推，可以求出其他周按天数转化后的生产时间。

根据已知条件可知，工作中心 W15 和 W20 的排除时间和运输时间都是 1 天。

于是根据 MRP 计划表中零件 C 的计划订单入库，可以求出各周计划订单完工时间和最晚开工时间，如表 5.49（备注：总提前期四舍五入、每周工作时间只按 5 天计）。

表 5.49　　　　　　　　　各批次零件 C 的最晚开工时间和完工时间

订单批次	订单数量	计划订单时间		生产时间							推算最晚开工日期
		订单入库周次	推算完工日期	提前期	工序间隔		加工时间			总提前期	
					排队时间	运输时间	工序 N20	工序 N10			
1	75	第 3 周	第 2 周周五	2	1	1	0.879 501 385	1.675 900 277		6.555 401 662	第 1 周周四
2	80	第 5 周	第 4 周周五	2	1	1	0.934 903 047	1.772 853 186		6.707 756 233	第 3 周周四
3	120	第 7 周	第 6 周周五	2	1	1	1.315 789 474	2.548 476 454		7.864 265 928	第 5 周周三
4	110	第 9 周	第 8 周周五	2	1	1	1.218 836 565	2.354 570 637		7.573 407 202	第 7 周周三

③负荷分析。

由于工作中心 W15 每周的最大可用能力为 36.1 小时（7.22×5），在第 1、第 3、第 4、第 5、第 7 周的能力需求分别是 12.1、12.8、30.08、18.4、17，所以可知以上各周均处于低负荷状态。

【实训练习5.5】编制能力需求计划。

某玩具车的物料清单如图 5.12 所示，其主生产计划、库存信息、工艺路线及工作中心工时定额信息和工序间隔时间见表 5.50、表 5.51、表 5.52、表 5.53。

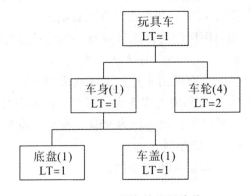

图 5.12　玩具车的物料清单

其中，车身、车轮的批量规则均是 1 周净需求，底盘的批量规则是 2 周净需求，车盖的批量规则是固定批量 100；每周工作 5 天，每天工作 8 小时，每个工作中心有一位操作工，所有的工作中心利用率、效率分别为 90% 和 95%，请编制其能力需求计划，用倒序排产法计算每道工序的开工日期和完工日期并进行负荷分析。

表 5.50 玩具车的主生产计划清单

周期	1	2	3	4	5	6	7	8	9	10
玩具车	80	80	80	80	80	100	100	100	100	100

表 5.51 库存信息

加工部件	计划接收日期（计划周期）								现有库存	已分配量	提前期	固定批量
	1	2	3	4	5	6	7	8				
玩具车											1	
车身				25					3		1	1 周
底盘		30							8		1	2 周
车盖					10				5		1	100
车轮			20						45		2	1 周

表 5.52 工艺路线及工作中心工时定额

加工部件	工序号	工作中心	单件加工时间（小时）	生产准备时间（小时）	平均批量	单件准备时间（小时）	单件总时间（小时）
玩具车	N10	W30	0.09	0.40	20	0.020 0	0.110 0
车身	N10	W25	0.06	0.28	40	0.007 0	0.067 0
车轮	N10	W15	0.14	1.60	80	0.020 0	0.160 0
	N20	W20	0.07	1.10	80	0.013 8	0.083 8
底盘	N10	W10	0.11	0.85	100	0.008 5	0.118 5
	N20	W15	0.26	0.96	100	0.009 6	0.269 6
底盘	N10	W10	0.11	0.85	80	0.010 6	0.120 6

表 5.53 工作中心工序间隔时间

工作中心	工序间隔时间（天）	
	排队时间	运输时间
W30	1	1
W25	1	1
W20	2	1
W15	1	1
W10	1	1
库房	—	1

5.2.5 车间作业计划编制实训

5.2.5.1 车间作业计划概述

生产作业计划（Procduction Activity Control，PAC），又称生产作业控制、车间作业控制，属于 ERP 执行层计划；它是在 MRP 计划输出的制造订单基础上，对零部件生产计划的细化，是一种实际的执行计划。

车间作业按产品的工艺流程分为离散型和流程型，对于离散型车间作业通常称之为车间作业控制（Shop Floor Control，SFC），而生产作业控制（PAC）则包含离散型和流程型的生产作业管理的统称。

车间作业计划是在 MRP 所产生的制造订单基础上，按照交货期的前后和生产优先级选择原则以及车间的生产资源情况，将零部件的生产计划以订单的形式下达给适当的车间。在车间内部，根据零部件的工艺路线等信息制订车间生产的日计划，并组织生产。同时，在订单生产过程中，实时地采集车间生产的动态信息，了解生产进度，发现问题并及时解决，尽量使车间的实际生产接近于计划。

车间作业计划是根据零部件的工艺路线来编制工序排产计划。在车间作业控制阶段要处理相当多的动态信息。在此阶段，反馈是重要的工作，因为系统要以反馈信息为依据对物料需求计划、主生产计划、生产规划以至经营规划做必要的调整，以便实现企业的生产管理过程。

车间作业计划是车间作业管理的重要组成部分，一个可施行的车间作业计划必须以车间控制管理的手段为前提。

5.2.5.2 车间作业计划工作内容

1. 核实 MRP 产生的计划订单

虽然 MRP 为计划订单规定了计划下达日期，并且做过能力计划，但这些订单在生产控制人员正式批准下达投产之前，还必须检查物料、能力、提前期和工具的可用性。

作为生产控制人员，要通过计划订单报告、物料主文件和库存报告、工艺路线文件和工作中心文件及工厂日历来完成以下任务：

- 确定加工工序。
- 确定所需的物料、能力、提前期和工具。
- 确定物料、能力、提前期和工具的可用性。
- 解决物料、能力、提前期和工具的短缺问题。

2. 执行生产（制造）订单

执行生产订单的工作包括下达生产订单和领料单、下达工作中心派工单和提供车间文档。

一份生产订单在生产管理过程中是有生命周期的。所谓下达生产订单就是指明这份生产订单可以执行了。在下达的生产订单上要说明零件的加工工序和占用的时间。

当多份生产订单下达到车间，需要在同一时间段内、同一工作中心上进行加工时，必须要向车间说明各生产订单在同一工作中心上的优先级。

执行生产订单的过程，除了下达生产订单和工作中心派工单之外，还必须提供车间文档，其中包括图样、工艺过程卡片、领料单、工票等。

3. 搜集信息、监控在制品生产

需要查询工序状态、完成工时、物料消耗、废品、投入/产出等项报告；控制排除时间、分析投料批量、控制在制品库存、预计是否出现物料短缺或拖期现象。

4. 采取调整措施

如预计将要出现物料短缺或拖期现象，则应采取措施，如通过加班、转包或分解生产订单来改变能力及负荷。如仍不能解决问题，则应给出反馈信息、修改物料需求计划，甚至修改主生产计划。

5. 生产订单完成

统计实耗工时和物料、计算生产成本、分析差异、产品完工入库事务处理。

5.2.5.3 车间作业计划编制步骤

1. 根据 MRP 订单生成车间任务

这个步骤的任务就是要把经过核实的 MRP 制造订单下达给车间，一般情况下应该把物料需求计划明确下达给某个车间加工，以满足工艺路线的要求；但特殊情况下，也可以把同一个物料需求计划分配给不同的车间。

车间任务往往是以报表的形式给出的，在报表中一般应包括任务号、MRP 号、物料代码、物料名称、需求量、需求日期、车间代码、计划开工日期、计划完工日期等数据项（如表 5.54 所示）。

表 5.54　　　　　　　　　　　　车间任务表

任务号	MRP 号	物料代码	需求量	需求日期	计划开工日期	计划完工日期
B01	M10	MT001	100	2017.11.01	2017.10.25	2017.11.01
B02	M20	MT002	200	2017.11.05	2017.11.02	2017.11.05

2. 下达加工单

加工单以工作中心为加工单位，是车间任务的细化，在计划开工日期和计划完工日期的基础上进一步细划的最早开工时间、最早完工时间、最晚开工时间、最晚完工时间等计划进度，其中的订单时间细化到小时（如表 5.55）。

表 5.55　　　　　　　　　　　　加工单表

加工单号：JG12　　　　　　　计划日期：2017.10.31　　　　　　计划员：张三
物料代码：MT335　　　　　　需求数量：100　　　　　　需求日期：2017.11.08

工序号	工作中心代码	工时定额		本批订单时间	计划进度			
		准备	加工		最早开工时间	最早完工时间	最晚开工时间	最晚完工时间
1	WC01	0.2	0.1	10.2	2017.11.02	2017.11.04	2017.11.03	2017.11.05
2	WC02	0.3	0.2	20.3	2017.11.03	2017.11.07	2017.11.04	2017.11.08

3. 生产调度

生产调度就是对分配到同一时区、同一工作中心不同物料的加工顺序进行优先级排序。

（1）生产调度的目的。

·将作业任务按优先级编排。

·提高设备和人力的利用率。

·保证任务如期完成以满足交货期。

·完成任务时间最短、成本最低。

（2）生产调度的方法。

生产调度的方法即优先级的确定方法，常见有如下几种：

①先到先服务法。

优先级＝（订单送达日期−固定日期）/365

固定日期是系统设置的固定日期，如当年的 1 月 1 日。

②交货期法。

优先级＝交货期−当前日期

③最早开工法。

优先级＝交货期−提前期−当前日期

④剩余松弛时间法。

优先级＝交货剩余时间（天）−完工剩余时间（天）

⑤最小单个工序平均时差法（Least Slack Per Operation，LSPO）。

优先级＝（交货日期−当前日期−剩余工序所需加工时间）/剩余工序数

⑥紧迫系数法（Critical Ratio，CR）。

优先级＝（交货日期−系统当前时间）/剩余的计划提前期

·当 CR<=0 时，说明已经拖期；

·当 0<CR<1 时，说明剩余时间不够；

·当 CR＝1 时，说明剩余时间刚好；

·当 CR>1 时，说明剩余时间有余。

4. 下达派工单

派工单是指向工作中心的加工说明文件，包括根据生产调度确定的优先级、某时段的加工任务等信息（如表 5.56）。

表 5.56　　　　　　　　　　　　派工单

车间代码：MT156　　　　　　工作中心代码：WC12　　　　派工日期：2017.10.31

物料代码	任务号	工序号	需求数量	开工时间	完工时间	加工时间	优先级系数
MT001	B01	1	100	2017.11.02	2017.11.05	10.2	1
MT009	B05	1	500	2017.11.08	2017.11.12	53.6	2

5.3　实训思考题

1. 生产计划、主生产计划、粗能力计划、物料需求计划、能力需求计划、车间作业计划分别属于 ERP 中哪个计划层次？

2. 生产计划的编制是否必需的？可以直接从主生产计划开始编制吗？

3. MTO 与 MTS 环境下，生产计划编制有什么不同？

4. 既然有粗能力计划和能力需求计划，为什么还要在生产计划时考虑资源清单？

5. 时区、时界有什么不同？时区是怎么划分的？

6. 能力需求计划编制时，如果某周有计划接收量会占用当周的工作中心能力吗？

7. 提前期为 0 时有什么特别的含义？通俗的意思是什么？

8. 批量策略在 MRP 中如何使用？

9. 净需求与计划产出之间的关系是什么？

10. 无限能力计划不考虑能力的约束吗？

11. 如何确定工序的开工日期和完工日期？

12. 车间作业计划为什么不存在像 MRP 和 CRP 那样的复杂计算？

13. 车间作业计划必须严格按计划执行、中途不可变更吗？

14. 车间作业计划与其他计划之间是什么关系？

6 有效物料管理计划编制实训

任何一个制造企业的生产活动，都是先从厂外购买各种物料，然后在厂内使用这些物料组织生产，形成产品，销售出厂的。在各个环节中的各种物料相互之间具有联系，都属于 ERP 系统物料管理的范畴。

对于众多企业经营者来说，第二次石油危机已然造成了一种新的困境与挑战。物料管理是生产管理中一个至关重要的环节，其管理好坏直接影响到一个企业的客户服务水平，以及在市场上的竞争力。面对日趋白热化的全球性竞争，物料管理的地位和作用更是日益凸显。

6.1 实训要求

物料管理通常被狭义地理解为对物品材料的管理，事实上，现代企业已经开始从供应链系统管理的观点来重新审视物料管理的定义。任何一种物料都是由于某种需求而存在的，因此必须处于经常流动的状态，而不应该在某个地方长期滞留，不流动的物料是一种积压和浪费。如果仓库中某种物料长期积压，可能是由于产品设计已经修改而不再需要这种物料或者是由于其他物料出现短缺而使之不能配套装配。

一个制造企业的生产过程实质上是一个物流过程。所谓生产计划，实际上是物料流动的计划。计划的对象是物料，计划执行的结果也要通过对物料流动的监控来考核。完成生产计划，必定伴随着物料数量、形态和存储位置的改变。任何物料都必定存放在一定的空间位置，这些存储位置就是物料的监控点。对计划执行情况的监控、对物料状况的反馈信息，都来自这些监控点。物料管理强调对物料存储、传送、数量和状态的变化等信息的管理。物料管理思想精髓，在于其有效性与合理性。为了能够直接有效地管理物料，必须从实践过程中以定量的方法去量化那些定性的需求。

通过本章实训，学生将参照案例中的一系列管理与控制方法、量化方法，掌握 ERP 中物料管理的精髓。

6.2 实训内容

物料管理的范畴博大精深，从采购控制、订货量到库存与仓库管理、货物配送管理、流程管理到全面质量管理等，而本章实训将主要侧重于供应商选择与数量控制、独立需求订购系统方面的内容。

6.2.1　供应商选择与适当数量控制

物料需求大部分来自于生产计划产生的需求，采购部门必须按物料规格、数量、需求的时间及质量要求把物料提供给生产部门。对要求外协加工的物料，由生产技术部门与采购部门共同确定外协加工方案。

供应商处于企业供应链的供应端，所以供应商也是企业的资源之一。采购部门掌握更多的优质供应商，企业的供应来源和质量就更有保障。

过多的物料将占用过多的仓储资源和资金资源，但过少的物料又使企业的稳定生产容易受到影响，为了保证合理的物料管理水平，就必须通过适当的数量控制手段来保障。

6.2.1.1　供应商选择

为了使工厂的生产活动一分不差、有条不紊地进行，务必严守品质、交货期、数量、价格4个因素。

不过，关于品质与价格，通常以"价廉物美"来表现，其实销售任何商品的困难莫过于品质很好的货品，以低价出售，并且还要获得必要的利润。

通常，4个因素必须同时考虑，为了能够实现满意的采购，如何开发、选定、确保有能力而积极的供应商就成为第一步。

1. 适当供应商的界定

供应商也是企业，并且通常也是处于成长中的企业，因此同样会出现各种问题。对于这类企业而言，最常见的问题就是因为资金和产能的原因而非均衡的发展。所以，适当的供应商应能克服不均衡现状，能做到均衡地成长与发展。因此，理想的供应商应该是企业的生命周期中，正处于成长期与发展期、对客户关心、积极协作、相处良好的企业。

另外，供应商对企业是否关心、积极协作，目前是否相处良好，将来是否也能更好地协作都是需要认真考虑的事情。

2. 供应商选定的基准
　·优秀的企业领导人；
　·高素质的管理人员；
　·稳定的员工群体；
　·良好的机器设备；
　·良好的技术；
　·良好的管理制度。

3. 供应商的开发

为了选择适当的供应商，需要预先搜集供应源的各种信息并进行分析、评价，然后编制好供应源一览表，以便随时掌握购入品或外包加工品的特性，以及所需要的各种条件。

（1）物料分类。

①将主生产物料和辅助生产物料按采购金额比例分成 A、B、C 三类。

②按材料成分或性能分类，如塑料类、五金类、电子类、化工类、包装类等。

（2）搜集厂商资料。

根据材料的分类，搜集生产各类物料的厂家，每类产品 5~10 家，填写在"厂商资料表"上（如表 6.1）。

表 6.1　　　　　　　　　　　　厂商资料表

公司名称	（中文）		
	（英文）		
公司地址			
工厂地址			
营业执照号码		注册资金	
年营业额		法定代表人	
业务负责人		联络电话	
电子邮箱		传真	
厂房面积		员工人数	
管理人员		技术人员	
先进管理方法			
材料来源		品管状况	
主要设备		生管状况	
主要客户		联系方式	
主要产品			
备注			

①业界报道、技术资讯为主的新闻和杂志。

②行业类网站（最好注册为用户），由网络系统自动匹配。

③成为阿里巴巴（www.alibaba.com 和 www.alibaba.cn）或慧聪网（www.hc360.com）等大型电子商务服务提供商会员，以便发布相关需求信息。

④产品目录、广告。

⑤相关人员介绍或推荐。

⑥电话号码黄页。

（3）供应商调查。

在潜在供应商中，为适当的对象编制调查表。调查内容如下：

①公司概况。

②销售状况（顾客别、品种别）。

③购货状况（供应厂商别、品种别）。

④机器设备状况（机种别、生产厂别）。

⑤财务报告（资产负债表、损益表、生产成本明细表）。

（4）成立供应商选择小组。

由副总经理任组长，采购、品管、技术部经理、生管、工程师组成评估小组。

（5）调查评估。

根据反馈资料，按规模、生产能力等基本指标进行分类，按 A、B、C 物料采购金额的大小，由评估小组选派人员按"供应商调查表"所列标准进行实地调查（如表6.2）。

表 6.2　　　　　　　　　　供应商调查表

序号	项目	调查内容	结果
1	管理人员水平	管理人员素质的高低； 管理人员工作经验是否丰富； 管理人员工作能力的高低	
2	专业技术能力	技术人员素质的高低； 技术人员的研发能力； 各类专业技术能力的高低	
3	机器设备情况	机器设备的名称、规格、厂牌、合作年限及生产能力； 机器设备的新旧、性能及维护状况	
4	材料供应情况	产品所用原材料的供应来源； 材料的供应渠道是否畅通； 原材料的品质是否稳定； 供应商原料来源发生困难时，其应变能力的高低等	
5	品质控制情况	品管组织是否健全； 品管人员素质的高低； 品管制度是否完善； 检验仪器是否精密及维护是否良好； 原材料的选择及进料检验的严格程度； 操作方法及制程管制标准是否规范； 成品规格及成品检验标准是否规范； 品质异常的追溯是否程序化； 统计技术是否科学以及统计资料是否翔实等	
6	财务及信用状况	每月的产值、销售额； 来往的客户； 来往的银行； 经营的业绩及发展前景等	
7	管理规范制度	管理制度是否系统化、科学化； 工作指导规范是否完备； 执行的状况是否严格	
8	备注		

（6）送样或小批量试验。

对于经调查合格的厂商，可通知其送样或小批量试采购，送样检验或试验合格者即可正式列入《合格供应商名册》，未合格者可列入候补序列。样品检测使用样品评价表（如表6.3）。

表 6.3　　　　　　　　　　　　　　　样品评价表

项目	内容
供应商名称	
联系人	
地址	
电话、传真	
样品名称	
型号规格	
样品数量	
检测部门	
检测标准	
检测结论	
检验报告号码	
用于何种产品	
试用部门	
试用情况	
评价结果	
评价工程师	
经理	
主管	
日期	

之后的采购只可从合格供应商中选择，财务付款时也应审核名单，若从非合格供应商中采购应呈报上级批准。

（7）比价议价。

对送样或小批量试验合格的材料评定品质的，应进行比价和议价，确定一个最优的性价比。

（8）供应商辅导。

对于列入《合格供应商名册》的供应商，公司应给予管理、技术、品管上的辅导。

（9）追踪考核。

①月考评。

每月对供应商的交货期、交货量、品质、售后服务等项目进行统计，并绘制成图表。

②季度考评。

每个季度或半年进行综合考评一次，按评分等级分成优秀、良好、一般、较差几个等级。

③考核的内容。

通常从价格、品质、交货期和配合度（服务）等几个方面来考核供应商，并按百分制形式来计算得分，至于如何来分，各公司可视具体情况自行决定。

A 价格。

根据市场同类材料最低价、最高价、平均价、自行估价，然后计算出一个较为标准、合理的价格。

B 品质。

批退率。根据某固定时间内（如1月、1季、半年、1年）的批退率来判定品质的好坏，如上半年某供应商交货 50 批次，判退 3 批次，其批退率 = 3÷50×100% = 6%。批退率越高，表明其品质越差，得分越低。

平均合格率。根据每次交货的合格率，再计算出某固定时间内合格率的平均值来判定品质的好坏，如一月份某供应商交货 3 次，其合格率分别为：90%、85%、95%，则：

平均合格率 =（90%+85%+95%）÷3 = 90%

合格率越高，表明品质越好，得分越高。

总合格率。根据固定时间内总的合格率来判定品质的好坏，如某供应商第一季度分 5 批，共交货 10 000 个，总合格数为 9 850 个，则其合格率 = 9 850÷10 000×100% = 98.5%

C 交货期。

交货率 = 送货数量÷订货数量×100%。交货率越高，得分越高。

逾期率 = 逾期批数÷交货批数×100%。逾期率越高，得分越低；逾期越长，扣分越多；逾期造成停工待料，则加重扣分。

D 配合度（服务）

配备适当的分数，服务越好，得分越多。

供应商绩效 = 价格得分+品质得分+交货期得分+配合度得分

（10）供应商的筛选。

①对于较差的供应商，应及时淘汰，将其列入候补名单，重新评估。

②对于一般的供应商，应减少采购量，并重点加以辅导。

③对于优秀的供应商，应加大采购量，予以嘉奖，并通报所有供应商。

★小提示：供货比
为了保证更好的供货质量，通常不要只选择 1 家供应商，而要有几家以形成一定的供货比例。

【实训练习 6.1】开发供应商。

假设你要开设一家销售某种实物（非虚拟物品）的网店，但对于货源问题一直放心不下，请按照所学内容，全面开发你的供应商。

6.2.1.2 适当数量控制

1. 适当数量控制的原则

适当的数量指对买卖双方最为经济的数量。所以，对买方来说是经济的订货数量，对卖方来说是经济的受订数量。经济的订货数量视材料或零配件而不同。需要考虑的订货因素：

（1）来自采购批量大小的价格变化。

一般是数量越多，价格越低，因为供应商不需要换模、重新安排作业等，一次加以生产，运输也能一次完成。

（2）库存量变化。

要拥有多少库存，基本上除涉及经营方针之外，应视材料的不同而异。要考虑现有库存容量、未来库存容量变化、生产消耗变化、物料保存的期限等细节。

（3）订货次数。

订货单的填制，次数越多所花费的成本越高。尤其是低价的 C 类货品，如果零零碎碎订货，办手续所花的成本恐怕会高于物品本身的价格。

（4）采购费用。

采购费用主要包括人事费、消耗品、通信费、差旅费、交通费等，也应充分考虑。

（5）用于议价的费用。

与卖方讨价还价的费用。

（6）库存维持费用。

为了保管所需的设备、搬运费用、老化、减耗、破损等损失的费用。

（7）库存投资的利息。

为购买库存品的资金所付的利息。

（8）保管占地面积的费用。

建筑物的折旧、维护费、光热费用等。

（9）仓库部门的人事费用。

从事于物品收受、保管、领出等工作人员的薪资。

（10）折旧。

对设备或机器所提的费用。

考虑以上许多因素之后，掌握最经济的订货数量并加以修正后决定。

因此，决定适当的数量不仅仅是靠 MRP 运算、经济批量法预算，还要考虑以上的相关因素。采购人员除了具有专业知识、经验之外，还需要掌握当前的有关生产状况、将来的计划或讯息等资料。

2. 影响订货数量的因素

（1）资金是否充裕。

如果资金宽裕，那么合起来订货肯定因订货批量较大而更加便宜；不过资金紧张时，要合理考虑合适的订量。另外，资金还足够充裕的企业，如是要新购大量新设备，也需要控制订货数量。

（2）消费量。

每天的使用数量不多，不过因为作为交易的单位必须要达到一定的交易单位才行。比如购买电线，至少要一"卷"，也许你只需用一半，也得买一"卷"。

（3）备用材料的有无。

进货延迟时，若备有可供替换使用的材料，则订货数量可以减少。

（4）材料取得的难易程度。

由于具有季节性的因素，仅某一季节才能上市的材料，也只好集中在一起订购。

（5）生产管理方式。

如果采用 JIT 准时制生产管理的企业，其订货数量必须限于最小。

（6）订货到进货的期间。

假如不考虑卖方制订生产计划所需的时间、生产所需时间、运输时间、验收时间就决定订货的数量，则会发生缺货损失。

（7）生产、捆包、出货的一般交易单位。

假如少于此一交易单位，就会发生无法进货或延误进货等事情。

（8）保管设备。

缺乏充分的保管设备的场合或保管场所充裕的场合，订货数量也应减少。

（9）市场状况与价格倾向。

由于市场景气而价格会变动者，判断其价格会上涨时则要制定整批的订货数量。

3. ABC 库存控制

库存管理是通过库存管理单位的单个物品的管理来进行的。在库存管理中，我们必须回答以下 4 个问题：

· 什么是库存管理的重要性？

· 它们是如何管理的？

· 每次应该订购多少？

· 订单应该什么时候签发？

（1）ABC 原则。

ABC 库存分类系统可以回答上述问题中的前两个，它确定每一物品的重要性，然后根据物品的相对重要性进行不同水平的管理。

大多数公司都有很多不同的物料品种。为了能够以合理的成本更好地管理库存，根据库存的重要性对库存进行分类将有效地达成这一目标。ABC 原则是基于这样的一种观察，少数的东西经常主导大的结果，也称为帕累托法则（Pareto's law）。当此法则运用于库存管理时，通常发现物品的百分比与每年资金使用的百分比遵循如下规律：

· 大约 20% 的物品占用 80% 的资金。

·大约 30% 的物品占用 15% 的资金。

·大约 50% 的物品占用 5% 的资金。

虽然这里的百分比是大约的数值，并非绝对值，但这样的简单分布有助于对库存进行管理。

（2）ABC 分析步骤。

·建立影响库存管理结果的物品特征，如年资金使用量或物品缺乏等。

·根据已经建立的标准将物品分类。

·根据每组的相对重要性施以不同的管理力度（如年资金使用量）。

·决定每一物品的年使用量。

·每一物品年使用量乘以该物品的单价得到年总资金使用量。

·根据年资金使用量排列物品。

·计算累计年资金使用量和累计物品所占百分比。

·检查年资金使用分布，并根据年资金使用百分比将物品分类为 A、B、C 类。

某公司生产一系列 10 种不同产品。物品的使用量、单位成本及年资金使用状况如表所示。

【参考 6.1】ABC 划分实训。

某公司生产一系列 10 种不同产品。物品的使用量、单位成本及年资金使用状况如表 6.4 所示。

表 6.4　　　　　　　　　某公司产品的使用量及资金占用情况

部件号	单位使用量	单位成本（元）	年资金使用量（元）
1	1 100	2	2 200
2	600	40	24 000
3	100	4	400
4	1 300	1	1 300
5	100	60	6 000
6	10	25	250
7	100	2	200
8	1 500	2	3 000
9	200	2	400
10	500	1	500
总计	5 510	-	38 250

要求：

①根据年资金使用量排列物品。

②计算累计年资金使用量和物品累计百分比。

③将物品分类为 ABC。

解：先根据年资金使用量排序，再计算和分类（其中累计物品百分比由统计得到）。

表 6.5　　　　按 ABC 划分（排序、计算和分类）的物料

部件号	年资金使用量	累计资金使用量	累计资金使用百分比	累计物品（％）	等级
2	24 000	24 000	62.75	10	A
5	6 000	30 000	78.43	20	A
8	3 000	33 000	86.27	30	B
1	2 200	35 200	92.03	40	B
4	1 300	36 500	95.42	50	B
10	500	37 000	96.73	60	C
9	400	37 400	97.78	70	C
3	400	37 800	98.82	80	C
6	250	38 050	99.48	90	C
7	200	38 250	100.00	100	C

【实训练习 6.2】ABC 划分实训。

天华电动自行车厂生产一系列 10 种不同产品。物品的使用量、单位成本及年资金使用状况如表 6.6 所示。

表 6.6　　　　天华电动自行车厂产品的使用量及资金占用情况

部件号	单位使用量	单位成本（元）	年资金使用量（元）
1	3 000	2	6 000
2	1 600	5	8 000
3	2 100	4	8 400
4	1 300	1	1 300
5	100	50	5 000
6	50	500	25 000
7	100	40	4 000
8	4 500	5	22 500
9	200	20	4 000
10	30	265	7 950
总计	12 980	—	92 150

要求：

①根据年资金使用量排列物品。

②计算累计年资金使用量和物品累计百分比。

③将物品分类为 A、B、C。

4. 经济订购量的计算

经济订购量（Economic Order Quantity，EOQ）所根据的假设条件如下：

·需求相对稳定，并且是已知数。

·物品是批量生产或批量采购的，而不是持续性生产或采购的。

·订单准备成本和库存保管成本不变，并且是已知数。

·物品的补充是瞬间发生。

对那些需求独立并且大致统一的商品来说，这些假设条件通常行之有效。然而，在很多情况下这些假设条件仍然无效，在这种情况下，EOQ 理论便没有立足之地，比如订单式生产。

（1）经济订购量公式。

A 为年需要数量 = 720 个。

B 为每次订货（下单）费用 = 100 元。

C 为单价 = 3 元。

i 为库存维持费用（年率%）= 30%。

Q 为经济订货数量。

r 为缺货损失额。

则，

①经济订货量 Q 可由如下公式算出：

$$Q = \sqrt{\frac{2AB}{Ci}}$$

$$Q = \sqrt{\frac{2 \times 720 \times 100}{3 \times 0.3}}$$

$$= 400 \text{（个）}$$

②最适订货次数（N）由下列公式算出：

$$N = \sqrt{\frac{ACi}{2B}}$$

$$N = \sqrt{\frac{720 \times 3 \times 0.3}{2 \times 100}}$$

$$= 1.8 \text{（个）}$$

（2）制作经济订购量表

经济的订货数量，若每次下单都要计算则十分麻烦，所以有必要绘制经济订货量的计算图表，以使任何人都能轻易查知（如表 6.7，该表对数量由 100~1000 个，价格由 1~5 元变化的物料的经济订货量计算结果）。

表 6.7　　　　　　　　　　　　考虑需要量与价格的经济订购表

数量（个）	价格（元）				
	1	2	3	4	5
100	1 414	1 000	816	707	632
200	2 000	1 414	1 154	1 000	849
300	2 449	1 732	1 414	1 224	1 095
400	2 828	2 000	1 632	1 414	1 264
500	3 162	2 236	1 825	1 586	1 414
600	3 464	2 449	2 000	1 732	1 549
700	3 741	2 645	2 160	1 870	1 673
800	4 000	2 828	2 309	2 000	1 788
900	4 242	3 000	2 449	2 121	1 897
1 000	4 472	3 162	2 581	2 236	2 000

【实训练习 6.3】经济订购量实训。

请自拟数据，参考经济订购量公式和计算表，计算其经济订购量，并制作经济订购表。

6.2.2　独立需求订购系统

很多时候，并非企业中只充斥着相关需求的管理，独立需求的计算与管理也是物料管理工作的重点。为此，需要为这些独立需求采取不同的管理方法。

6.2.2.1　安全库存量与订购点确定

1. 订购点系统

（1）订购点计算。

当现有物品库存消耗到达预先确定的水平——订购点（Order Point）时，订单就下达给供应商。所订购的数量通常是根据经济订购量预先计算出来的。图 6.1 展示了安全库存、周期时间（采购提前期）、订购量和订购点之间的关系。

公式：OP＝DDLT+SS

其中，OP 为订购点；DDLT 为周期时间内的需求；SS 为安全库存。

【实训练习 6.4】计算订购点。

假设每周的需求是 200 单位，周期时间是 3 周，安全库存量是 300 单位，计算订购点。

解：

OP ＝DDLT+SS

　　＝200×3+300

　　＝900

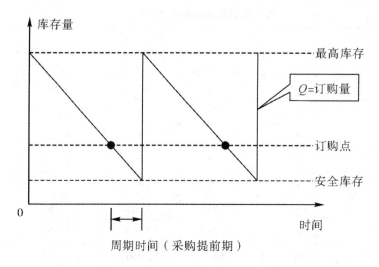

图 6.1　独立需求部件的订购点系统

（2）订购点原则。

①采购量通常是固定的。

②订购点由周期时间内的平均需求量决定。如果平均需求或周期时间改变，订购点并不做相应改变，但安全库存量会立即变化。

③公式：平均库存量＝订购量/2+安全库存量＝Q/2+SS。

【实训练习 6.5】计算年平均库存量。

订购量是 1 000，安全库存是 300，年平均库存量是多少？

平均库存＝Q/2+SS

　　　　＝1 000/2+300

　　　　＝800

2. 确定安全库存量

安全库存的目的是预防供给和需求中的不确定性。不确定性可能以两种方式发生：数量的不确定性和时间的不确定性。

有两种方式可以预防不确定性：保留额外库存，称之为安全库存；或者提前订购，称之为安全周期时间。

安全库存量（Safety Stock）是指计算出来的额外库存量，其目的是用来预防数量的不确定性。

安全周期时间（Safety Lead Time）是通过提早计划订单的释出和订单的接受来预防时间的不确定性。

（1）周期时间内需求的变化。

需求与预测的误差是由于两个原因造成：预测平均需求时的偏差及平均需求中的随机变化。

产品 A 和产品 B 平均都是 1 000，不过产品 A 的周需求是 700~1 400，而产品 B 的周需求是 200~1 600，则产品 B 更容易比产品 A 出现误差（见表 6.8）。

表 6.8   两个产品的实际需求

周	产品 A	产品 B
1	1200	400
2	1000	600
3	800	1600
4	900	1300
5	1400	200
6	1100	1100
7	1100	1500
8	700	800
9	1000	1400
10	800	1100
总计	10000	10000
平均	1000	1000

如果两种产品的订购点都是 1 200，A 产品将会有一个期缺货，而产品 B 则会为 4 个期缺货。如果对两者提供同样的服务水平，就需要应用一些预估所需产品随机性的方法。

（2）平均需求的变化。

①需求柱状图。

假如在过去 100 周中，某一产品的周销售历史显示平均需求为 1 000 单位。

正如所期望的，大多数需求都在 1 000 单位上下，只有少数需求离平均需求数较远，离平均数最远的需求就更没有几个。如果我们将周需求归类为几组或平均值的一定范围的话，平均值需求的分布图就会出现。假如需求分布见表 6.9。

表 6.9   需求分布表

周需求	星期数
725~774	2
775~824	3
825~874	7
875~924	12
925~974	17
975~1 024	20
1 025~1 074	17
1 075~1 124	12

表6.9(续)

周需求	星期数
1 125~1174	7
1 175~1 224	3
1 225~1 274	2

将这些数据整理后的结果是一个柱状图，如图 6.2 所示。

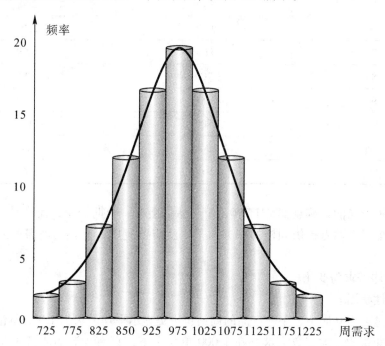

图 6.2　实际需求柱状图

②正态分布。

平均值需求分布的模型将随不同的产品和市场而各有差异，因此我们需要一些方法来描述这些模型的分布，包括分布的形状、分布的中心和分布的延展。

上面的柱状图可以表明，虽然分布有一定的变化，但它遵循一定的模型，如果需求模型近似于前面的柱状图形态，则这种形态称为正态曲线或门铃曲线（Normal Curve or Bell Curve），因为它的形状像一个门铃。完美的正态分布如图 6.3 所示。

正态分布有两个明显特征：一个与正态分布的中央倾向性或平均值有关，另一个与实际平均值的变量或差量有关

③平均值（中间值，Average or Mean）。

位于曲线的最高点，是正态分布的中央倾向点。平均值由数据的总和除以数据的总数计算而来。数学公式表示为 $\bar{x} = \dfrac{\sum x}{n}$。

【参考 6.1】根据表 6.10 数据，计算 10 周的平均分布。

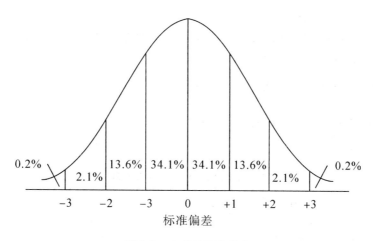

图 6.3　完美的正态分布

表 6.10　　　　　　　　　　10 周实际需求数据

期	实际需求
1	1 200
2	1 000
3	800
4	900
5	1 400
6	1 100
7	1 100
8	700
9	1 000
10	800
总计	10 000

解：

$$\bar{x} = \frac{\sum x}{n} = \frac{10\ 000}{10} = 10\ 000$$

④差量。

平均值实际需求的变量或差量（Dispersion）指的是单个数值在中间值附近的分布有多么密集。

差量可以用几种不同的方式来衡量：

·最大值减最小值的区间。

·平均绝对偏差（MAD），它是对平均预测误差的衡量。

·标准偏差。

213

（3）标准偏差（Sigma）。

标准偏差（Standard Deviation）是一个统计学数值，它用来衡量单个数值在中间值附近的分布有多么密集，由希腊字母 σ 代表。

【参考 6.2】用表 6.10 的数据计算标准偏差。

解：

偏差平方平均值 = 400 000 / 10 = 40 000

$$\sigma = \sqrt{40\ 000} = 200$$

表 6.11　　　　　　　　　　根据已知数据求出的标准偏差

期	预测需求	实际需求	偏差	平方偏差
1	1 000	1 200	200	40 000
2	1 000	1 000	0	0
3	1 000	800	−200	40 000
4	1 000	900	−100	10 000
5	1 000	1 400	400	160 000
6	1 000	1 100	100	10 000
7	1 000	1 100	100	10 000
8	1 000	700	−300	90 000
9	1 000	1 000	0	0
10	1 000	800	−200	40 000
总计	10 000	10 000	0	400 000

从统计学上，可以确定：

·大约 68% 的时间，实际需求将在预测平均的 ±1σ 之内。

·大约 98% 的时间，实际需求将在预测平均的 ±2σ 之内。

·大约 99.88% 的时间，实际需求将在预测平均的 ±3σ 之内。

（4）确定安全库存量和订购点。

正态曲线的特征之一在于平均值两边是对称的，这意味着一半时间实际需求小于平均值，一半时间实际需求大于平均值。

安全库存只需要用来涵盖那些周期时间内需求大于平均值的时期。因此，50% 的服务水平可以在安全库存的情况下达成。如果想维持更高的服务水平，那么就必须储藏安全库存以预备当实际需求大于平均值之时的需要。

储备多少合适？这就是我们需要确定的。

①标准差确定法。

根据前面的统计学观点，我们认为 68% 的时间误差在预测的 ±σ 之内（34.1% 的时间误差小于预测，34.1% 的时间误差大于预测，详见前面的完美的正态分布图）。

假定周期时间内需求的标准偏差是 100，将这 100 作为安全库存。这一安全库存在实际需求大于预期的 34% 时间提供供货保障。加起来，有足够的安全库存为可能缺货的 84%（50%+34%）的时间提供保障。

84% 的时间能够供应客户的需求意味着当可能缺货时可以照常提供服务；如果安全库存量相当于 1 个中间绝对偏差，平均来说可以预期 100 次供货中将有 84 次不会缺货。

【参考 6.3】求安全库存量及订购点。

根据上一例的数据，周期内的需求预测为 1000，标准偏差为 200，求：

A. 84% 服务水平情况下的安全库存量和订购点。

B. 如果保留 2 个标准偏差的安全库存量的安全库存量和订购点。

解：

A. 安全库存量 $= 1\sigma$

$$= 1 \times 200$$

$$= 200$$

订购点 $= DDLT + SS = 1\,000 + 200 = 1\,200$

B. $SS = 2 * 200 = 400$

$OP = DDLT + SS$

$$= 1\,000 + 400$$

$$= 1\,400$$

②安全指数确定法。

安全指数是指服务水平作为安全库存量的标准偏差数值，表 6.12 了不同服务水平的安全指数。注意：服务水平是不缺货的订单周期的百分比。

表 6.12　　　　　　　　　　安全指数表

序号	服务水平（%）	安全指数
1	50	0.00
2	75	0.67
3	80	0.84
4	85	1.04
5	90	1.28
6	94	1.56
7	95	1.65
8	96	1.75
9	97	1.88
10	98	2.05
11	99	2.33
12	99.86	3.00
13	99.99	4.00

【参考 6.4】根据标准偏差确定服务水平。

如果标准偏差是 200，应该保留多少安全库存以提供 90% 的服务水平？如果周期内预期需求是 1 500，订购点是多少？

解：根据上表，我们可以得知 90% 服务水平的安全指数是 1.28，因此：

安全库存量 = σ×安全指数

$$= 200 \times 1.28$$

$$= 256$$

订购点 = DDLT+SS

$$= 1\ 500+256$$

$$= 1\ 756$$

（5）确定服务水准。

管理层有责任确定每年可以容忍的缺货次数。相应的，服务水平、安全库存量和订购点都可以因此计算出来。

【参考 6.5】计算服务水准及订购点。

某公司管理层决定，对某一特定产品公司每年只能容忍 1 次缺货。这一特定产品的年需求量是 52 000 单位，每次订购量是 2 600 单位，周期时间内需求的标准偏差是 100 单位，订购周期时间是 1 周，计算：

A. 每年订购次数。

B. 服务水平。

C. 安全库存量。

D. 订购点。

解：

A. 每年订购次数 = 年需求/订购量 = 52 000/2 600 = 20 次/年

B. 因为每年只可容忍 1 次缺货，所以每年必须有 20−1 次不缺货，

服务水平 =（20−1）/20 = 95%。

C. 从安全指数表中得知，95% 服务水平的安全指数为 1.65，

因此，安全库存量 = 安全指数×σ = 1.65 ×100 = 165 单位

D. 周期时间内需求 DDLT = 1 周×52000/（365/7）= 1000。

订购点 = DDLT +SS = 1165 单位。

【实训练习 6.6】计算服务水准及订购点。

天华电动自行车厂管理层决定，对 YK36 型车架每年能容忍 2 次缺货。YK36 型车架的年需求量是 72 000 单位，每次订购量是 360 单位，周期时间内需求的标准偏差是 100 单位，订购周期时间是 1 周，计算：

A. 每年订购次数。

B. 服务水平。

C. 安全库存量。

D. 订购点。

6.2.2.2　确定何时达到订购点

1. 不同的预测和周期间隔

（1）确定新安全库存量的缘由。

通常来讲，库存中有很多不同物品，而每一种物品都有不同的周期时间。实际需求和预测的记录在正常情况下是以周或月为基础，并且是针对所有的物品，而不在乎单个物品的周期时间是多少。因此，几乎是不可能对每一个周期时间衡量平均值需求的变化。

另外，标准偏差并不与周期的时间同步增加。例如，某物品周期时间为1周，标准偏差为100，如果周期时间增加到4周，标准偏差不会增加到400，因为连续4周的偏差不可能那么高。随时时间间隔的增加，会出现一种润滑效应。这时，再保持较高的安全库存就显得不经济。

（2）计算标准偏差与新的安全库存。

我们可以对标准偏差或安全库存量进行调整，以弥补周期时间间隔（LTI）和预测时间间隔（FI）之间的差异。

$$\sigma(LTI) = \sigma(FI)\sqrt{\frac{LTI}{FI}}$$

【参考6.6】计算周期时间间隔的标准偏差。

预测时间间隔是4周，周期时间间隔是2周，预测时间间隔的σ等于150单位，计算周期时间间隔的标准偏差。

解：

$$\sigma(LTI) = 150 \times \sqrt{\frac{2}{4}} = 150 \times 0.707 = 106$$

以上公式也适用于当周期时间间隔有变化的时候。或许，直接用安全库存量，而不是用平均绝对偏差值，工作起来更方便。

$$新安全库存量 = 旧安全库存量\sqrt{\frac{新时间间隔}{旧时间间隔}}$$

【参考6.7】计算新的安全库存量。

某一物品的安全库存量是150单位，周期时间是2周。如果周期增加到3周，计算新的安全库存量。

解：SS（新） = $150 \times \sqrt{\frac{3}{2}}$

$\qquad = 150 \times 1.22$

$\qquad = 183$

2. 确定何时到达订购点（双筐系统、永久库存记录系统）

（1）双筐系统。

等于将订购点订购量的物品数量摆放在一边（经常放在分开的或第二个筐内），直到主要的库存用完了以后再去动用筐内的物品。当这一库存需要使用时，告知生产控制部门或采购部门，然后发出补货采购订单。

★小提示：双筐系统的变化形式——红牌系统

红牌系统是双筐系统的另一种变化形式。将红牌放在库存中相当于采购点的某个地方，旧式的书店经常使用这一系统，将一张红牌或卡片置于某一本书之中，红牌或卡片所处位置就是订购点。当客户将这本书拿去付款的时候，就等于告知书店，是该给这本书补货的时候了。

双筐系统（Two-bin System）是管理 C 类物品的简便方法。由于 C 类物品价值较低，最好是花最少的时间和资金来管理它们。然而，C 类物品又必须进行管理，应该有人负责确保当用到预留库存时，订单必须发出。当 C 类物品缺货时，C 类物品就变成 A 类物品。

（2）永久库存记录系统

永久库存记录系统（Perpetual Inventory Record System）是指当库存增加和减少时，随时记录库存交易变化。在任何时候都保持最新的库存交易记录。至少，库存记录包括现在库存量，但也可能包括已经订购但还没有收到的物品、已经分配但还没有发出的物品，以及现有库存量。

库存记录的准确性取决于交易记录的速度和输入数据的准确性。由于人工系统效率低且缺乏准确性，永久库存记录系统完全可以通过 ERP 相关排程计划来完成。

6.2.2.3　定期检查系统与配送库存

1. 定期检查系统

（1）定期检查系统使用理由。

应用定期检查系统，某一物品的现在库存量由特定的、固定时间间隔确定，然后发出订单。

检查的时间是固定的，但订购量却视情况不同而不同。现有库存量加上订购量必须等于周期时间内需求、检查期间需求和安全库存量的总和。

（2）定期检查系统相关概念。

等于周期时间需求、检查期间需求和安全库存量总和的库存数量称为目标水平（Target Level）或最高水平库存（Maximum-level Inventory）

（3）公式。

①求目标（最高）库存水平。

$T = D(R+L) + SS$

其中，T 为目标（最高）库存水平；D 为每一时间单位需求；L 为周期时间；R 为检查期时间；SS 为安全库存量

②求订购量。

$Q = T - I$

其中，Q 为订购量；T 为目标（最高）库存水平；I 为现有库存量。

（4）定期检查系统的适用范围。

①库存中有很多小的进出交易，将每笔交易都记录在案成本高昂，如小型超市和

零售店。

②订购成本低。例如，很多不同物品从同一家供应商那里订购。一个地区配送中心可能从一个中心仓库订购大部分或全部所需物品。

③很多物品一起订购以进行一个批量的生产，或者装满一车。一个典型的例子就是一个地区配送中心每周从中心仓库订购一车的物品。

【参考6.8】目标库存水平计算。

天华电动自行车厂储存有电动车轴承，厂里每10个工作日从当地一家供应商订购一次轴承，周期时间是2天。已知7号轴承的平均需求是每周（5个工作日）150件，希望能够留足3天供应的安全库存。本周将发出一个订单，现在库存是130个7号轴承，计算：目标库存水平是多少？这次应该订购多少7号轴承？

解：假设 D =单位时间需求量=150/5=30（件/日）

L =周期时间=2天

R =检查期时间=10天

SS=安全库存量=3天供应量=90件

I =现有库存量=130件

那么，

目标水平 $T=D$ （$R+L$） +SS

$=30*$ （10+2） +90

=450（件）

订购量 $Q=T-I$ =450-130=320（件）

2. 配送库存

配送库存包括所有在配送系统中储存的成品。在配送中心保留库存的目的是将产品保存在客户附近以改善客户服务水平，并且减少运输成本使制造商能够在远距离一次运送满载的产品，而不是半载的产品。

配送库存管理的目标是提供所期望的客户服务水平，最大限度降低运输和搬运成本，以及与工厂保持良性互动，最大程度地减少与排程相关的问题。

中央供应中心除了配送工作之外，还有一个配送需求计划的工作。虽然客户的需求相对统一，但中央供应中心却取决于配送中心什么时候发出补货订单（如图6.4）。

配送库存管理系统可以归纳为：分散式系统、集中式系统、配送需求计划。

（1）分散式系统（也叫拉动系统）。

在分散式系统（Decentralized System）中，每一个配送中心首先确认它自己需要什么、何时需要，然后向中央供应中心发出订购订单。每一个配送中心订购自己所需物品，而不考虑其他配送中心的需要，也不考虑中央供应中心的可供库存或工厂的生产计划。

①优点：每一个配送中心可以独立作业，由此降低配送中心之间的沟通和协调成本。

②缺点：缺乏配送中心之间的协调，这可能对库存、客户服务及工厂的排程产生负面影响。因为这些不利因素，许多配送中心系统都已经朝中央控制的方向发展。

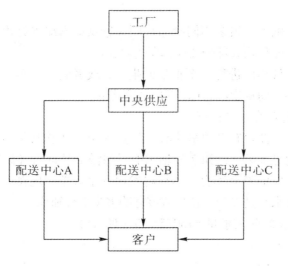

图 6.4　配送系统示意图

（2）集中式系统。

在集中式系统（Centralized System）中，所有预测和订购决策都以集中的方式制定。库存从中央供应中心推向整个系统。配送中心对它们所收到的货物没有决策权。

集中式系统试图平衡可供库存与每一个配送中心之间的需求。

①优点：协调工厂、中心供应中心和配送中心的需求。

②缺点：不能对地方性需求做出快速反应，因而降低了客户服务水平。

（3）配送需求计划。

配送需求计划（Distribution Requirements Planning）是预测配送系统什么时候会向中央供应中心提出各式需求的系统。通过该项工作，使中央供应中心和配送中心能够对实际需要的产品及何时需要这些产品进行计划，并使中央供应中心和工厂两者都能够响应客户需要，有效协调计划和控制。

配送需求计划将物料需求计划的逻辑应用于配送系统。各配送中心的计划订单释出成为中央供应中心物料计划的信息来源。而中央供应中心的计划订单释出则成为工厂主生产排程的需求预测。

例如图 6.5 展示了该系统之间的联系，显示部件 AK91 的所有记录。

【参考 6.9】编制配送需求计划。

西亚电器公司在工厂附近设有一个中央供应中心、另设有两个配送中心。

配送中心 A 对将来 5 周的空调机预测需求分别为：25、30、55、50 和 30 部，并且有 100 部空调机正在运输途中，预计第 2 周将会到达。运输时间为 2 周，订购量为 100 部，现有库存是 50 部。

配送中心 B 对将来 5 周的预测需求分别为：95、85、100、70 和 50 部，运输时间为 1 周，订购量为 200 部，现在库存是 100 部。分别计算两个配送中心的粗需求、预期可供库存和计划订单释出，以及中央仓库的粗需求、预期可供库存和计划订单释出。

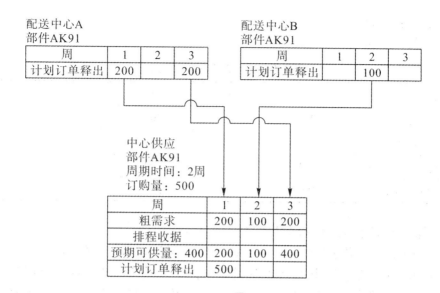

图6.5 配送需求计划

解：

配送中心 A 根据题意，计算结果如表6.13所示。

运输时间：2周

订购量：100部

表6.13 配送中心 A 的配送需求计划

周	1	2	3	4	5
粗需求	25	30	55	50	30
运输途中		100			
预计可供库存 50	25	95	40	90	60
计划订单释出		100			

配送中心 B 根据题意，计算结果如表6.14所示。

运输时间：1周

订购量：200部

表6.14 配送中心 B 的配送需求计划

周	1	2	3	4	5
粗需求	95	85	100	70	50
运输途中					
预计可供库存：100	5	120	20	150	100
计划订单释出	200		200		

中央供应中心根据题意，计算结果如表6.15所示。

运输时间：2 周

订购量：500 部

表 6.15 中央供应中心配送需求计划

周	1	2	3	4	5
粗需求	200	100	200		
运输途中					
预计可供库存：400	200	100	400		
计划订单释出	500				

【实训练习 6.7】编制配送需求计划。

万成公司在工厂附近设有一个中央供应中心、另设有两个配送中心。

配送中心 A 对将来 5 周的电机预测需求分别为：15、20、35、40 和 20 部，并且有 80 部电机正在运输途中，预计第 2 周将会到达。运输时间为 2 周，订购量为 80 部，现有库存是 60 部。

配送中心 B 对将来 5 周的预测需求分别为：75、55、120、60 和 70 部，运输时间为 1 周，订购量为 180 部，现在库存是 80 部。分别计算两个配送中心的粗需求、预期可供库存和计划订单释出，以及中央仓库的粗需求、预期可供库存和计划订单释出。

6.3 实训思考题

1. 为什么在 ERP 时代依然要运用订货点法？

2. 周期时间的长短如何影响保留的安全库存量？

3. 偏差、服务水平、订购点之间有什么关系？

4. 配送管理的目标是什么？

5. 如果工厂不直接供货给客户，对工厂的需求从何而来？它是独立需求还是非独立需求？

6. ABC 订货法的理念是什么？

7. 如何确定标准偏差和安全库存？

7　ERP 成本计算实训

从闭环 MRP 发展到 MRP Ⅱ 的一个重要标志就是把财务和成本包括到系统中来，成本管理已成为 ERP 系统极为重要的组成部分。

企业竞争力取决于产品的竞争力，而产品的竞争最终取决于成本的竞争。因而，成本已成为企业预测、决策、控制、考核等环节的核心因素。

会计是以货币作为反映方式，采用专门方法，对经济业务进行核算和监督的一种管理活动或经济信息系统。现代会计学把主要为企业外部提供财务信息的会计事务称为财务会计，把主要为企业内部提供财务信息的会计事务称为管理会计。

管理会计是 20 世纪 50 年代发展起来的一门新学科，是现代管理学的重要组成部分。管理会计的主要目的在于为企业内部各级管理部门和人员提供进行经营决策所需的各种经济信息。这些信息要满足特定的要求，详细到可供计划、控制和决策使用。提供信息的范围可根据需要而有极大的伸缩性。所提供的信息既有历史信息，也有预测信息；所遵循的约束条件是以满足成本/效益分析的要求为准，无外部的强制约束。

ERP 的成本管理是按照管理会计的原理，对企业的生产成本进行预测、计划、决策、控制、分析与考核。

7.1　实训要求

传统手工管理的成本会计往往局限于事后算账，标准成本体系则将成就成本管理的科学过程。由于 ERP 采用标准成本体系，因此更倾向于管理会计。标准成本体系是 20 世纪早期产生并被广泛应用的一种成本管理制度。标准成本体系的特点是事前计划、事中控制、事后分析。

在成本发生前，通过对历史资料的分析研究和反复测算，制订出未来某个时期内各种生产条件处于正常状态下的标准成本。在成本发生过程中，将实际发生的成本与标准成本进行对比，记录产生的差异，并作适当的控制和调整。在成本发生后，对实际成本与标准成本的差异进行全面的综合分析和研究，发现并解决问题，制订新的标准成本。

本章实训通过对产品成本和作业成本的计算过程，使学生掌握 ERP 成本体系的计算方法，并使标准成本体系的观念深入人心。

7.2 实训内容

工业企业的基本生产经营活动是生产与销售企业产品。产品的直接生产过程中，从原材料的投入生产到产成品制成的整个制造过程，会发生各种各样的生产耗费。

概括地说，包括劳动资料与劳动对象的物化劳动耗费主要包括原材料、辅助材料、燃料等支出，生产单位（分厂、车间等）的固定资产的折旧，直接生产人员及生产单位管理人员的工资以及其他一些货币的支出等。所有这些支出就构成了企业在制品制造过程的全部生产费用，为生产一定品种、一定数量的产品而发生的各种生产费用支出的总和就构成了产品的生产成本。

产品的销售过程中，企业为了销售产品也会发生各种各样的费用支出，如企业负担的运输费、装卸费、包装费、保险费、展览费、差旅费、广告费，以及销售人员工资和销售机构的其他费用等。所有这些为销售本企业产品而发生的费用，构成了企业的产品销售费用。此外，还有行政部门管理费用、财务费用等，直接计入当期损益，这些费用构成了企业的期间费用。

本章实训主要是对产品成本和作业成本的计算，体会标准成本法超越完全成本法在 ERP 系统运行中的现实意义。

7.2.1 成本计算方法及其特点

迄今为止，按照资源消耗的特点及在产品中所占的比例，人们把有关成本的计算大致分为两类：一类是产品成本的计算，另一类是作业成本的计算。

有关产品成本的计算方法很多，按适应范围和管理目标也可分为两类：一类是完全成本法；另一类是制造成本法。在完全成本法的类别中又有品种法、分批法、分步法等主要的产品成本计算方法；在制造成本法类别中主要是标准成本法（如图 7.1）。

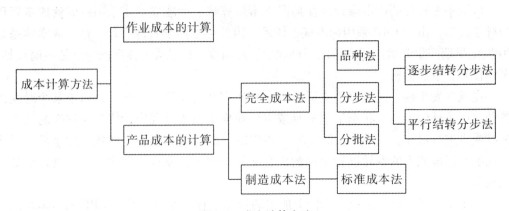

图 7.1　成本计算方法

7.2.1.1   完全成本法

完全成本又称"全部成本"或"全额成本法",指企业为生产一定种类和数量的产品(或劳务、作业)所消耗的全部生产费用。它不仅包括产品的生产成本,而且包括管理费用、财务费用、销售费用等期间费用。完全成本是生产和销售一定种类和数量的产品或劳务所发生的全部费用。

我国过去曾较长时期采用完全成本法计算产品成本。

1. 完全成本法的优点

可反映产品在生产经营过程中消耗的全部生产费用,便于计算产品销售利润和产品出厂价格。

2. 完全成本法的缺点

把管理费用等期间费用按照一定程序和标准,在企业在产品、自制半成品和产成品之间进行分配,人为因素较大,容易产生费用分配的随意性;同时也使企业成本计算工作量加大,不利于成本预测和决策。

从理论上说,管理费用等期间费用都是为企业组织生产经营活动而发生的,按照会计配比原则,应计入当期费用,从当期销售收入加以补偿。如将它摊入产品成本,一部分费用就要到以后会计期间才能补偿,在产品滞销的情况下,就会使企业虚盈实亏。所以在现行会计制度中,产品成本都按制造成本法计算生产成本。

7.2.1.2   制造成本法

制造成本法主要是标准成本,另外还包括现行标准成本和模拟成本。

1. 标准成本

标准成本是成本管理中的计划成本,是经营目标和评价的尺度,反映了在一定时间内要达到的成本水平,有其科学性和客观性。标准成本在计划期内(如会计年度)保持不变,是一种冻结成本,作为预计企业收入、物料库存价值及报价的基础。

制订标准成本时,应充分考虑到在有效作业状态下所需要的材料和人工数量,预期支付的材料和人工费用,以及在正常生产情况下所应分摊的制造费用等因素。标准成本的制订,应有各相关部门人员参加,并定期评价和维护。

2. 现行标准成本

现行标准成本也称为现行成本,类似于人们所说的定额成本,是一种当前使用的标准成本,或者将其看作是标准成本的执行成本。现行成本反映的是生产计划期内某一时间的成本标准。在实际生产过程中,产品结构、加工工艺、采购费用和劳动生产率等因素发生变化,因而也会导致成本数据发生变化。为了使标准成本数据尽量接近实际,可对现行标准成本定期(如半年)进行调整,而标准成本保持不变。

3. 模拟成本

ERP 系统的特点之一是它的模拟功能,回答"如果怎样,将会怎样?"的问题。例如,有时想要知道产品设计变更、结构变化或工艺材料变化所引起的成本变化,则可以通过 ERP 的模拟功能来实现。为了在成本模拟或预计时不影响现行运行数据,可以设置模拟成本(Simulated Cost),这对产品设计过程、谈判报价过程中进行分析有极大的帮助。

通常在制定下一个会计年度的标准成本之前，先把修订的成本项输入模拟成本系统，经过多次模拟比较，提出多种可行的方案，经审批后再转换到标准成本系统。因此，模拟成本有时称建议成本（Proposed Cost）。

ERP 系统允许各类成本方便地相互转换。

4. 制造成本法的特点

（1）成本按其习性进行分类（固定成本、变动成本和混合成本）。与成本按经济用途分类在产品成本构成上的差异在于：固定制造费用不包含在内。

（2）标准成本是一种"定额成本、相关成本"，在成本制度上排除了成本要素归集的随意性。

（3）每个成本要素都必须进一步划分为数量标准与价格标准。

（4）标准成本的定额必须依据各自企业具体的技术、管理、生产现状来合理制订、及时维护。所谓合理制订是指工时定额数值的得出，必须通过动作分析、作业研究来确定，必须靠科学、合理的期量标准来保证。

（5）标准成本计算体系简化了成本计算的过程和复杂程度。

（6）包括标准成本制定、成本差异分析、成本差异处理三大方面。

7.2.1.3 ERP 成本核算的对象与幅度

ERP 采用的是标准成本体系，它对成本计算的变革主要体现在 ERP 的成本计算思路、处理方法，具体应用上与传统的产品成本计算方法有许多不同。

新的成本制度将过去的完全成本法改为制造成本法。企业的产品成本包括直接材料、直接人工和制造费用，因此，产品成本只核算到车间级（或相当于车间的分厂）为止发生的成本。不过，责任会计制要求建立责任中心。制造业的主要责任中心有成本中心与利润中心。成本中心只负责对成本的管理与控制，是一个成本积累点，它可以是分厂、业务部门、车间、班组与工作中心等。利润中心是独立核算、有收入来源的部门（或单位），如分厂等。

产品的成本反映车间一级的成本水准，可用于考核车间的管理绩效。

凡是与具体生产的物料、物品有关的费用，分别计入直接材料费与直接人工费作为直接成本。

间接成本是指那些不能明确分清用于哪个具体物料上的费用。其中与产量有一定关系的称为变动间接费用（如动力、燃料费用等），而与产量无直接关系的称为固定间接费用（如非直接生产人员的工资、办公费用、房屋折旧与照明等）。

7.2.1.4 按经济用途划分的成本构成

1. 产品制造成本

（1）企业直接为生产产品发生的直接人工、直接材料、商品进价、其他直接费用，直接计入产品生产成本。

（2）企业为生产产品所发生的各项间接费用，包括间接人工、间接材料、其他间接费用，先通过"制造费用"科目汇集，期末再按一定的分配标准，分配计入有关产品成本。

2. 非制造成本（期间费用、经营费用）

企业行政管理部门为组织和管理生产经营活动所发生的管理费用，为销售和提供劳务而发生的进货费用和销售费用，不再计入产品成本，直接计入当期损益，即从当期收入中直接扣除。此外，企业为筹集资金而发生的财务费用，包括利息净支出、汇兑净损失以及相关的手续费等，也与管理费用和销售费用一样，直接计入当期损益（如图 7.2）。

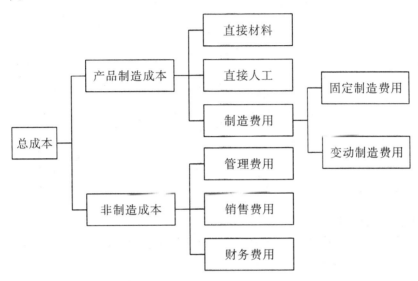

图 7.2　按经济用途划分的成本构成

7.2.2　产品成本计算

7.2.2.1　产品成本计算步骤

ERP 的成本计算方法支持品种法、分批法与分步法，在用分步法计算时，企业按产品生产的步骤归集生产成本，这时其实就是归集到工作中心。产品成本的计算工作大致可以划分为以下几项工作：

- · 确定成本计算对象。
- · 确定成本项目。
- · 确定成本计算期间。
- · 审核和控制生产费用。
- · 归集和分配各项生产费用。
- · 在完工产成品和月末在制品之间分配产品成本。

1. 确定成本计算对象

成本计算对象是为计算产品而确定的归集生产费用的各个对象，即成本的承担者。确定成本计算对象是设置产品成本明细账、分配生产费用和计算产品成本的前提。

由于企业的生产特点、管理要求、规模大小、管理水平的不同，企业成本计算对象也不相同。对于制造企业而言，产品成本计算对象，包括产品品种、产品批别和产品生产步骤三种。

2. 确定成本项目

成本项目是指生产费用要素按照经济用途划分成若干项目。通过成本项目，可以反映成本的经济构成以及产品生产过程中不同的资金耗费情况（如表 7.1）。

表 7.1 成本项目举例

直接材料			直接人工		制造费用				
外购材料	外购燃料	外购动力	工资	福利费	折旧	维修	利息支出	税金	其他
原料、主要材料、外购半成品、辅助材料、包装物、修理用备件和低值易耗品等	天然气、乙炔、煤等	动力电、高压电等	车间生产工人工资	按生产经营费用的工资的 14% 计提的职工福利费用	按规定计算的应计入生产经营费用的固定资产折旧费	按规定预提或摊销的大修理费用	企业应计入生产经营费用的向银行借款的利息支出减去利息收入后的净额	应计算管理费用的各种税金，如房产税、车船税、印花税、土地使用税等	如邮电费、差旅费、租赁费、外协费等

3. 确定成本计算期

成本计算期是指计算产品成本时，生产费用计入产品成本所规定的起止日期，即每次计算产品成本的期间（最常见的是按月划分）。

产品成本计算期的确定，主要取决于企业生产组织的特点。通常在大量、大批生产的情况下，产品成本的计算期间与会计期间相一致。在单件、小批生产的情况下，产品成本的计算期间则与产品的生产周期相一致。

4. 生产费用的审核与控制

对生产费用进行审核和控制，主要是确定各项费用是否应该开支，开支的费用是否应该计入产品成本。这项工作主要是人为控制，在 ERP 系统中，成本费用项目更多地来源于自动采取，准确性和合理性大为提高。

5. 生产费用的归集与分配

一般为产品生产直接发生的生产费用直接作为产品成本的构成内容，直接记入该产品成本。对于那些为产品生产服务发生的间接费用，可先按发生地点和用途进行归集汇总，然后分配计入各受益产品。产品成本计算的过程也就是生产费用的分配和汇总过程。具体步骤有：

（1）分配各要素费用，生产领用自制半成品。

（2）分配待摊费用和预提费用。

（3）分配辅助生产成本。

（4）分配制造费用。

（5）结转不可修复废品成本。

（6）分配废品损失和停工损失。

（7）结转产成品成本及自制半成品成本。

6. 计算完工产品成本和月末在产品成本

对既有完工产品又有月末在产品的产品，应将计入各产品的生产费用，在其完工产品和月末在产品之间采用适当的方法进行划分，以求得完工产品和月末在产品的成本。

7. 在产品计算方法

各产品的的基本资料库中都设立了在制品成本的计算方法，如不计算在产品成本法、按年初数固定计算在制品成本法、在制品按消耗原材料费用计价法、约当产量法、在制品完工产品成本计算法、在制品按定额成本计价法、定额比例法。

（1）约当产量法含义。

最常见的月末在制品计算方法就是约当产量法：将月在制品实际数量按其完工程度折算为完工产品的数量，将本月所汇集的全部生产费用按照完工产品的数量和月末在品的约当产量的比例进行分配。

约当产量是指在产品大约相当于完工产品的数量。它是将期末在产品的数量按其完工程度或投料程度折算为完工产品的数量。

（2）约当产量计算公式。

应计合格产品成本＝完工产品成本＋月末在产品成本

完工产品成本＝完工产品数量×单位产品成本

月末在产品成本＝月末在产品约当产量×单位产品成本

在产品约当产量＝在产品实际数量×单位产品成本

①用以分配直接材料成本的在产品约当产量的计算。

通常用以分配直接材料成本的在产品约当产量按投料程度（投料百分比）计算。

某工序投料程度＝（单位在产品上道工序累计投入直接材料（数量）成本＋单位在产品本工序投入直接材料（数量）成本）/单位完工产品直接材料（数量）各工序合计成本×100%

【参考7.1】某产品经过二道工序加工而成，其原材料分三道工序。在每道工序开始时一次投入，其相关数据如表7.2。

表7.2 各工序相关数据

工序	各工序开始时单位产品投料定额（元）	各工序在产品的投料程度	各工序在产品实际数量（件）	在产品约当产量（件）
1	400		100	
2	300		150	
3	300		200	
合计	1 000	－	－	

解：

第一道工序在产品投料程度＝400/1 000×100%＝40%

第二道工序在产品投料程度＝（400＋300）/1 000×100%＝70%

第三道工序在产品投料程度＝（700＋300）/1 000×100%＝100%

成本计算结果如表 7.3 所示。

表 7.3   成本计算结果

工序	各工序开始时 单位产品投料定额（元）	各工序在产品 的投料程度（%）	各工序在产品 实际数量（件）	在产品约当产量 （件）
1	400	40	100	40
2	300	70	150	105
3	300	100	200	200
合计	1 000	–	–	345

②用以分配其他成本项目在产品约当产量的计算。

对于直接材料以外的其他成本项目，通常按完工程度计算约当产量。

某工序在产品完工程度 =（单位在产品上道工序累计工时定额+单位在产品本工序定时定额×50%）/单位完工产品工时定额×100%

【参考 7.2】某产品经过三道工序加工而成，各工序定额资料、在产品盘存数量资料，如表 7.4 所示。

表 7.4   各工序相关资料

工序	各工序开始时 其他成本	各工序在产品 的完工程度	各工序在产品 实际数量（件）	在产品约当产量 （件）
1	100		200	
2	60		150	
3	40		100	
合计	200	–	–	

解：

第一道工序在产品完工程度 = 100×50%/200×100% = 25%

第二道工序在产品完工程度 =（100+60×50%）/200×100% = 65%

第三道工序在产品完工程度 =（160+40×50%）/200×100% = 90%

计算结果如表 7.5 所示。

表 7.5   成本计算结果

工序	各工序开始时 其他成本（元）	各工序在产品 的完工程度	各工序在产品 实际数量（件）	在产品约当产量 （件）
1	100	25%	200	50
2	60	65%	150	97.5
3	40	90%	100	90
合计	200	–	–	237.5

【实训练习 7.1】约当产量法计算。

某产品经过三道工序加工而成，其原材料分三道工序。在每道工序开始时一次投入，其相关数据如表 7.6，请用约当产量法分别按投料程度和完工程度计算其成本。

表 7.6　　　　　　　　　　　　　　各工序相关数据

工序	各工序开始时单位产品投料定额（元）	各工序开始时其他成本	各工序在产品的投料程度	各工序在产品的完工程度	各工序在产品实际数量（件）
1	200	150			400
2	120	100			300
3	80	200			200
合计	400	450	－		－

7.2.2.2　材料成本计算

1. 进料成本的确定

外购材料一般包括以下内容：

买价：即采购人格。对于购货时存在的购货折扣应予扣除，即购入的材料物品，应按扣除购货折扣后的净额入账。

货品存入货仓以前发生的各种附带成本，包括运输费、装卸费、保险费、仓储费、运输途中的合理损耗、有关税金（不含增值税）等。

对于买价可以直接计入各种材料的采购。

对于各种成本，凡能分清归属的，可直接计入各种材料的采购成本。不能分清归属的，可以根据各种材料的特点，采用一的分配方法分配计入各种材料采购成本。其分配方法通常有按材料的重量、体积、买价等分配。

【参考 7.3】按重量分摊运费。

某企业购入材料一批，甲材料 200 吨，买价 100 元/吨，乙材料 800 吨，买价 80 元/吨，共支付运费 8 000 元，甲材料运输途中的定额损耗为 0.5%，实际损耗 0.8 吨。乙材料经过入库前的挑选整理，实际入库 790 吨。运费按材料重量比例分摊。

分析：

根据题意，可知：

材料买价 = 重量 × 购买单价

运费分配率 = 当前材料重量/该批材料总重量

运费金额 = 该批材料总重量 × 运费分配率

解：

甲、乙两种材料的进料成本计算，如表 7.7。

表 7.7　　　　　　　　　　　　两种材料的进料成本计算

材料名称	买价（元）	运费分配率	运费金额（元）	总成本（元）	单位成本（元）
甲	20 000	0.2	1 600	21 600	108.4
乙	64 000	0.8	6 400	70 400	89.1

2. 计算应计数量合计

应计数量并非简单的合格品数量，这步工作主要是统计各成本中心完工半成品、产成品数量，包括合格品数量、加工废品数量、在产品约当产量，以及这几项的合计数。

应计数量获得的最终目的：一是作为固定成本分配计入变动成本的分摊依据，二是作为直接材料的计算依据。合理准确地确定在制产品的数量是在制产品成本计算的基础。在传统的成本计算方法中，在制产品数量的确定方式通常有两种，一是通过账面核算资料确定在制产品数量，二是通过月末实地盘点来确定在制产品成本的数量。

对于 ERP 系统而言，在制产品的数量获得相对就要简单得多。为简化在制产品数量的求法，在有加工任务单的前提下，只要材料一投入到某工作中心，即使未产出完工半成品，也可视同为现在的物料在该工作中心都是在产品。

由于 MRP 运算之后，将生成制造订单，制造订单进一步分解将获得各工作中心的加工任务单。根据加工任务单，我们可以统计获得某个会计期间（时段）、某成本中心各半成品的计划任务数，再根据统计实际的合格品数量、加工废品数量，将可以获得在制产品数量。

3. 滚动计算产品成本

直接材料费计算的基础是产品结构，即制造物料清单 BOM，计算的最底层都是从原材料开始。企业的原材料是外购件（含外加工件），这层的费用包括材料采购价格与费用（采购部的管理费、材料运输费与材料的保管费等）。通常，ERP 中各层物料的直接材料费的计算是个滚动计算的过程（如图 7.3），计算公式如下：

本层制造件的直接材料费 = Σ 下层制造件的直接材料费 + Σ 下层原材料的直接材料费

各材料采购间接费 = 采购件数 × 采购间接费率

其中，采购间接费率可以按重量或数量或体积等分配标准分配而来。

材料费 = 材料实际耗用量 × 材料的价格 × 产品用量

直接人工计算是按各层制造件的加工与组装的工资率而来的。计算方式分为计件工资与计时工资两种。在制品结构中，各层制造件的加工与组装会产生加工成本。加工成本主要是直接人工费。直接人工费的计算过程是利用产品的工艺路线文件及产品结构文件（BOM）从底层向高层累加，一直到产品顶层的直接人工费（如图 7.3）。计算公式如下：

各层直接人工费 = 人工费率（工作中心文件）× 工作小时数（工艺路线文件）

加工间接费用分配 = 加工间接费率（工作中心文件）× 工作小时数（工艺路线文件）

滚动计算法由于成本构成分解较细，便于企业财务人员按不同要求进行汇总。如果对工序跟踪，也便于期末在制品的成本结息或结转。产品结构中任何层次的任何物料成本有了变化，都可以迅速计算出完整产品成本的变化，便于及时调整产品价格。

4. 间接费用的计算

无论采购间接费还是加工间接费的间接费率，都应是按照分配规则求出。这里的

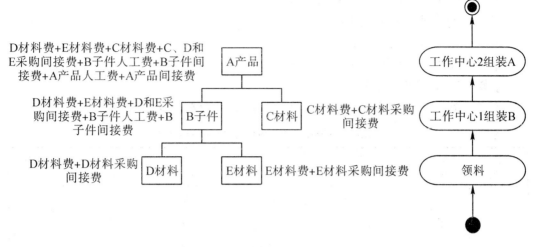

图 7.3 产品成本滚动计算法

间接费包括可变间接费和固定间接费，它们可有不同的费率，但计算公式相同。直接人工费和间接费之和称为加工成本，是物料项目在本层的增值，也称为增值成本。再将加工成本同低层各项成本累加在一起，则组成滚加至本层的物料项目成本。

制造费用的分摊主要是按实际工时、应计数量等分摊依据进行分摊。实际工时取自各成本中心每月工时统计文件，应计数量取各成本中心各产品的应计数量合计。

间接费用分配方法由三个步骤构成：

（1）确定分配依据。

根据企业的历史统计资料，预计会计期间生产部门的产能，结合产品、车间、工作中心和费用类型等情况来确定分配依据。因此，分配依据的类型多种多样，如表 7.8。

表 7.8 间接费用分配依据

间接费用成本项目	分配依据
照明、空调	覆盖面积
电力费	设备功率、使用时间
折旧、保险费、维修费	固定资产价值
管理人员工资、办公费	员工人数
搬运费	搬运次数
×××	产品重量
×××	产品数量
×××	产品容积
×××	产品自然时效时间

（2）计算各工作中心的间接费率。

将上述费用进一步分配到工作中心。

（3）分配产品的间接费用。

将各工作中心的费用进一步分配到产品。

【参考7.4】计算间接分配成本。

计算下列各产品的间接分配成本（以实际工时为分配依据），如表7.9。

表7.9　　　　　　　天华电动自行车厂某产品加工未分配间接费用

加工步骤	成本中心	未分配间接费用合计（元）	完工品	实际工时（时）	分配后各产品间接费用（按实际工时）
一	甲	1 000	车龙头	300	
	乙	5 000	车龙头	500	
二	丙	6 000	车座	200	
			车前叉	400	
	丁	1 000	车座	500	
			车前叉	300	
三	戊	3 000	车架	200	
四	己	1 200	整车	600	

解：

甲成本中心车龙头应承担间接费用＝1 000×300÷300＝1 000

乙成本中心车龙头应承担间接费用＝5 000×500÷500＝5 000

丙成本中心车座应承担间接费用＝6 000×200÷（200+400）＝2 000

丙成本中心车前叉应承担间接费用＝6 000×400÷（200+400）＝4 000

丁成本中心车座应承担间接费用＝1 000×500÷（500+300）＝625

丁成本中心车前叉应承担间接费用＝1 000×300÷（500+300）＝375

戊成本中心车架应承担间接费用＝3 000×200÷200＝3 000

己成本中心整车应承担间接费用＝1 200×600÷600＝1 200

计算完毕后，结果填入表7.10中。

表7.10　　　　　　　天华电动自行车厂某产品加工分配后间接费用

加工步骤	成本中心	未分配间接费用合计（元）	完工品	实际工时（时）	分配后各产品间接费用（按实际工时）（元）
一	甲	1 000	车龙头	300	1 000
	乙	5 000	车龙头	500	5 000

表7.10(续)

加工步骤	成本中心	未分配间接费用合计（元）	完工品	实际工时（时）	分配后各产品间接费用（按实际工时）（元）
二	丙	6 000	车座	200	2 000
			车前叉	400	4 000
	丁	1 000	车座	500	625
			车前叉	300	375
三	戊	3 000	车架	200	3 000
四	己	1 200	整车	600	1 200

【实训练习7.2】产品成本滚动计算。

已知产品P00构成结构如图7.4所示，相关数据见表7.11和表7.12，请通过产品成本滚动计算法计算生产1件产品P00的总成本。其中，M1、M2、M3三种材料第一批运来，M4、M5、M6、M7四种材料第二批运来；第一批材料按重量划分采购间接费率，第二批材料按数量划分采购间接费率。所有工作中心存在着另外一笔厂房租金12 000元，计划按加工数量来分配；工作中心内部的间接费用：WC01按照照明时间分配、WC03按加工人数分配。

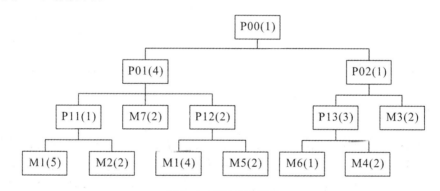

图 7.4　产品 P00 结构

表 7.11　　　　　　　　　　P00 所用材料相关数据

批次	间接费用	材料名	材料采购单价（元）	材料采购当批重量（千克）	材料采购当批数量（件）
1	2 100	M1	120	1 500	500
		M2	190	3 600	300
		M3	150	2 400	800

表7.11(续)

批次	间接费用	材料名	材料采购单价（元）	材料采购当批重量（千克）	材料采购当批数量（件）
2	3 600	M4	170	1 800	200
		M5	200	1 600	400
		M6	220	2 700	600
		M7	300	1 500	700
合计	5 700	–	–	15 100	3 500

表 7.12　　　　　　　　各工作中心加工费用与间接费用

工作中心	工作中心内部间接费	加工部件	加工人数	照明时间	人工费率（每件）
WC01	2 100	P11	8	55	5
		P12	6	76	7
WC02	1 500	P13	12	82	12
WC03	3 600	P01	7	36	8
		P02	9	72	6
WC04	3 200	P00	5	16	10
合计	10 400	–	47	337	48

7.2.3　作业成本计算

20 世纪 80 年代后期，随着 MRP Ⅱ 为核心的管理信息系统的广泛应用，以及人们对计算机集成制造系统（CIMS）的兴趣，使得美国实业界普遍感到产品成本信息与现实脱节，成本扭曲普遍存在，且扭曲程度令人吃惊。经理们根据这些扭曲的成本信息做出决策时感到不安，甚至怀疑公司财务报表的真实性，这些问题严重影响到公司的盈利能力和战略决策。美国芝加哥大学的青年学者罗宾·库帕（Robin Cooper）和哈佛大学教授罗伯特·卡普兰（Robert S.Kaplan）注意到这种情况，在对美国公司调查研究之后，发展了斯托布斯的思想，提出了以作业为基础的成本计算，又称作业基准成本法（Activity Based Consting，简称 ABC 法或"作业成本法"）。作业成本法以优先考虑顾客的满意程度为目标，以顾客所关心的成本、质量、时间和创新为着眼点，通过对产品形成过程的价值链的分析，尽量消除对产品而言无附加价值的作业，达到降低浪费的目标。

7.2.3.1　作业成本法核算原理

作业基准成本法按照各项作业消耗资源的多少把成本费用分摊到作业，再按照各产品发生的作业多少把成本分摊到产品，通过这样的微观分析和详细分配，使得计算的成本更真实地反映产品的经济特征。具体来说，ABC 法认为，作业会造成资源的消耗，产品的形成又会消耗一系列作业。也就是说，作业一旦发生，就会触发相应资源的耗用，造成账目上的成本发生；这些作业一一发生过后，才能历经营销、设计、生产、采购、仓储、分销从而满足客户的最终需要。

作业成本制实际是分批成本制的发展，它打破了传统的分批成本制以单一的标准分配费用所造成的成本扭曲失真，以微观分析的方式参与企业内部控制，它的成本对象是作业。作业成本法以价值链分析为基础，选择工作中心的作业成本项目，确定引起成本、费用项目发生的成本动因（Cost Driver），依据成本中心或作业成本集的成本率，在产品成本归纳模型的基础上，计算产品标准成本。

作业成本法的特点主要体现在对间接费用的分配上，分配时遵循的原则是作业消耗资源，产品消耗作业（如图 7.5）。

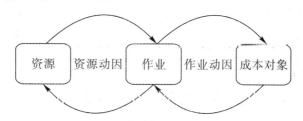

图 7.5　作业成本法的基本原理

作业成本法认为：产品的生产发到了作业的发生，作业导致了间接费用的发生。作业成本法最主要的创新就是引入了成本动因。因此，制造费用在作业成本法中被看作是一系列作业的结果，这些作业消耗资源并确定了制造费用的成本水平。

7.2.3.2　作业成本法的核算步骤

作业成本法是将间接成本按作业进行归集，然后按不同作业的不同成本动因率将间接成本分配到产品或产品线（如图 7.6）。

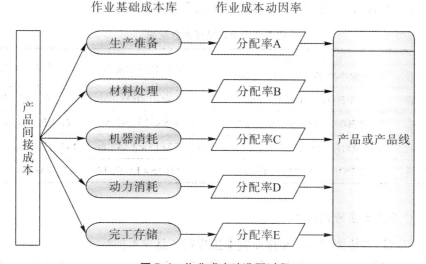

图 7.6　作业成本法分配过程

作业成本法主要包括以下 4 个步骤：

1. 定义用作业成本法计算的作业（工作中心）

比如定义一个工作中心 A 作为作业成本法计算的作业中心，那么，在计算间接费用时，凡是在该工作中心加工的各个产品都会按作业成本法进行计算、归集。

2. 定义工作中心对应的作业基础成本库元素

例如，有 A、B 两产品经过工作中心 A 加工，如表 7.13 所示。

表 7.13　　　　　　　　　　　　作业基础成本库元素

作业基础成本库（作业成本元素）	成本金额（元）
生产准备	1 500
生产检验	2 300
设备消耗	5 000
动力消耗	2 350

3. 定义成本动因

例如，产品 A、B 有各自的成本动因，如表 7.14 所示。

表 7.14　　　　　　　　　　　　成本动因表

成本动因	产品 A	产品 B
生产准备时间（小时）	10	15
生产检验时间（小时）	12	20
单位产品设备（小时）	15	20

4. 计算成本动因率，并分配到产品

根据上述资料，可以计算出成本动因率（一旦算出成本动因率，将作为以后作业成本法计算的参数），并分配到产品中去，如表 7.15 所示。

表 7.15　　　　　　　　　　成本动因率及其成本分配表

作业成本元素	成本动因率（生产准备成本/准备时间）	产品 A 的间接成本	产品 B 的间接成本
生产准备	1 500÷（10+15）= 60	60×10 = 600	60×15 = 900
生产检验	2 300÷（12+20）= 71.875	71.875×12 = 862.5	71.875×20 = 1 437.5
设备消耗	5 000÷（15+20）= 142.857	142.857×15 = 2 142.86	142.857×20 = 2 857.14
动力消耗	2 350÷（15+20）= 67.143	67.143×15 = 1 007.14	67.143×20 = 1 342.86

7.2.3.3　作业成本法的核算举例

【参考 7.5】按传统成本法和作业成本法进行产品成本核算。

天华电动自行车厂加工产品 A 和 B，已知人工费工时费率为 7，按工时单位制造费用分配率为 18，分别按传统成本核算方法和作业成本法来核算。

（1）传统成本核算方法。

根据已知条件，传统成本核算过程如表 7.16 所示。

表 7.16　　　　　　　　　　传统成本法核算过程

核算项目	A 产品	B 产品	说明
直接人工工时	2.5	2	已知
直接人工费用	17.5	14	直接人工工时×工时费率
直接材料费用	36	30	已知
单位制造费用分配率	18	18	已知
单位制造费用	45	36	直接人工工时×单位制造费用分配率
单位成本	98.5	80	直接人工工时+直接材料费用+单位制造费用
产量	4 000	20 000	已知
制造费用	180 000	720 000	产量×单位制造费用
总成本	394 000	1 600 000	产量×单位成本

（2）作业成本法的核算。

按照作业成本法，按历史计算的成本动因率，先进行各产品分配作业成本，如表 7.17 所示。

表 7.17　　　　　　　　　　作业成本法费用核算过程

作业	作业成本	成本动因率	作业量=作业成本/成本率	A 耗用作业量	A 分配作业成本=A 耗用作业量×成本率	B 耗用作业量	B 分配作业成本=B 耗用作业量×成本率
设备维护	255 000	51	5 000	3 000	153 000	2 000	102 000
材料处理	81 000	135	600	200	27 000	400	54 000
生产加工	314 000	7.85	40 000	12 000	94 200	28 000	219 800
产品检验	160 000	20	8 000	5 000	100 000	3 000	60 000
产品储运	90 000	120	750	150	18 000	600	72 000
合计	900 000	–	54 350	20 350	392 200	34 000	507 800
分配作业成本百分比	–	–	–		44%		56%

根据上述的核算过程，最终可以按作业成本法计算出各产品的总成本，如表 7.18 所示。

表 7.18   作业成本法成本核算结果

核算项目	A 产品	B 产品	说明
制造费用	392 200	507 800	计算得出
分配作业成本百分比	44%	56%	计算得出
产量	4 000	20 000	已知
单位制造费用	98.05	25.39	制造费用÷产量
直接人工费用	17.5	14	计算得出
直接材料费用	36	30	已知
单位成本	151.55	69.39	单位制造费用+直接人工费用+直接材料费用
总成本	606 200	1 387 800	产量×单位成本

（3）比较两种算法的差异。

传统成本法计算的 A、B 两种产品生产成本分别是 394 000 和 1 600 000，合计为 1 994 000；作业成本法计算的 A、B 两种产品生产成本分别是 606 200 和 1 797 800，合计仍为 1 994 000。从上面的例子可以看出，传统方法由于忽略产品系列的多样化和复杂性，对制造费用的分配采用单一的费率，分配费率一般基于工时，故工时大的产品成本被高估，造成产品之间在成本上的相互贴补，与实际成本产生较大偏差。所以它一般合适用于单一产品或产品差异性较小的企业。

而作业成本法则对制造费用进一步细分，按产品加工作业步骤分摊，这样归结核算出各产品的成本就较真实地反映了产品的实际耗费。由于作业成本法中历史成本动因率需要参考大量的历史数据才能获得，因此作业成本法的维护成本及服务成本较高。

【实训练习 7.3】作业成本法计算。

西亚电机厂加工产品 A 和 B，已知人工费工时费率为 5，按工时单位制造费用分配率为 18，分别按传统成本核算方法和作业成本法来核算，并比较二者的结果差异。所需数据如表 7.19 和表 7.20 所示。

表 7.19   生产成本数据

核算项目	A 产品	B 产品
直接人工工时	2	1
直接材料费用	32	120
产量	5 000	7 000

表 7.20   作业成本统计数据

作业	作业成本	成本率	A 耗用作业量	B 耗用作业量
设备维护	1 3000	50	200	60
材料处理	81 000	135	200	400
生产加工	12 000	8	900	600
产品检验	11 0000	20	5 000	500
产品储运	90 000	120	600	150

7.2.4　成本差异分析

成本差异分析就是以成本费用预算为依据，将实际成本同标准成本相比较，找出实际脱离计划的，并对差异情况进行分析；以便找出原因，采取相应措施。

7.2.4.1　直接材料成本差异的计算

一般情况下，材料价格差异应该由采购部门负责，材料用量差异一般应由生产部门负责；不过，例外情况是由于生产急需材料，运输方式改变引起的价格差异，应由生产部门负责。直接材料成本差异的计算公式为：

直接材料成本差异＝实际价格×实际数量-标准价格×标准数量

直接材料价格差异＝（实际价格-标准价格）×实际数量

直接材料数量差异＝（实际数量-标准数量）×标准价格

7.2.4.2　直接人工成本差异的计算

造成直接人工成本中价格逆差的原因，如派工不当，把高级工指派做低级工作；工人加班导致额外资金发放等。造成人工效率差异的原因有材料质量、工人操作方式、机器设备情况、管理水平等因素。直接人工成本差异的计算公式如下：

直接人工成本差异＝实际工资价格×实际工时-标准工资×标准工时

直接人工工资价格差异＝（实际工资价格-标准工资价格）×实际工时

直接人工效率差异＝（实际工时-标准工时）×标准工资价格

7.2.4.3　制造费用差异的计算

造成制造费用开支逆差的原因有两个：一是各项费用项目的价格高于预计价格；二是各项费用的耗费量大于预计耗费量。制造费用差异的计算公式如下：

制造费用差异＝实际分配率×实际工时-标准分配率×标准工时

制造费用开支差异＝（实际分配率-标准分配率）×实际工时

制造费用效率差异＝（实际工时-标准工时）×标准分配率

7.3　实训思考题

1. 企业的生产成本是如何组成的？
2. 如何通过滚动计算法计算产品成本？
3. 作业成本法相对于传统成本法的现实意义何在？
4. 简述作业成本法核算的基本原理。
5. 如何进行成本差异分析？

8　ERP 项目实施进程管理实训

ERP 系统不仅是一套软件系统，还代表着一种先进的管理思想和方法。为了让 ERP 能够真正有效地服务于企业，就必须在完成企业信息化规划、系统需求分析、业务流程再造、软件系统设计与实现（开发或购买）的基础上，按规范化的实施步骤实施，并在实施后进行评价和改进，以保证 ERP 系统能够不断优化、与时俱进，实现 ERP 应用价值的最大化。

8.1　实训要求

通过本章的实训，在了解 ERP 实施基本过程的基础上，深入实施进程管理工作，掌握实施中工作结构分解、进度计划编制的具体方法，为正式导入到工作中打下基础。

8.2　实训内容

8.2.1　ERP 实施概述

企业实施 ERP，要有目的、有计划、有组织，在正确的方法指导下分步实施。因此，严格按照 ERP 系统实施步骤，实现实施进程的有效管理，才有保障 ERP 系统正确、有效地实施。

8.2.1.1　ERP 系统实施步骤

1. 项目组织

ERP 实施需要成立项目实施小组、项目指导委员会。

2. 教育培训

ERP 的实施和应用对大多数企业来说都是新生事物。使用一套全新的工具来管理和运作一个企业，必然伴随着从企业高层领导到一般员工的思维方式和行为方式的改变。

引入 ERP 系统是对传统管理方式的一种变革，不可避免地会改变原有的想法和做法。因而，培训是贯穿项目始终的一项工作，也是改变人们传统观念的重要手段之一。现实世界中，教育和培训往往是一项遭到轻视、预算不足、不被理解的工作；也因此使它也成为实施 ERP 系统过程上大多数问题的起因，许多实施中的问题表明企业内员工对 ERP 缺乏真正的理解。

因此，在一个实施 ERP 系统的企业中，最好能够上 90％ 以上的人受到教育和培训。

ERP 的教育和培训，有两个重要的目的：一是增加人们的知识，二是改变人们的思维方式和行为方式。

3. 软件选型

选择适用的 ERP 软件系统，是企业成功实施 ERP 的前提。通常，在资金允许的前提下，要注意尽量选择技术先进、用户成熟度高的软件产品。为了增加 ERP 实施成功率，对软件的造型通常注意这几个方面：

（1）产品造型的基本思路。

软件选择的标准应当是针对本企业的实际情况个选择最为适用的软件产品，而不是经过若干年的全面考察，选择一个"高、大、全"的软件产品。从唯美的角度出发，人们总是倾向于选择一个"最好"的软件产品，但每个人的偏好不同、认识的水平不同、意见也会相左，无谓纷争的后果是浪费了时间和精力，错失机会。最后，无论哪一派意见获胜，从全局来看，企业都是输家。

不同的软件产品有不同的功能、性能、可选特征，企业必须综合考虑。性能价格比是最好的评判指标。应着重了解 ERP 的功能是否体现了 ERP 的主要思想，是否涵盖了企业的主要业务范围，功能的强弱是相对的。有的 ERP 产品功能模块很多，涵盖的企业类型也很广，但其中相当多的功能是本企业所用不上的，这样就会造成资金和人力、时间的浪费。

（2）产品选型的基本原则。

一是技术先进，能够支持当前和未来一段时间的发展。

二是符合 ERP 标准模式和相关规范。

三是系统集成度高，同时还能够支持供应链上的企业合作。

四是满足企业的实际管理需求。

五是能较大程度地支持用户化自定义功能。

六是有较高的性价比。

七是最好选择同行中有实施成功先例的产品。

八是良好的服务和支持。

九是友好的操作界面。

（3）兼顾软件的功能和技术。

为了能够更好地进行产品造型，这里介绍"四区域技术功能矩阵"选择法，如图 8.1。

在选择软件产品时，既要考虑软件的功能，又要考虑软件的技术；既要考虑当前的需求，又要考虑未来的发展。

对于区域 Ⅰ（保持优势区域）：虽然技术先进性的功能都不错，但价格必定很高，中小企业难于接受。

对于区域 Ⅱ（有待加强区域）：虽然技术先进，但功能尚待加强和完善，是可供用户选择和考虑的重点对象。

功能强劲性

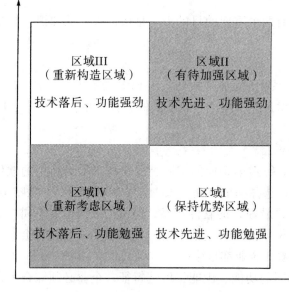

图 8.1　Gartner 公司四区域功能矩阵

对于区域Ⅲ（重新构造区域）：虽然产品功能比较强，但从长远看这些软件没有生命力的，尽量不要选择。

对于区域Ⅳ（重新考虑区域）：这类软件各方面都比较差，明智的用户不会选择这类软件。

4. 项目进程管理

为了保证 ERP 实施成功，通常会设定一定的时间范围，达到一定的实施标准、支付企业所能承受的成本（包括时间成本、经济成本、机会成本等）。于是，项目进程管理成为重中之重，其他的管理工作都被切实地纳入项目进程管理之中了。

5. 数据准备

经过 ERP 原理培训后，可以开始准备相关数据，这个过程可以和 ERP 软件选型同步进行。数据准备的工作包括数据收集、分析、整理和录入等项工作。通常，我们把数据分为静态数据和动态数据。静态数据是指与企业日常生产活动关联松散的数据，如物料清单、工艺路线、仓库和货位、会计科目等；动态数据是指与生产活动紧密相关的数据，如库存记录、客户合同等，一旦建立，需要随时维护。动态数据需要准备业务输入数据和业务输出数据，以便核对输入系统后的计算结果与事先准备的输出结果是否存在差异。

数据的准确性，决定着今后结果的正确性。数据准备的要求及时、准确、完整。库存准确度必须高于95%，物料清单准确度必须高于98%，工艺路线的准确度要高于95%，产品提前期数据准确无误。

6. 用户化与二次开发

由于每个企业有自身的特点，ERP 软件系统可能会有一定程度的用户化和二次开发的工作量。所谓用户化，是指不用进行程序代码改动，只进行系统内部的设置就可以了，比如自定义报表。所谓二次开发，是指需要进行程序代码改动，涉及软件额外开发工作量和系统整体安全性等问题。

二次开发会增加企业的实施成本和实施周期，并影响实施人员（服务方和应用方）的积极性。另外，二次开发的工作应该考虑与现有的业务流程实施并行操作和管理，减少实施周期。考虑二次开发需要慎重，临时性、输出效益不大、企业流程思想与 ERP 不符的需求通常不进行二次开发。

7. 建立工作点

工作点也就是 ERP 的业务处理点、电脑用户端及网络用户端。ERP 的业务、管理思想就是通过这些工作点来实现的，但它不等价于实际的电脑终端。

例如，不同的业务处理、系统功能的采购订单处理工作点与请购单处理工作点可以属于两个工作点，但可以在一个电脑终端。事实上，所有业务处理都可以在相同的电脑终端进行，只是系统使用权限不同，进行的业务操作不同。

建立工作点一般要考虑以下几点：

（1）一般先考虑 ERP 的各个模块的业务处理功能，如采购系统基础数据、采购请购单录入与维护及采购订单处理等来划分工作点。

（2）结合企业的硬件分布，如电脑终端分布、工作地点等。

（3）考虑企业的管理状况，如人员配置、人员水平和管理方式等。

建立工作点后，要对各个工作点的作业规范做出规定，也即确定 ERP 的工作准则，形成企业的标准管理文档，表格形式如表 8.1 所示。

表 8.1　　　　　　　　　　　　　ERP 工作点作业准则

工作点编号：	生效日期：	版本号：
工作点名称：	制定人：	审核人：
目的：		
职责： （1） （2）		
相关资料： （1） （2）		
作业程序： （1） （2） （3）		

8. 新旧系统并行及系统切换

（1）系统并行。

新旧系统并行是指新的 ERP 系统与原有的手工系统或旧的计算机系统同步运行，保留两个系统的账目资料与输出信息。新旧系统并行的主要目的是检验新旧系统的运行结果是否一致。同时，ERP 系统实施后，有很多流程和工作方法与以前不尽相同，并行可以让最终用户有一段时间去熟悉各项功能的操作，达到平缓过度的目的。

并行期间，项目小组与最终用户必须投入，有时必须利用周末或晚上没有正常生产业务时进行集中加班录入，以保证业务处理的连续和不受外界干扰，并强化熟练程度。同期，还要制订详细的业务规则、熟悉用户手册、制订必要的制度确保按规定操作。

不过，并行阶段用户的工作量太大，时间不宜过长（一般为三个月）。企业在此阶段要全力支持，做好资源调配工作，重点突击。

（2）系统切换。

系统切换首先要是确定一个切换时间点（某个工作日，一般为某个月末或月初，或两个会计期间的转换点）。然后，在这个切换时间点进行动态数据准备，包括几种：①库存余额、总账余额、车间在制品余额，应收账余额，应付账余额等各类余额。②库存变动单据、会计凭证、未结销售订单等各类实时数据单据。

一般来说，真正要在一天之内完成系统切换是不现实的。通常的做法是确定某个切换时间点后，将这个时间点的余额作为期初余额录入到系统中，若干天后余额录入完毕，再将切换时间点之后的所有发生额数据补充录入到系统中。经过短期加班后，发生额将很快在几天内录入完毕，系统也可以在大约一个星期之内进行平滑切换。

切换完成之后，要停止原来的手工作业，完全转入 ERP 系统中处理业务。切换期间，IT 公司要提供在线服务或驻厂服务，采取应急响应措施。

9. 系统评测与持续改进

ERP 实施一定程度之后，ERP 项目就进入尾声。这时就需要对 ERP 的实施效果进行评测，并根据评测结果持续不断地改进工作，使 ERP 系统越用越好。系统评测通常采用的工具是 ABCD 检测表。

（1）ABCD 检测表概述。

ABCD 检测表（The Oliver Wight ABCD Checklist for Operational Excellence，Oliver Wight Publications，Inc. ，Fourth Edition，1993），最早是由 MRPII 的先驱者奥利弗·怀特（Oliver Wight）于 1977 年给出的。最初它是一份包括 20 个关于企业经营的问题的检测表，后来不断发展完善为今天的样子。检测者根据企业的实际情况，客观地回答检测表中的问题后，根据检测表的评分规则，为企业打分，评估企业现状，以清醒地认识企业所处的发展阶段和 ERP 应用水平，确定未来的改善目标和步骤，促进 ERP 应用过程不断完善，促进企业经营活动和效益的持续改善。

ABCD 检测表最早共 20 个问题，这 20 个问题按技术、数据准确性和系统使用情况分成三组。每个问题均以"是"或"否"的形式来回答。

第二版的检测表扩充为 25 个问题，且增加了一个分组内容：教育和培训。第二版的 ABCD 检测表流传甚广，使用也很方便。

在 1980 年，ABCD 检测表得到了进一步的改进和扩充，推出了第三版。其覆盖范围已不限于 MRPⅡ，还包括了企业的战略规划和不断改进过程。但第三版的 ABCD 检测表流传不广。

第四版的 ABCD 检测表于 1993 年由奥利弗·怀特公司推出。这已经不是一个人甚至几个人的工作了，而是集中了十几年来数百家公司的研究和实施应用人员的经验。这个检测表也已不再是几十个问题的表，而是按基本的企业功能划分成以下五章：战略规划、人的因素和协作精神、全面质量管理和持续不断的改进、新产品开发、计划和控制过程。其中，只有第五章是关于 MRP/ERP 实施和应用的。ABCD 检测表的这种变化，反映了各种管理思想相互融合的趋势，见表8.2。

表 8.2 ABCD 检测表（第四版）内容简介

章	定性特征描述或综合问题
第一章 战略规划	A 级：战略规划的制定和维护是一个持续不断的过程，而且体现了客户至上的观点。战略规划驱动人们的决策和行为。各级员工都能清楚地表述企业的宗旨、远景规划和战略方向。 B 级：战略规划的制定和维护是一个正规的过程，由高层和各级管理人员每年至少进行一次。企业的主要决定均根据战略规划做出，企业员工对于企业的宗旨和远景规划有基本的了解。 C 级：战略规划的制定和维护工作不是经常进行的，但仍能指示企业运营的方向。 D 级：没有战略规划或者在企业运营的过程中根本没有这项活动。
第二章 人的因素和协作精神	A 级：相互信任、相互尊重、相互协作、敞开心扉相互交流以及高度的工作安全感是员工和企业之间关系的显著特点。员工对企业感到满意并为作为其一员而感到骄傲。 B 级：员工们信任企业的高层管理人员，并认为该企业是一个工作的好地方。工作小组发挥着有效的作用。 C 级：主要采用传统的雇佣关系。企业的管理人员认为人是一项重要的企业资源，但不认为是至关重要的资源。 D 级：员工和企业的关系至多是中性的，有时是消极的。
第三章 全面质量管理和持续不断的改进	A 级：持续不断地改进已成为企业员工、供应商和客户的一种共同的生活方式。质量的改进、成本的降低以及办事效率的提高加强了竞争的优势。企业有明确的革新战略。 B 级：企业的大多数部门参加了全面质量管理和持续不断改进的过程；他们积极地与供应商和客户配合工作。企业在许多领域取得了本质的改善。 C 级：全面质量管理和持续不断改进的过程只在有限的领域中开展；某些部门的工作得到了改善。
第四章 新产品开发	A 级：企业的所有职能部门都积极参与和支持产品开发过程。产品需求来自客户需求。产品开发的周期非常短。为了满足需求，只要求极少的支持或不要求支持。 内部和外部的供应商积极参与产品开发的过程。所取得的收入和毛利润满足最初的经营计划目标。 B 级：工程设计（或研发）以及企业其他职能部门参加了产品开发的过程。产品需求来自客户需求。产品开发时间得到了减少。要求低层到中层的支持。为了满足需求，需要进行一些设计改变。 C 级：产品开发主要是工程设计或研发部门的事情。产品开发按计划进行，但是，在制造和市场方面存在某些传统的问题。产品需要很大的支持才能满足性能、质量或运营目标。生产过程中，内部或外部供应商的配合均不够完善。但是，在缩短产品开发时间方面已经取得了某些成绩。 D 级：产品开发总是不能满足计划日期，性能，成本，质量，或可靠性的目标。产品的开发需要高层的支持。几乎没有内部或外部的供应商参与这个过程。

表8.2(续)

章	定性特征描述或综合问题
	A 级：在整个企业范围内，自顶向下、有效地应用着计划和控制系统，在客户服务、生产率、库存以及成本方面取得了重大的改善。 B 级：计划和控制过程在高层领导的支持下由中层管理人员使用，在企业内取得了显著的改善。 C 级：计划和控制系统主要作为一种更好的订货方法来使用，对于库存管理产生了比较好的效果。 D 级：计划和控制系统所提供的信息不准确，用户也不理解，对于企业的运营几乎没有帮助。
第五章 计划和控制过程	5-1 力争达到优秀 在整个企业组织中，从高层领导到一般员工，对于使用有效的计划和控制技术达成了共识并付诸实践。这些有效的计划和控制技术提供一组统一的数据供企业组织的所有成员使用。这些数据代表了有效的计划和日程，人们相信它们，而且用来运行自己的企业。 5-2 销售和生产规划 有一个制定销售和生产规划的过程，用来维护有效的和当前的生产规划，以便支持客户需求和经营规划。这个过程包括每月由总经理主持召开的正式会议，并覆盖足够长的计划展望期，以便有效地做出资源计划。 5-3 财务计划、报告和度量检查 企业的所有职能部门可以使用统一的数据作为财务计划、报告和度量检查的依据。 5-4 "如果……将会……"模拟用来评价运营计划的备选方案，并可用来建立例外情况下的应急方案。 5-5 负责的预测过程 有一个关于预期需求的预测过程，以足够长的展望期提供足够详细的信息，用来支持经营规划、销售和生产规划以及主生产计划。对于预测的准确性要进行度量，以便使预测的过程得到不断的改进。 5-6 销售规划 销售部门负责制定、维护和执行销售规划，并协调销售规划和预测的不一致。 5-7 客户订单录入和承诺的集成 把客户订单录入和承诺过程与主生产计划及库存数据集成起来。 5-8 主生产计划 主生产计划的制定和维护是一个不间断的过程，通过这个过程确保在生产稳定性和及时响应客户需求之间取得平衡。主生产计划要与从销售和生产规划导出的生产规划保持一致。 5-9 物料计划和控制 由一个物料计划过程和一个物料控制过程，前者维护有效的计划日程，后者通过生产计划、派工单、供应商计划、和/或"看板"方法传递优先级信息。 5-10 供应商计划和控制 供应商计划和调度过程对于关键的物料在足够长的计划展望期内提供明确的信息。 5-11 能力计划和控制 能力计划过程使用粗能力计划，在适当的生产环境中也使用能力需求计划，根据实际的产出，使得计划能力与需求的能力相平衡。通过能力控制过程度量和管理工厂中的生产量和加工队列。 5-12 客户服务 建立了按时交货的目标，取得了客户的同意，并按照所建立的目标度量交货业绩。 5-13 销售规划绩效 建立了关于销售规划绩效的责任，确定了度量方法和目标。

表8.2(续)

章	定性特征描述或综合问题
第五章 计划和控制过程	5-14 生产规划绩效 建立了关于生产规划绩效的责任，确定了度量方法和目标。除了经高层领导批准的情况之外，生产规划与每月计划的差异不超过 2%。 5-15 主生产计划绩效 建立了关于主生产计划绩效的责任，确定了度量方法和目标。主生产计划的实现率达到 95%~100%。 5-16 生产计划绩效 建立了关于生产计划绩效的责任，确定了度量方法和目标。生产计划的实现率达到 95%~100%。 5-17 供应商交货绩效 建立了关于供应商交货绩效的责任，确定了度量方法和目标。供应商交货计划的实现率达到 95%~100%。 5-18 物料清单结构和准确性 有一组结构良好、数据准确和集成的物料清单（公式，配方）及相关数据，用来支持计划和控制过程。物料清单的准确度达到 98%~100%。 5-19 库存记录准确性 有库存控制的过程，可以提供关于仓库、库房以及在制品的准确的库存数据。 在所有物料项目的库存记录中，至少有 95% 与实际盘点的结果在计数容限内相匹配。 5-20 工艺路线准确性 在工艺路线适用的生产环境中，有一个建立和维护工艺路线的过程，该过程提供准确的工艺路线信息。工艺路线的准确度达到 95%~100%。 5-21 教育和培训 经常和定期地面向全体员工进行教育和培训，这些教育和培训关注企业和客户两方面的问题及其改善，其目标包括持续不断的改进，提高员工的工作和决策水平，工作的灵活性，雇佣关系的稳定性，以及如何满足未来的需求。 5-22 分销资源计划（DRP） 在适用的运营环境中，分销资源计划用来管理分销活动的后勤事务。DRP 信息用于销售和生产规划、主生产计划、供应商计划、运输计划以及发货计划。

（2）ABCD 检测表的使用。

使用这份检测表的最好方法是把它作为企业追求的目标，并且积极地、系统地、毫不松懈地去实现它。因此，正确地使用 ABCD 检测表的过程构成企业业绩不断改善的过程。具体做法可以采取以下步骤：

①现状评估。

使用 ABCD 检测表改善企业业绩的过程从评估企业现状开始。许多企业选择他们最关心的问题来开始这个评估过程。如果企业的计划和控制系统存在问题最多，则可首先只关注这一个领域，而不必去回答全部五章的所有问题。当然，也可以选择五章的所有问题，对企业进行一个全面的评估。应当注意的是，如果选择了某一章，就应回答该章的所有问题，除非某些问题不适用于企业的情况。

许多企业把参加评估的人分成 5~10 人的小组来讨论检测表中的问题，通过讨论、争论和分析，对所关注的问题取得一致的意见。有一点很重要，就是应有不同层次的企业领导参加不同小组的讨论。参加评估的人，应当具有丰富的知识，要了解检测表中所涉及的术语和技术，而且要充分理解企业为什么应当按高标准来运行。另外，一定要注意避免先入为主的倾向或有意的曲解而使答案失真。

如前所述，检测表的每一章均以简明的定性描述开始，说明对于该章所考虑的问题，A、B、C、D 四个等级的不同的定性特征。然后列出一些综合问题，每个综合问题又被分解成若干明细问题。对综合问题和明细问题的回答均和第二版的 ABCD 检测表不同，不再只是回答"是"或"否"，而是按五个等级从 4 分到 0 分计分。分值计算如下：

优秀（4 分）：从完成该项活动得到了所希望的最好结果。

良好（3 分）：全部地完成了该项活动并达到了预期目标。

一般（2 分）：大部分的过程和工具已经准备就绪，但尚未得到充分的利用，或者尚未得到所期望的结果。

差（1 分）：人员、过程、数据和系统尚未达到规定的最低水平，如果有效益，也是极低的。

无（0 分）：该项活动是必须做的，但目前没有做。

采取这种计分方法的原因在于，在许多情况下，虽然企业尚未达到"优秀"，但毕竟做了某些工作，因此，应当指出所达到的水平以及还应做多少工作才能达到 A 级水平。从而，提供了不断提高的机会和手段。事实上，一个企业即使达到了 A 级水平，也仍然有可改进之处。

对每一章的评估，首先应从回答明细问题开始，然后，根据明细问题的答案来回答综合问题。但是，应当强调，综合问题的计分并非相应的明细问题计分的平均值。回答这些明细问题的目的在于帮助确定综合问题的计分，而这些明细问题并不具有相同的重要性。

一旦完成了综合问题的计分，则可根据所有综合问题的平均值来确定一章所讨论的问题的 A、B、C、D 等级，标准如下：

平均值大于 3.5 分为 A 级，平均值在 2.5 分和 3.49 分之间为 B 级，平均值在 1.5 分和 2.49 分之间为 C 级，平均值低于 1.5 分为 D 级。

企业的评估必须以至少三个月的业绩数据为基础。这是因为有时短时间看来，可能每件事情都不错，但是，这并不意味着企业已经有了有效的工具，而且已经学会有效地使用它们进行管理。因此，短时间的观察不足以得出可靠的结论。

②确立目标。

下一个重要的步骤是根据评估的结果建立企业的目标，确定企业要在哪些领域得到改善，应当达到什么样的标准，要完成哪些任务，谁来负责以及计划何时完成，等等。

一般来说，企业总是选择问题最多的领域进行改善。因此，为了防止企业的业绩在取得好的评估结果的领域中下滑，还应当有人负责维护这些领域中的每项工作，至少保持当前水平，不要下滑。

③根据公司最紧迫的需要剪裁检测表。

有些企业同时进行多个领域中的改进工作，有些企业则采取一步一步进行的方式。

通常的做法是从某一项企业功能开始，例如，提高质量。一旦在这方面取得显著成绩，再开始另一项企业功能的改进，例如，计划和控制过程。在竞争压力如此之大的今天，不少企业不能够按部就班地使用这些工具。所以，可以采取裁剪的做法，例如，计划和控制，全面质量管理以及不断改进的过程。当然，这样做对于企业管理变化的能力以及企业的资源均是一个挑战。

新的 ABCD 检测表对于同时实现一项或多项企业功能改进的做法都予以支持。ABCD 检测表的分章结构可以使企业选择其中的一章或几章包括在自己当前的实施计划中。完成之后，再开始新领域的工作。

④制订行动计划。

在建立了目标、确定了所要完成的工作和有关人员的职责之后，则应制定实施计划，指明如何达到目标，如何改善回答这些问题的能力，完成任务或实现改善的日期，等等。

⑤度量所取得的成绩。

根据所制订的实施计划记录所取得的成绩。某些问题可以进行定量的描述，例如，物料清单的准确性，另外有些问题的回答可能会有更多的主观因素，但是仍然可以度量。

⑥高层领导每月进行检查。

企业高层领导每月应进行一次检查。经验表明，这是非常重要的。目的在于检查项目的进展情况、所取得的成绩以及存在的问题。在高层领导进行检查时，以下问题都是应当考虑的：

·是否已达到了预定的目标？
·如果尚未达到预定目标，那么原因是什么？
·应当做哪些工作才能使实施过程回到计划的轨道？
·必须排除哪些障碍或解决哪些问题才能继续取得进步？

8.2.1.2 ERP 实施成功的注意事项

1. 企业实施 ERP 不成功的原因

根据前例的原因，以及历年来多位 ERP 专家的总结，可以将 ERP 不成功的原因总结为以下七点：

（1）基础数据不准确。
（2）企业的广大员工对 ERP 系统缺乏主人翁的精神和感情。
（3）缺乏切实可行的实施计划。
（4）关键岗位人员不稳定。
（5）员工不愿放弃传统的工作方式。
（6）教育和培训不足。
（7）领导不重视。

2. 实施 ERP 的十大忠告

（1）人的因素怎样强调都不过分。

· 领导全面支持, 始终如一。

· 树立全员参与意识。

（2）高度重视数据的准确性。

"进去的是垃圾, 出来的必然也是垃圾!", 只有高度重视数据准确性, 才能保证 ERP 成功的实施。

（3）教育与培训是贯彻始终的一项工作。

· 培训不能图热闹、走过场, 内容必须充实、重点突出, 每次培训详略得当。

· 统一认识: 培训费用要比忽视培训将要付出的代价小得多。

· 必须始终如一, 不能"三天打鱼, 两天晒网"。

（4）确定系统的目标, 并对照衡量系统的性能。

（5）不要将没有经验的人放到关键岗位上。

（6）有效的项目管理。

（7）寻求专家的帮助, 减少犯错的概率。

（8）不要把手工系统的工作方式照搬到计算机系统中。

（9）既要从容, 又要紧迫。

（10）正确认识 ERP 的管理幅度, ERP 不能包治百病。

3. 对成功实施 ERP 的总结

三分技术、七分管理、十二分数据、二十分应用、一百分领导重视。

8.2.2 ERP 实施进程管理

8.2.2.1 工作结构分解

1. 工作结构分解概述

为了能够有效地进行 ERP 实施相关工作, 以实现在既定的时间内完成项目进程, 首先, 需要将所有的项目列出并细化, 这个过程就是工作结构分解。

分解技术就是为了管理和控制的方便, 而对项目进行细分和再细分的过程。在项目管理过程中, 把项目一下子分解到最细致和具体的工作是困难甚至是不可能的, 也是不可取的, 应该分层次进行分解, 每深入一层详细程度会更具体一些。一般需要从项目顶层工作开始分解, 再分解到一个个中间层, 然后再确定需要做哪些工作才能够实现这些中层, 此即为项目的工作分解结构（WBS）。

项目的工作分解结构就是把项目整体分解成较小的、易于管理和控制和若干子项目或工作单元的过程, 直到可交付成果定义得足够详细, 足以支持项目将来的活动, 如资源需求、工期估计、成本估计、人员安排、跟踪控制等。通过工作分解, 更加详细和具体地确定了项目的全部范围, 也标示了项目管理活动的努力方向。

工作分解结构（Work Breakdown Structure, WBS）, 是面向可交付成果的分组, 是项目团队在项目期间要完成的最终细目的等级树, 所有这些细目的完成或产出构成了整个项目的工作范围。进行工作分解是非常重要的工作, 它给予人们解决复杂问题的清晰思路。

工作分解在很大程度上决定项目是否成功。如果项目工作分解得不好，在实施过程中难免要进行修改，可能会打乱项目的进程，造成返工、延误工期、增加费用等。

（1）工作分解的意义。

·提前展示所有工作，以免遗漏重要事情。

·便于事先明确具体的任务及其关联关系。

·容易对每项分解出的活动估计所需时间、成本、技术、人力等资源，便于制订完善的项目计划。

·容易界定职责和权限，便于各方面的沟通。

·便于跟踪、控制和反馈。

（2）WBS 层次划分步骤。

具体分解过程参考表 8.3 所列的五个步骤，对于建立正确的 WBS 将非常有帮助。

表 8.3　　　　　　　　　　　　　　　WBS 层次划分步骤

顺序	方法	解析
1	明确总目标	如果是需要打扫房间，这就是要做的项目。
2	明确完成此目标所需完成任务	需要清扫地板、收拾家具、擦窗户、清理垃圾。这些都是打扫房间这个项目需要完成的主要任务。注意，从这里就要开始检查不要漏掉了某些任务。如果打扫房间还必须将损坏的家具修理好，别忘了将修理家具加到任务中
3	明确每项任务如何做	用墩布擦地板、用清洁剂清洁家具、用肥皂水清洗窗户，这些是完成任务的活动
4	每项任务可以进一步细化为哪些子任务	用墩布擦地板时需要取墩布、湿润墩布、擦地板、洗墩布等一系列的子活动，它们实际上就是用墩布擦地板这项活动的工作包
5	明确这些分解是否完整、正确、合理？	这样分解是否正确和完整？有没有遗漏的任务？每项任务是否可以很容易地分配责任和角色？每项任务需要的资源是否很容易确定？每项任务的工期是否很容易估计？每期任务完成的衡量标准是否十分清楚？如果答案否定的，就需要进一步地修改和分解

像打扫房间这样的简单项目，分解到 3~4 层就足够了，如果是复杂的项目，可能需要进行更详细的分解。

★小提示：WBS 层次划分注意事项

·分解出的工作包应是一项项的行动，而不能用名词来表达。

·不要把工作分解结构变成物品清单，这是很多人在使用工作分解结构时的误区。

例如，在编码准备的任务下有：物料类别、物料数量、物料代码、工作任务代码，实际就成了一个名词库，这样来定义活动并不合适。实际上，应当对于这些活动用一个"动宾结构"的短语来描述。如统计物料类别、统计各类物料数量、编制各级物料代码、编制各工作任务代码。

·不要考虑活动之间的先后顺序，工作分解结构的目的是清楚地界定实现项目目标所需执行的具体活动，并不关心究竟先做哪个、后做哪个。活动之间的先后顺序需要等到确定关键路径时再考虑，这样有助于尽早确定具体工作内容。

·分解后的每项工作应该是可管理的，可定量检查、可分配任务的。

---

2. 工作结构分解案例

【参考 8.1】工作结构分解案例。

天华电动自行车厂研发部决定进行一系列新产品研发工作，经过市场调研和与意向客户接触，决定研发一种新产品。为了保证研发工作在合理的工期范围内完成，决定采取项目管理方式进行。

首先，第一步是反复思考和分析，得出了如表 8.4 所示的工作结构分解表。

表 8.4　　　　　　　　　　　工作结构分解表

WBS 编码	活动名称
111	获取项目授权书
1121	成立项目小组
1122	确定项目目标
1123	编制项目计划书
1124	评审项目计划书
113	报批项目计划书
1211	走访客户
1212	确认需求
1221	设计形状参数
1222	设计功能特征
1231	设计工装模具
1232	设计工艺流程
124	评审设计方案
125	认可设计方案
1311	采购零件
1312	采购工装模具
1313	采购测试设备
1321	制定作业指导书
1322	制定质量要求
1323	组装样件
1411	确定测试标准
1412	准备测试文件
1413	确定测试现场
142	进行产品测试
143	认可测试结果
144	提交样件

WBS 编码	活动名称
145	认可样件
151	项目移交评审
152	合同收尾
153	行政收尾

然后，编制 WBS 词典。对于项目、特别是较大的项目来说，编成一个项目工作分解结构词典更能包含详细的工作包描述以及计划编制信息，如进度计划、成本预算和人员安排，以便于在需要时随时查阅，这种工作通常也叫作编制工作分解结构词典（WBS dictionary）。

简单讲，工作分解结构词典是一套工作分解结构（WBS）的单元说明书和手册，通常包括：项目的 WBS 单元编码体系说明；按照顺序列出的单元的标识；定义目标；说明单元计划发生的费用和完成的工作量；摘要叙述要完成的工作以及该单元与其他单元的关系。根据分析和研究，研发部门最后做出了相关 WBS 词典（如表8.5）。

表8.5　　　　　　　　轻越野休闲山地车系列研发项目 WBS 词典

项目名称	轻越野休闲山地车系列研发	客户名称	云海运动器械销售总公司		
项目经理	赵明	编制人	林峰		
项目发起人	刘总	编制日期	2015.3.6		
WBS 编码	活动名称	历时估计	成本估计	前导活动	责任人
111	获取项目授权书	1	1 200		李悦
1121	成立项目小组	2	2 400	111	李悦
1122	确定项目目标	1	1 200	1121	李悦
1123	编制项目计划书	10	12 000	1122	李悦
1124	评审项目计划书	2	2 400	1122、1123	李悦
113	报批项目计划书	1	1 200	1124	李悦
1211	走访客户	1	1 200		李悦
1212	确认需求	2	2 400	1211	李悦
1221	设计形状参数	30	24 000	1124、1212	申鸣
1222	设计功能特征	20	16 000	1221	申鸣
1231	设计工装模具	30	24 000	1222	赵明
1232	设计工艺流程	30	24 000	1231	赵明
124	评审设计方案	2	2 400	122、123	李悦

表8.5（续）

项目名称	轻越野休闲 山地车系列研发		客户名称	云海运动器械 销售总公司	
项目经理	赵明		编制人	林峰	
项目发起人	刘总		编制日期	2015.3.6	
WBS 编码	活动名称	历时估计	成本估计	前导活动	责任人
125	认可设计方案	2	2 400	124	李悦
1311	采购零件	30	30 800	125	张松
1312	采购工装模具	20	21 600	1311	张松
1313	采购测试设备	20	51 600	1312	张松
1321	制定作业指导书	5	4 000	1313	吴海明
1322	制定质量要求	5	4 000	1322	吴海明
1323	组装样件	10	6 400	1321、1322	吴海明
1411	确定测试标准	3	2 400	1241、1323	张勇
1412	准备测试文件	5	4 000	1411	张勇
1413	确定测试现场	1	1 200	1412	李悦
142	进行产品测试	8	6 400	1323、1413	张勇
143	认可测试结果	3	2 400	142	申鸣
144	提交样件	5	6 000	143	李悦
145	认可样件	2	2 400	144	李悦
151	项目移交评审	5	6 000	145	李悦
152	合同收尾	3	3 600	151	李悦
153	行政收尾	5	6 000	152	李悦

最后，明确了工作结构分解词典的基础上，需要进一步明确相关责任人，决定采用组织分解结构责任图。组织分解结构（Organization Breakdown Structure，OBS）是项目组织结构图的一种特殊形式，描述负责每个项目活动的具体组织单元，WBS 是实现组织结构分解的依据。对于项目最底层的工作通常都要非常具体，而且要完整无缺地分配给项目内外的不同个人或者是组织，以便于明确各个工作块之间的界面，并保证各工作块的负责人都能够明确自己的具体任务、努力的目标和所承担的责任。同时，工作如果划分得具体，也便于项目管理人员对项目的执行情况进行监督和业绩考核。

实际上，进行逐层分解项目或其主要的可交付成果的过程，也就是给项目的组织人员分派各自角色和任务的过程。工作分解结构一旦完成，就必须用工作分解结构来落实分配责任人，这就构成了责任图，或者称为责任矩阵（如表8.6）。

表 8.6   轻越野休闲山地车系列研发项目责任矩阵

WBS 编码	活动名称	相关责任人					
		项目经理	审核部	开发组	测试组	实施组	客户
111	获取项目授权书	▲	★				
1121	成立项目小组	▲	○				
1122	确定项目目标	▲	○				
1123	编制项目计划书	▲					
1124	评审项目计划书	▲					
113	报批项目计划书	▲					
1211	走访客户	▲					○
1212	确认需求	▲					○
1221	设计形状参数			▲	○		
1222	设计功能特征			▲	○		
1231	设计工装模具			▲	○		
1232	设计工艺流程			▲	○		
124	评审设计方案		★	○	○	○	○
125	认可设计方案		★	○	○	○	○
1311	采购零件					▲	
1312	采购工装模具					▲	
1313	采购测试设备					▲	
1321	制定作业指导书			▲	○		○
1322	制定质量要求			▲	○	○	○
1323	组装样件			▲	○		
1411	确定测试标准			○	▲		
1412	准备测试文件			○	▲		
1413	确定测试现场			○	▲		
142	进行产品测试			○	▲		
143	认可测试结果		★	○	○	○	○
144	提交样件			▲			
145	认可样件		★	○	○	○	○
151	项目移交评审		★	○	○	○	○
152	合同收尾	▲	○				○
153	行政收尾	▲	○				○

注：▲负责；○参与；★批准。

责任图将所分解的工作落实到有关部门或个人，并明确表示出各有关部门或个人对组织工作的关系、责任、地位等，同时责任图还能够系统地阐述项目组织内组织与组织之间、个人与个人之间的相互关系，以及组织或个人在整个系统中的地位和职责，由此组织或个人就能够充分认识到在与他人配合当中应承担的责任，从而能够充分、全面地认识到自己的全部责任。总之，责任图是以表格的形式表示完成工作分解结构中工作单元的个人责任的方法。

用来表示工作任务参与性的符号有多种形式，如数字、字母、几何图形等，用字母通常有 8 种角色和责任代码：

X：执行工作。

D：单独或决定性决策。

P：部分或参与决策。

S：控制进度。

T：需要培训工作。

C：必须咨询。

I：必须通报。

A：可以提议。

在制作责任图的过程中应结合实际需要来确定。责任图有助于人们了解自己的职责，并且使得自己在整个项目组织中的地位有一个全面的了解。所以说，责任图是一个非常有用的工具。

【实训练习 8.1】工作结构分解练习。

根据你熟悉的领域中某一较复杂项目的情况（甚至要复杂到其中很多任务是多重并行任务的情况），编制相关的工作结构分解表、工作结构分解词典、责任矩阵。

8.2.2.2　进度计划编制

在确定好工作结构分解表、特别是工作结构分解词典之后，各活动之间的前后关系昭然若揭。为了能够更好地进行计划管理，需要进行相应的进度计划编制工作。以下介绍项目管理方法中比较实用的单代号网络图法和关键路径法。

1. 单代号网络图法

（1）单代号网络图法概述。

单代号网络图法（Precedence Diagramming Method，PDM），又名"前导图法"，先后关系图法，这是一种利用方框（节点）代表活动，并利用表示依赖关系的箭线将节点联系起来的绘制单代号网络图的方法（如图 8.2 所示）。

详尽的单代号网络图中可包括活动名称（NO）、活动历时（D）、最早开始时间（ES）、最晚开始时间（LS）、最早结束时间（EF）、最晚结束时间（LF）等多个事项；简单的单代号网络图中仅有一个活动名称。按照绘制的原则，可以先确定活动名称与活动的先后顺序关系，再补充上活动历时，最后考虑最早开始时间（ES）、最晚开始时间（LS）、最早结束时间（EF）、最晚结束时间（LF）。

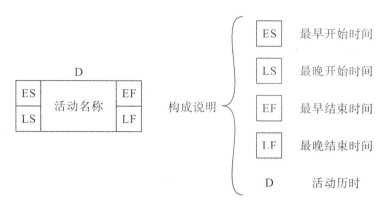

图 8.2　单代号网络图法图例说明

★小提示：单代号网络图法的绘制规则约束
·单代号网络图中，严禁出现循环回路。 ·单代号网络图中，严禁出现双向箭头或者无箭头的连线。 ·单代号网络图中，严禁出现没有箭尾节点和没有箭头节点的箭线。 ·单代号网络图中，只能有一个起点节点和一个终点节点。

（2）单代号网络图法编制案例。

【参考 8.2】天华电动自行车厂 ERP 实施单代号网络图法编制案例。

天华电动自行车厂计划实施 ERP，其工作结构分解图及相关紧前、紧后活动、活动历时情况分析，如表 8.7。

表 8.7　　　　　　　　天华电动自行车厂 ERP 实施工作结构分解资料

WBS 编码	活动名称	紧前活动	紧后活动	历时
11	项目启动及安排	.		5
111	组建项目团队		112	1
112	编制项目计划	111	113	3
113	项目计划评审	112	121	1
12	数据准备工作			6
121	数据分类分析	118	122	2
122	数据类目统计	121	123、124	1
123	产品结构定义	122	131	1
124	数据准备审核	122	131	2
13	并行			22
131	静态数据录入	123、124	132	2
132	静态数据审核	131	133、134	13
133	动态数据录入	132	141、142、143	5

表8.7(续)

WBS 编码	活动名称	紧前活动	紧后活动	历时
134	运行结果对比	132	141、142、143	2
14	上线			7
141	放弃手工数据准备	133、134	151	4
142	运行结果审核	133、134	151	1
143	反馈应急机制建立	133、134	151	2
15	项目结束			2
151	项目收尾	141、142、143		2
合计	-	-	-	42

根据上述资料，可以画出最基本的框图，填写任务、历时、最早开始时间、最早结束时间。其中，最早结束时间=最早开始时间+活动历时。

①从第一个活动开始顺序往后推，最早开始时间为0，最早结束=最早开始时间+活动历时，后一任务的最早开始时间=前一任务的最早结束时间。

②当遇到前一工作任务有两个以上并行任务时（如图8.3中"静态数据录入""放弃手工数据准备""运行结果审核""反馈应急机制建立""项目收尾"），该任务的最早开始时间=前面并行任务中最早结束时间较大者。

针对单代号网络图：最晚开始时间=最晚结束时间-活动历时，最终绘第一步。如图8.3所示。

③倒推求出最晚开始时间和最晚结束时间。

·从最后一个活动开始倒序往前推，最晚结束时间为全部任务合计时间（本例合计历时为42），最晚开始时间=最晚结束时间-活动历时，前一任务的最晚结束时间=后一任务的最晚开始时间。

·当遇到后一工作任务有两个以上并行任务时（如图8.4中，"数据类目统计""静态数据审核""动态数据录入""运行结果对比"），该任务的最晚结束时间=后面并行任务中最晚开始时间较小者，最终绘第二步，如图8.4所示。

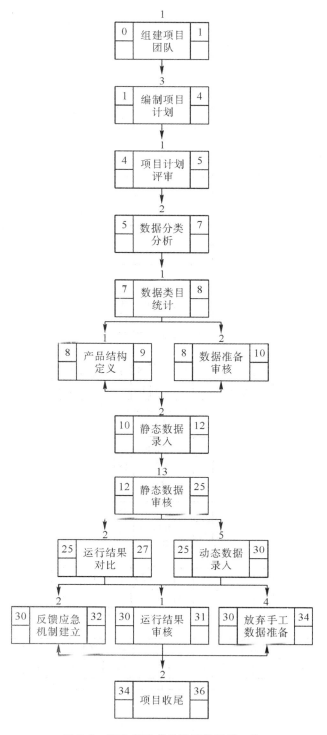

图 8.3 ERP 实施单代号网络图第一步

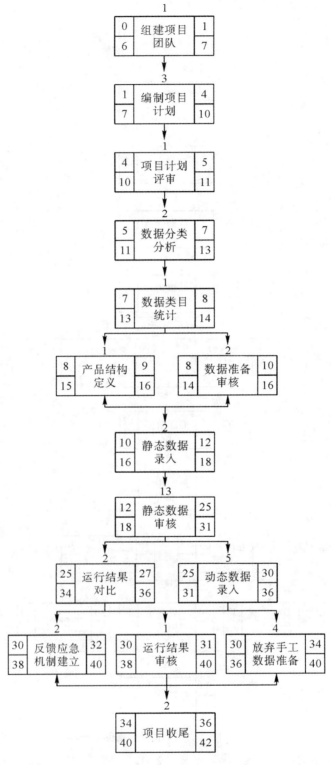

图 8.4　ERP 实施单代号网络图第二步

到此为止，工作结构分解表就完全演化成了单代号网络图，可以清晰地看出各个项目之间的并行关系、最早最晚开工完工情况、各任务历时情况、最终完成时间，以便于合理监控实施进程的执行。

【实训练习 8.2】单代号网络图法练习。

根据前一个实训练习中的工作结构分解表，分析并绘制单代号网络图。

2. 关键路径法

（1）关键路径法概述。

关键路线法（Critical Path Method，CPM）是 20 世纪 50 年代后期出现的计划方法。这种方法产生的背景是，在当时出现了许多庞大而复杂的科研和工程项目，这些项目常常需要动用大量的人力、物力和财力，因此如何合理而有效地对这些项目进行组织，在有限资源下，以最短时间和最低的费用最好地完成整个项目就成为一个突出的问题，CPM 应运而生并独立发展起来。

对于一个项目而言，只有单代号网络图中的最长的或耗时最多的活动路线完成之后，项目才能结束，这条最长的活动路线就叫作关键路线（Critical Path）。关键路线法的主要目的就是确定项目中的关键工作，以保证实施过程中能重点关照，保证项目的按期完成。相对于单代号网络图法，关键路径法更加强调寻找关键路线，并在单代号网络图法基础上，提出了浮动时间的概念，使项目进程管理者安排上有一定的灵活性。

★小提示：关键路径法特点

· 关键路线上的活动的持续时间决定项目的工期，关键路线上所有活动的持续时间加起来就是项目的工期。

· 关键路线上任何一个活动都是关键活动，其中任何一个活动的延迟都会导致整个项目完成时间的延迟。

· 关键路线是从始点到终点的项目路线中耗时最长的路线，因此要想缩短项目的工期，必须在关键路线上想办法；反之，若关键路线耗时延长，则整个项目的完工期就会延长。

· 关键路线的耗时是可以完成项目的最短的时间量。

· 关键路线上的活动是总时差最小的活动。

关键路线法是一种通过分析哪个活动序列（哪条路线）进度安排的灵活性（总时差）最少来预测项目工期的网络分析技术。关键路径法是在单代号网络图的基础上，根据活动的历时而确定出来的每个活动的最早开始、最早结束、最晚开始、最晚结束的时间或日期，从而判断出项目关键路径上的工期和非关键路径上的时差，以及那些可以灵活安排进度和不能灵活安排进度的活动，关键路径法图例如图 8.5 所示。

具体而言，该方法依赖于单代号网络图和活动持续时间估计，通过正推法计算活动的最早时间，通过逆推法计算活动的最迟时间，在此基础上确定关键路线，并对关键路线进行调整和优化，从而使项目工期最短，使项目进度计划最优。

如果一项活动所用的时间长于其估计的持续时间，也就是如果该活动占用了总时差，相应路径上其他活动的可用时差就会减少。然而，有时候某些活动有另一种时差，活动对该种时差的使用不会对其后续活动产生任何影响，这种时差就是自由时差。

自由时差（Free Slack），也叫浮动时间（Free Float），是指某项活动在不推迟其任

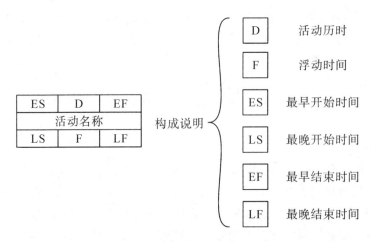

图 8.5　关键路径法图例

何紧后活动的最早开始时间的情况下可以延迟的时间量。

根据自由时差的含义，其计算可采用如下公式：

自由时差 = 活动的最晚结束时间－活动的最早结束时间 = 活动的最晚开始－活动的最早开始时间

（2）关键路线法计算步骤。

关键路线法的关键是确定单代号网络图的关键路线，这一工作需要依赖于活动清单、单代号网络图及活动持续时间估计等，如果这些文档已具备，则可以借助于项目管理软件自动计算出关键路线。计算步骤如下：

①把所有的项目活动及活动的持续时间估计反映到一张工作表中。

②计算每项活动的最早开始时间和最早结束时间，计算公式为 EF = ES + 活动持续时间估计。

③计算每期活动的最迟结束时间和最迟开始时间，计算公式为 LS = LF－活动持续时间估计。

④计算每项活动的自由时差（浮动时间），计算公式为 F = LS－ES = LF－EF。

⑤找出所有并行活动中总时差（总浮动时间）最小的活动，这些活动所经过的路线就构成了关键路线。

最后需要说明的是，以上有关关键路线法的讨论中隐含着一个前提，就是项目活动的持续时间具有单一的估计值，这一估计值是依据历史数据确定的，采用的是活动持续时间的最可能值。因此关键路线法主要适用于项目大多数活动同以往执行过多次的其他活动的类似、活动持续时间估计有历史数据可供参考的项目。

（3）关键路径法案例。

【参考 8.3】天华电动自行车厂 ERP 实施关键路径法编制案例

已知数据为前一案例中的工作结构分解表 8.7，以下为关键路径法案例编制过程：

①顺推法计算最早结束时间。

所谓顺推法，是从项目的开始往结束的方向推导，来计算网络图中每项活动的最早开始时间和最早结束时间。具体来说，分为下面两步：

首先，从网络图的左边开始，最早开始时间加上活动历时，就得到最早结束时间；然后，在不同路径的交会点，应取它前面较大的那个时间数值，作为后面活动的最早开始时间。

当顺推法完成后，期初你会发现与单代号网络图法第一步编制的方法基本相同（如图8.6）。

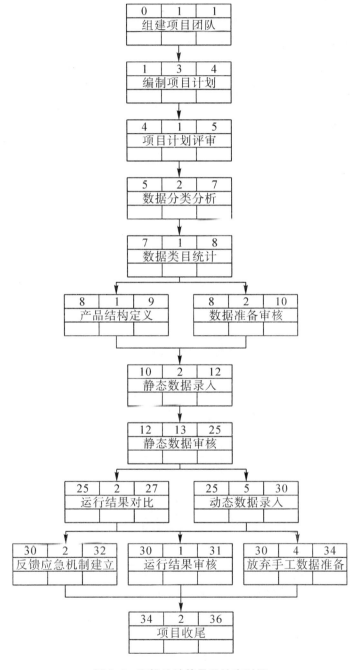

图8.6 顺推法计算最早结束时间

②逆推法求最晚开始时间，并求出浮动时间和关键路径。

逆推法，是从项目提交结果的最后期限算起，看看每项活动最晚什么时间结束，或者最晚必须什么时间开始的方法。具体来说，分为如下两步：

首先，从最后一个活动开始，最晚结束时间（这里让最后一个活动的最晚结束时间等于其最早结束时间，这里与单代号网络图法第二步不同，需要注意一下）减去历时，就得到早晚开始时间；然后，在不同路径的交会点，应取它后面较小的那个时间数值，作为前面活动的最晚结束时间。

用活动的最晚结束时间（LF）减去最早结束时间（EF），或者用最晚开始时间（LS）减去最早开始时间（ES），所得之差称为浮动时间，又称时差或机动时间。如果浮动时间大于零，则表示该任务可以在浮动时间内推迟，并且不影响整个项目的完成时间。浮动时间为零的活动称为关键活动，包含这些关键活动的路径称为关键路径（加粗线表示，如图 8.7）。

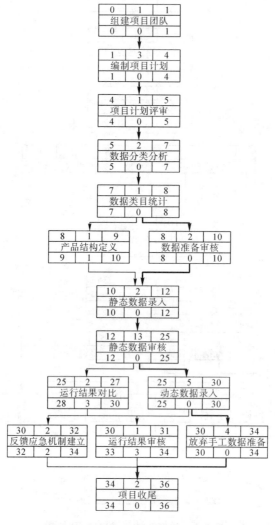

图 8.7　逆推法求最晚开始时间、浮动时间和关键路径

【实训练习 8.3】关键路径法练习。

根据前一个实训练习中的工作结构分解表，分析并绘制关键路径图。

【实训练习 8.4】单代号网络图法与关键路径法综合练习。

流星科技公司针对目前的电子商务行情，决定推出一款电子商务产品，为此制定了相应的工作任务，详见工作结构分解表（见表 8.8），请按本章中的方法分别用单代号网络图法和关键路径法绘制不同的项目进程图。

表 8.8　　　　　流星科技公司拟上线电子商务产品工作结构分解表

WBS 编码	活动名称	紧前活动	紧后活动	活动历时
1 000	需求识别	----	----	----
1100	系统规划		2 100	8
2000	系统调研	----	----	----
2100	在线设计系统调研问卷	1 100	2 200 4 100	2
2200	在线搜集问卷结果	2 100	2 300	4
2300	在线统计分析问卷结果	2 200	2 400 3 100	6
2400	形成需求规格	2 300	3 200	2
3000	风格定位	----	----	----
3100	参考相关风格定位资料	2 300	3 200	3
3200	制定系统风格	2 400 3 100	5 100	10
4000	调查问卷分析软件开发	----	----	----
4100	软件需求分析	2 100	4 200	7
4200	软件概要设计	4 100	4 300	9
4300	软件详细设计	4 200	4 400 4 500	17
4400	软件代码开发	4 300	4 600	12
4500	设计软件测试数据	4 300	4 600	5
4600	测试软件	4 500 4 400	5 100	4
5000	系统上线	----	----	----
5100	网络试运行	4 600 3 200	5 200	3
5200	收集反馈意见	5 100	5 300	7
5300	修订系统	5 200		3

8.3　实训思考题

1. 如何进行 ERP 实施效果检测？
2. 为什么不能轻易做出二次开发的举措？
3. 教育培训对于实施 ERP 的重要性体现在哪些方面？
4. 数据准备有哪些？精度要求如何？
5. 为什么要新旧系统并行一段时间再切换？
6. 如何在 ERP 实施中进行工作结构分解的相关工作？
7. 单代号网络图法与关键路径法分别适用于什么情况？
8. 单代号网络图法与关键路径法在编制时有什么明显的不同？

参考文献

[1] 王江涛. ERP 系统与通用财务软件接口浅析 [J]. 宏声新思维通讯, 2000 (9).

[2] 王江涛. ERP 成本管理优势浅析 [J]. 宏声新思维通讯, 2001 (12).

[3] 王江涛. 基于 UML 的 ERP 库存管理单元可视化建模 [J]. 重庆工商大学学报（自然科学版）2005, 22 (4)：382-385.

[4] 王江涛. ERP 中通用成本管理的实现机制 [J]. 商场现代化, 2006 (1)：148.

[5] 王江涛. 采用 ERP 理念改进传统成本管理模式 [J]. 会计之友, 2006 (4)：33-35.

[6] 王江涛. 基于建构主义理论的供应链系统仿真实训方案构建 [J]. 经济管理实验教学探索与实践, 2010 (1)：27-31.

[7] 王江涛. 抛锚式教学模式在综合实训课中的创新培养探索 [J]. 高等教育研究, 2012 (3)：8-12.

[8] 王江涛. 网络视觉营销 [M]. 成都：西南财经大学出版社, 2015.

[9] 刘四青, 王江涛. 电子商务项目管理 [M]. 重庆：重庆大学出版社, 2010.

[10] 梁云, 王江涛. 供应链模式下物流与电子商务综合实训教程 [M]. 成都：西南财经大学出版社, 2012.

[11] 高复先. 信息资源规划——信息化建设基础工程 [M]. 北京：清华大学出版社, 2002.

[12] 维格斯. 软件需求 [M]. 陆丽娜, 译. 北京：机械工业出版社, 2000.

[13] 李国良. 流程制胜——业务流程优化与再造 [M]. 北京：中国发展出版社, 2005.

[14] 傅和彦. 物料管理 [M]. 3 版. 广州：广东经济出版社, 2006.

[15] 段庆民, 贺铭. 物料管理简单讲 [M]. 广州：广东经济出版社, 2005.

[16] 托尼·阿诺德, 斯蒂芬·查普曼. 物料管理入门 [M]. 杨阳, 译. 北京：清华大学出版社, 2005.

[17] 陈庄, 等. ERP 原理与应用教程 [M]. 北京：电子工业出版社, 2003.

[18] 张涛, 等. 企业资源计划（ERP）原理与实践 [M]. 北京：机械工业出版社, 2012.

[19] 苏选良, 祝枫, 时遇辉. 企业资源计划高级教程——应用导向的理论与实践 [M]. 北京：电子工业出版社, 2007.

［20］周玉清，等. ERP 原理与应用［M］. 北京：机械工业出版社，2002.

［21］程控，革杨. MRP Ⅱ/ERP 原理与应用［M］. 北京：清华大学出版社，2002.

［22］肖孟强，曲秀清. 软件工程——原理、方法与应用［M］. 北京：中国水利水电出版社，2005.

［23］尤克滨. UML 应用建模实践过程［M］. 北京：机械工业出版社，2003.

［24］冀振燕. UML 系统分析设计与应用案例［M］. 北京：人民邮电出版社，2003.

［25］王珊，陈红. 数据库系统原理教程［M］. 北京：清华大学出版社，1998.

图书在版编目(CIP)数据

物料管理及 ERP 应用实训教程/王江涛编著.—2 版.—成都:西南财经大学出版社,2018.11

ISBN 978-7-5504-3670-1

Ⅰ.①物… Ⅱ.①王… Ⅲ.①企业管理—物资管理—计算机管理系统—教材 Ⅳ.①F273.4

中国版本图书馆 CIP 数据核字(2018)第 193852 号

物料管理及 ERP 应用实训教程(第二版)

王江涛 编著

责任编辑:王正好
助理编辑:王青清
封面设计:杨红鹰 张姗姗
责任印制:朱曼丽

出版发行	西南财经大学出版社(四川省成都市光华村街 55 号)
网 址	http://www.bookcj.com
电子邮件	bookcj@foxmail.com
邮政编码	610074
电 话	028-87352211 87352368
照 排	四川胜翔数码印务设计有限公司
印 刷	郫县犀浦印刷厂
成品尺寸	185mm×260mm
印 张	17.5
字 数	404 千字
版 次	2018 年 11 月第 2 版
印 次	2018 年 11 月第 1 次印刷
印 数	1—2000 册
书 号	ISBN 978-7-5504-3670-1
定 价	39.80 元